权威·前沿·原创

皮书系列为
“十二五”“十三五”国家重点图书出版规划项目

中国社会科学院创新工程学术出版项目

2019年辽宁经济社会形势分析与预测

ANALYSIS AND FORECAST OF ECONOMY AND SOCIETY OF LIAONING (2019)

主　编／梁启东　魏红江
副主编／王　磊　张天维　王　丹

社会科学文献出版社
SOCIAL SCIENCES ACADEMIC PRESS (CHINA)

图书在版编目(CIP)数据

2019年辽宁经济社会形势分析与预测 / 梁启东，魏红江主编. --北京：社会科学文献出版社，2019.9
（辽宁蓝皮书）
ISBN 978-7-5201-5113-9

Ⅰ.①2… Ⅱ.①梁…②魏… Ⅲ.①区域经济-经济分析-辽宁-2018②社会分析-辽宁-2018③区域经济-经济预测-辽宁-2019④社会预测-辽宁-2019 Ⅳ.①F127.31

中国版本图书馆CIP数据核字(2019)第137122号

辽宁蓝皮书
2019年辽宁经济社会形势分析与预测

主　　编 / 梁启东　魏红江
副 主 编 / 王　磊　张天维　王　丹

出 版 人 / 谢寿光
组稿编辑 / 任文武
责任编辑 / 张丽丽

出　　版 / 社会科学文献出版社·城市和绿色发展分社（010）59367143
地址：北京市北三环中路甲29号院华龙大厦　邮编：100029
网址：www.ssap.com.cn
发　　行 / 市场营销中心（010）59367081　59367083
印　　装 / 天津千鹤文化传播有限公司

规　　格 / 开　本：787mm×1092mm　1/16
印　张：23.5　字　数：353千字
版　　次 / 2019年9月第1版　2019年9月第1次印刷
书　　号 / ISBN 978-7-5201-5113-9
定　　价 / 128.00元

本书如有印装质量问题，请与读者服务中心（010-59367028）联系

编　委　会

主　　编　梁启东　魏红江

副主编　王　磊　张天维　王　丹

编　　委　（以姓氏笔画为序）

于晓琳　王　焯　李志国　杨成波　沈昕忻

宋帅官　张万强　张献和　赵玉红　姜健力

姜瑞春　韩　红

主要编撰者简介

梁启东　现任辽宁社会科学院副院长，经济学研究员，人文地理学博士。曾获全国优秀科普专家、国务院特殊津贴专家称号，获省五一劳动奖章及省劳动模范、沈阳市“十大杰出青年”称号。主要研究成果有：《中国城区发展战略研究》《辽宁民营经济发展报告》《加入WTO与辽宁经济》《沈抚同城化战略研究》《沈阳经济区综合配套改革研究》《沈阳经济区城市发展研究》《对话金融危机》等专著。

魏红江　辽宁省统计局党组书记、局长，经济学博士，高级统计师。主要研究方向为经济统计。主要研究成果有：专著《大桥向阳——沿海开发建设实践与探索》；论文《结构性演进研究》《日本旅游业转型发展研究——基于与经济发展、信息产业的关联耦合分析》等多篇。

王　磊　博士，中国社会科学院社会学研究所博士后，硕士生导师，中国注册会计师。现任辽宁社会科学院社会学研究所所长、研究员。辽宁省直机关“五一劳动奖章”获得者。辽宁省重点学科（社会学）带头人，辽宁省“百千万人才工程”“百”层次人选，辽宁省宣传文化系统“四个一批人才”。中国社会学会常务理事，辽宁省社会学会副会长兼任秘书长（法人代表）。吉林大学中国企业社会风险与责任研究中心兼职研究员，辽宁省总工会特邀理论研究员。

主要研究领域为社会福利与社会救助。近年来主持国家社会科学基金项目3项。2013年和2014年分别获得国家博士后科学基金面上项目一等资助和特别资助。主持完成辽宁省社会科学规划基金项目2项。作为核心成员参与“九五”国家社会科学基金重点项目及国家社科基金一般项目等多项国家级科研课题研究。截至目前出版学术专著3部，合著7部。在《财经问题研究》《理论与改革》《统计与决策》《地方财政研究》等核心期刊发表学术论文二十余篇。科研成果获得省部级以上奖项十余项，其中获得辽宁省政府奖6项。

张天维 辽宁社会科学院产业经济研究所所长、研究员，中共辽宁省委省政府决策咨询委员，加拿大弗雷泽研究所客座教授。现从事产业经济、理论经济、宏观经济、区域经济研究。主要研究成果有：《全球化趋势与产业成长战略》《繁荣与艰难之路——中国市场化的理论视角》《新型工业化与科技创新战略》等专著。2003 年、2004 年在加拿大弗雷泽经济所从事合作研究，其间在国际学术期刊发表英文论文 3 篇，在 UBC 大学等做学术报告多场。多次在美国、俄罗斯、欧盟等国家和地区进行学术访问，合作进行专题研究。近年来主要从事东北老工业基地振兴政策绩效和辽宁省高新技术产业化发展战略研究。

王　丹 辽宁社会科学院农村发展研究所所长，研究员，研究方向为农村经济、区域经济。近些年承担和参与国家级、省级社科基金项目及省政府、地方政府等委托课题三十余项。撰写相关著作十余部，在国家级、省级期刊上发表论文二十余篇。《通向复兴之路——振兴东北老工业基地政策研究》《取消农业税后农村新情况新问题及对策研究》等成果获得辽宁省哲学社会科学成果一等奖、二等奖等奖项。

摘　要

《2019年辽宁经济社会形势分析与预测》是辽宁社会科学院连续推出的第24本有关辽宁省经济社会形势分析的年度性研究报告。全书分为总报告、经济发展篇、民生改善篇、乡村振兴篇和专题篇、附录六部分，由辽宁社会科学院有关专家，以及省直有关部门、大专院校的学者历经一年有余研创而成。2019年辽宁蓝皮书使用的数据是2018年整个年度的数据。2019年辽宁蓝皮书依然突出对辽宁经济社会发展中热点、难点和关键问题的分析和预测，而且更加重视研究数据的完整性、研究的连续性。

本书认为，2018年，辽宁经济已经走出了最困难时期，呈现稳中有进、进中向好发展态势。与此同时，城乡居民收入持续增长，就业局势保持稳定，事业单位改革取得突破，脱贫攻坚稳扎稳打步步为营，各项民生事业发展不断进步，城乡居民获得感不断提升。

本书发现，2018年辽宁经济存在主要指标增速低于全国平均水平，总量排名呈下滑态势；城乡区域经济发展差距较大，产业结构调整任务艰巨；投资、消费增速放缓，经济下行压力有所加大；工业经济主要指标增长趋缓，工业结构有待优化等问题。在社会发展中存在着就业结构性矛盾突出、深度贫困人口脱贫任务艰巨、社会治理现代化水平不高、教育资源配置不均衡以及生态环境治理有待加强等问题。

本书提出，2019年受内外需求同时减弱影响，辽宁经济要减轻下行压力，就应加大改革力度，加快培育壮大发展新动能，全面扩大高水平对外开放等，确保全省经济保持平稳健康发展。在社会领域，要做好稳定就业，积极应对人口老龄化，巩固脱贫成果，优化基层治理，深化教育医药卫生体制改革，持续改善生态环境等工作。

关键词： 脱贫攻坚　民生改善　乡村振兴

Abstract

Analysis and Forecast of Economy and Society of Liaoning (2019) (referred to as "Liaoning Blue Book 2019") is the 24th annual research report on Liaoning's economic and social situation analysis was continuously launched by the Liaoning Academy of Social Sciences. The book is divided into five parts: general reports, economic development articles, livelihood improvement articles, rural revitalization articles and special articles. The authors mainly included experts from Liaoning Academy of Social Sciences as well as scholars from relevant provincial departments and universities. This book has been researched and developed over the past year. The data used in the "Liaoning Blue Book 2019" for the entire year of 2018. The "Liaoning Blue Book 2019" still highlights the analysis and prediction of hotspots, difficulties and key issues in Liaoning's economic and social development, and pays more attention to the integrity of research data and the continuity of research.

The book maintain that Liaoning's economy has already gone out of the most difficult period in 2018, and showing steady progress and progressing into the middle. At the same time, the income of urban and rural residents continued to grow, and the employment situation remained stable. The reform of public institutions made many breakthroughs. Poverty alleviation and stability were steadily and steadily step by step. The development of various people's livelihood undertakings continued to progress, and the sense of gains from urban and rural residents continued to increase.

This book has observed that the growth rate of Liaoning's economic indicators in 2018 was lower than the national average, and the total rankings were declining; the urban-rural regional economic development gap was large, and the industrial restructuring task was arduous, investment and consumption growth slows down. The main indicators of the industrial economy had slowed down, and the industrial structure need to be optimized. So the pressure from economy decline was increased. In the social development, there were problems such as prominent structural contradictions in employment, arduous tasks for poverty-stricken people in poverty alleviation, low level of social governance modernization, uneven distribution of educational resources, and the need to strengthen ecological environment governance etc. .

The book proposes that in 2019 Liaoning's economy downward pressure seems to be getting increase due to the simultaneous weakening of internal and external demand. In order to reduce the pressure Liaoning should intensify reforms and accelerate the cultivation and development of new kinetic energy. Comprehensively expand high-level opening up to ensure that the province's economy maintains stable and healthy development. In the social field, make much effort to stabilize employment and actively respond to the aging of the population. Consolidating the results of poverty alleviation. Optimizing grassroots governance and deepening the reform of the education and health system, as well as continuously improving the ecological environment.

Keywords: Poverty Aueviation and Stability; Improvement of People's Livelihood; Rural Revitalization

目　录

Ⅰ　总报告

Ⅱ　经济发展篇

Ⅲ　民生改善篇

Ⅳ　乡村振兴篇

Ⅴ　专题篇

Ⅵ 附录

CONTENTS

Ⅰ General Reports

Ⅱ Economic Development Articles

Ⅲ Livelihood Improvement Articles

Ⅳ Rural Revitalization Articles

Ⅴ Special Articles

Ⅵ Appendix

总 报 告

General Reports

B.1

深化改革　筑底企稳　转换动能　全力振兴

——2018~2019年辽宁省经济形势分析与预测

张天维　姜瑞春　姜　岩*

摘　要： 2018年，面对错综复杂的国际国内形势，辽宁经济运行稳中有进，进中向好。三次产业发展势头良好，投资、消费、出口“三驾马车”保持稳定，五大区域发展战略稳步推进，对外开放全面扩大，绿色低碳发展深入推进，经济质量效益逐步提升。但辽宁经济也存在主要指标增速低于全国平均水平，城乡区域经济发展差距较大，投资、消费增速放缓，工业经济主要指标增长趋缓，工业结构有待优化等问题。2019年，受内外需求同时减弱影响，辽宁经济要减轻下行压力，就应加大改革力度，加快培育壮大发展新动能，全面扩大高水平

* 张天维，辽宁社会科学院产业经济研究所所长，研究员，主要研究方向为区域经济；姜瑞春，辽宁社会科学院产业经济研究所副所长，副研究员，主要研究方向为产业经济；姜岩，辽宁社会科学院产业经济研究所副研究员，主要研究方向为产业经济。

对外开放等，确保全省经济保持平稳健康发展。

关键词： 经济形势　市场化改革　高质量发展　辽宁

2018年，面对严峻复杂的经济社会发展环境和艰巨繁重的改革发展任务，辽宁省坚持稳中求进工作总基调，以新发展理念为引领，以高质量发展为根本方向，以供给侧结构性改革为主线，加快推进“一带五基地”建设，深入实施“五大区域发展战略”，国民经济社会形势保持总体平稳，为2019年经济高质量发展打下坚实的基础。

一　2018年辽宁经济运行基本情况

（一）经济运行稳中有进，总体向好

2018年辽宁实现地区生产总值25315.4亿元，按可比价格计算，同比增长5.7%，增幅比上年提高1.5个百分点。其中，第一产业、第二产业、第三产业实现增加值2033.3亿元、10025.1亿元、13257.0亿元，分别增长3.1%、7.4%和4.8%，第二产业增幅同比提高4.2个百分点，第一产业、第三产业增幅分别回落0.5个和0.2个百分点（见表1）。辽宁省地区生产总值居全国第14位，人均地区生产总值58008元，增长5.9%，是全国平均水平的0.9倍。

表1　2018年辽宁主要经济指标与上年同期对比情况

单位：%，个百分点

指标	2018年累计增速	上年同期累计增速	与上年同期累计增速相比（变化幅度）
地区生产总值	5.7	4.2	1.5
第一产业	3.1	3.6	-0.5
第二产业	7.4	3.2	4.2
第三产业	4.8	5.0	-0.2
规模以上工业增加值	9.8	4.4	5.4

续表

指标	2018 年累计增速	上年同期累计增速	与上年同期累计增速相比（变化幅度）
固定资产投资	3.7	0.1	3.6
社会消费品零售总额	6.7	2.9	3.8
进出口总额	11.8	17.9	-6.1
地方一般公共预算收入	9.3	8.6	0.7
地方一般公共预算支出	9.1	5.8	3.3
全社会用电量	7.8	4.8	3.0
其中:工业用电量	7.9	4.5	3.4
城镇居民人均可支配收入	6.7	6.4	0.3
农村常住居民人均可支配收入	6.6	6.7	-0.1

资料来源：辽宁统计月报。

经济运行筑底企稳，稳中有进，进中向好。近两年的地区生产总值季度增幅波动趋窄（见图 1），经济步入平稳健康发展轨道。先行指标趋好，2018 年辽宁全社会用电量、工业用电量、铁路货运量、邮政业务总量、快递业务量同比分别增长 7.8%、7.9%、11%、26.3% 和 27.1%。支撑性指标保持增长，第二产业实现税收增长 9.2%，工业生产者出厂价格上涨 4.8%，限额以上网上零售额增长 35%，2018 年新登记企业 16.8 万户，增长 5.7%。

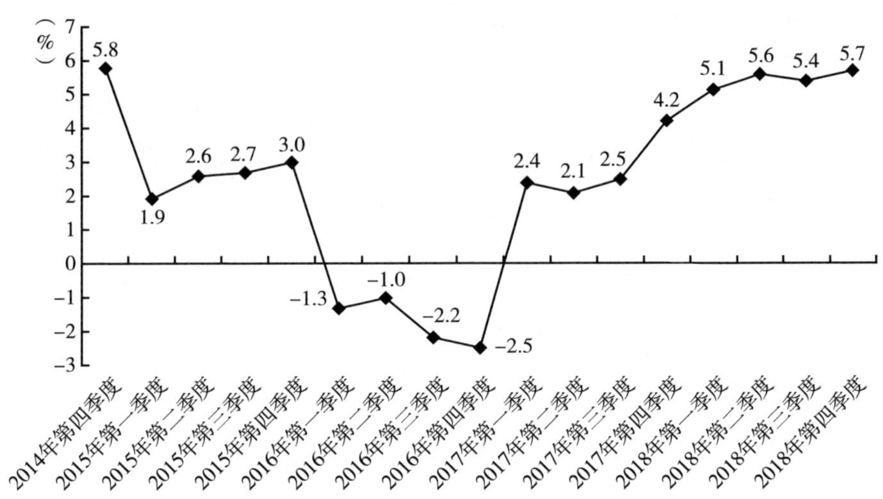

图 1　2014～2018 年分季度辽宁地区生产总值累计增速

资料来源：国家统计局网站。

（二）三次产业运行平稳，夯实高质量发展的基础

2018年以来，辽宁全面推进农业供给侧结构性改革和深入实施乡村振兴战略；大力促进实体经济提质增效，出台贯彻新发展理念推动工业经济高质量发展意见；着力提高现代服务业的规模和质量。第一、第二、第三产业增加值对地区生产总值的贡献率分别为8.0%、39.6%和52.4%，分别拉动经济增长0.3个、2.9个和2.5个百分点，其中工业对经济增长的贡献率为38.7%，比上年提高3.7个百分点。

农业生产形势较好，粮食总产保持增长。2018年全省气象条件总体正常，未对农业生产造成较大损失。全年粮食总产量2192.4万吨，比上年增加55.7万吨。大力抓好各项强农惠农措施的落实，全省落实中央财政资金补贴49.2亿元，对玉米、水稻、大豆三大作物发放生产者补贴，补贴范围占粮食总面积的90%以上，有效调动了农民种粮积极性。全省农村经济发展态势良好，农业结构不断优化，全省新增2个国家农业科技园，国家级畜牧业绿色发展示范县达到6个，国家级现代农业示范区达到14个，高标准农田建设面积达到189万亩。

工业运行总体稳定，中高端行业增势较好。2018年，辽宁规模以上工业主营业务收入26489.9亿元，同比增长15.8%，增幅比上年提高6.9个百分点。工业生产明显回暖，2018年每个月的规模以上工业增加值累计增速均高于上年同期（见图2）；全年工业用电量增幅同比提高3.4个百分点。四大支柱产业起到龙头带动作用，装备制造业增加值同比增长9.4%，石化工业增长15.1%，冶金工业增长7.0%，农产品加工业增长4.6%，分别拉动规模以上工业增加值增长2.6个、4.6个、1.1个和0.4个百分点，四大支柱产业增加值对全省规模以上工业增加值增长的贡献率合计达81.8%。着力推进工业经济高质量发展，2018年辽宁主要工业产品中产量增长的多为精深加工及高技术产品，高新技术产品出口476亿元，增长26.7%，其中电子技术产品出口272.2亿元，增长76.4%。全年集成电路装备产业产值增速接近70%，其发展规模与北京、上海呈三足鼎立之势。

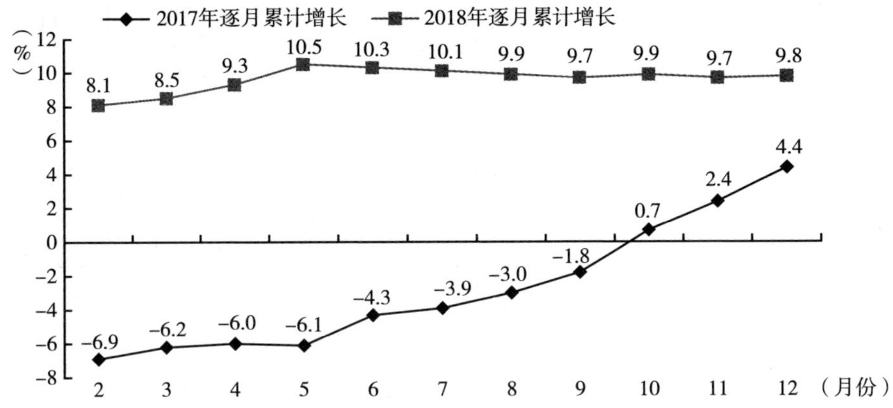

图2　2017～2018年辽宁规模以上工业增加值逐月累计增长情况

资料来源：国家统计局网站。

服务业保持平稳增长，现代服务业发展良好。2018年，辽宁服务业增加值占地区生产总值比重达52.4%，比上年提高0.8个百分点。全年批发业销售额、零售业销售额、住宿业营业额、餐饮业营业额、邮政业务总量同比分别增长9.3%、7.7%、7.1%、9.9%和26.3%；1～11月，全省规模以上重点服务业企业实现营业收入增长10.8%，比前三季度提高1.5个百分点。全域旅游示范区创建单位达到35个，全年旅游业总收入增长13%。金融机构新增贷款3667亿元，增长9%。全省全年房地产开发投资额增长13.5%。

（三）加强和改善宏观调控，需求潜力持续释放

2018年，辽宁在促进消费稳定增长的同时，注重发挥有效投资的关键性作用，巩固外贸回稳向好的态势，形成了内外需求联动发展的良好格局。

投资增长保持稳定，内部结构继续优化。2018年，辽宁完成固定资产投资增长3.7%，增幅比上年提高3.6个百分点（见图3）。制造业投资、房地产开发投资增长较快，全省制造业投资同比增长20.3%，增幅比上年提高3.8个百分点，占投资比重为27.6%，房地产开发投资同比增长13.5%。民间投资有所增长，增速为7.7%，比上年提高2.4个百分点，占投资比重也有小幅提高，为63.3%。高技术制造业投资保持增长，全年

高技术制造业投资增长8.2%，占投资比重为4.5%，增幅比上年提高0.2个百分点。

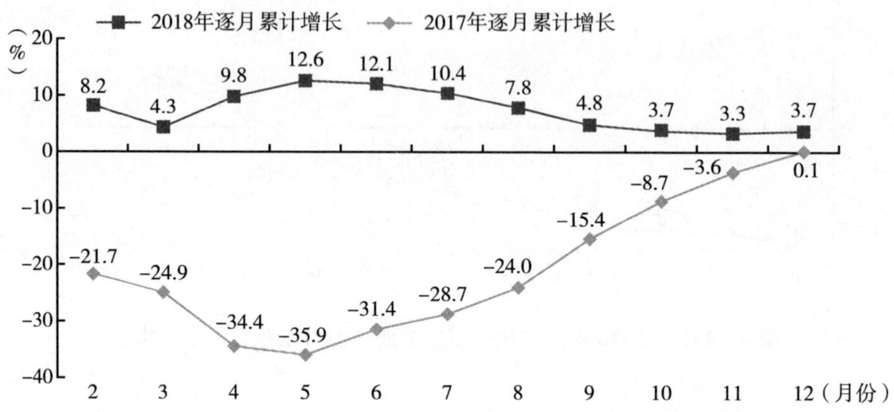

图3 2017～2018年辽宁固定资产投资累计增长速度

资料来源：国家统计局网站。

消费品市场增势较稳，网络消费快速增长。2018年，辽宁社会消费品零售总额同比增长6.7%，增幅比上年提高3.8个百分点（见图4）。社会消费品零售总额增速从一季度的7.8%，加快至上半年的7.9%。但受部分重点零售企业经营异常和汽车类商品零售额增速明显回落的影响，社会消费品零售总额增速从上半年的7.9%，逐渐放缓至前三季度的7.4%，直至全年的6.7%。消费方式持续创新、网上零售快速增长，全年全省实物商品网上零售额同比增长28.7%，比社会消费品零售总额增速快22.0个百分点。

进出口规模继续扩大，贸易结构不断优化。2018年辽宁出台了《关于推动形成全面开放新格局 以全面开放引领全面振兴的意见》和《关于深度融入共建“一带一路”建设开放合作新高地的实施意见》，继续深化落实稳外贸政策。外贸进出口规模持续扩大，2018年，全省进出口总额增长11.8%。其中：出口增长5.7%，进口增长16.8%。对主要贸易伙伴进出口增长较快，全省与欧盟进出口增长23.1%，与日本进出口增长9.3%，与美国进出口增长19.7%。此外，与“一带一路”沿线国家的经贸交往密切，

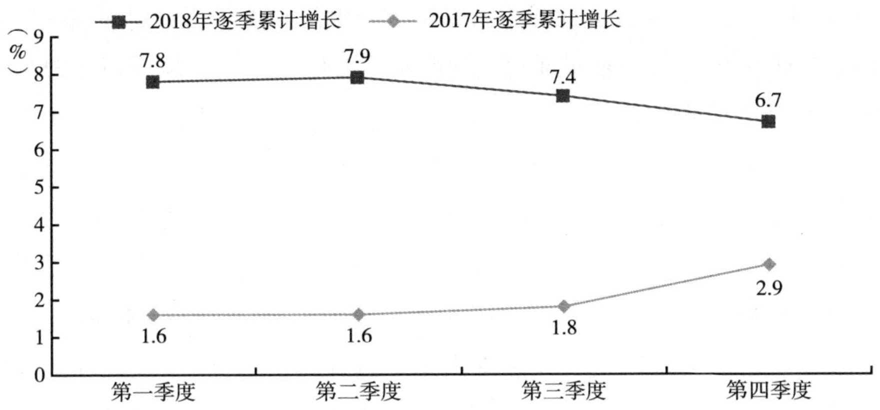

图4　2017～2018年辽宁社会消费品零售总额逐季累计增长速度

其中：与西亚北非16国进出口增长41.6%；与南亚8国进出口增长9.9%。进出口商品结构有所优化，一般贸易进出口增长较快，全省一般贸易进出口增长17.3%，高于全部贸易5.5个百分点。高新技术商品出口快速增长，增速高于全部商品出口21个百分点。

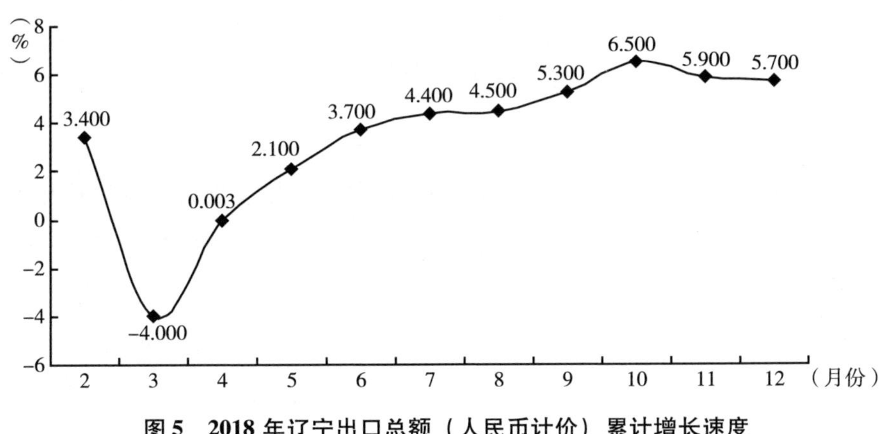

图5　2018年辽宁出口总额（人民币计价）累计增长速度

（四）改革力度不断加大，营商环境明显改善

供给侧结构性改革深入推进。一是加快淘汰落后产能，制造业发展提质增效。2018年辽宁依法依规淘汰年产30万吨以下煤矿25个；淘汰落后水

泥产能54万吨；对全省非煤矿山实施矿权减量、矿业转型、矿企安全、矿山生态、矿区稳定“五矿共治”。二是因城因地施策，房地产市场总体平稳。全年商品房销售面积同比下降5.2%，其中住宅销售面积下降6.4%；县城房地产去库存取得较好成效。三是去杠杆积极稳妥推进，企业经营更趋稳健。2018年全省规模以上工业国有控股企业资产负债率为65.5%，比上年回落3.6个百分点。四是减税降费政策落地见效，降成本成果显著。落实减税降费政策，全年减免税费1390亿元；工商企业用电成本降低41亿元。

辽宁持之以恒打造发展环境最优省。通过扎实推进“一网一门一次”改革、“放管服”改革、“证照分离”、“多证合一”改革，全省逐步打破信息孤岛，完善标准体系，实现审批服务“马上办、网上办、就近办、一次办”。2018年省直部门行政职权精简17.7%。工业产品生产许可证种类压减1/3。一般性经营企业开办时间压缩到3.5个工作日以内。建成省市县三级网上政务服务平台，省级行政审批和公共服务事项网上可办率达到90%。加强社会信用体系建设，构建“一处失信、处处受限”的失信惩戒长效机制。为重大项目配备“项目管家”，营商环境明显改善。

（五）国企改革取得积极进展，经济结构不断优化

国资国企改革不断向纵深发展。一是混合所有制改革向纵深推进。2018年以来，辽宁将混合所有制改革作为国资国企改革的重要突破口，出台了国有企业混改实施意见、省属企业混改实施方案和操作指引，并通过深化对口合作、战略重组、招商引资等方式全面推进混改，截至2018年末，省属企业混改比例达到51%，沈阳、大连混改比例分别达到54.8%、57%。二是央地融合发展不断深入。2018年以来，中央地区与辽宁融合发展步伐加快。辽宁港口整合取得重大进展，引入招商局后成立辽宁港口集团。三是解决企业历史遗留问题的工作稳步推进。在推进厂办大集体改革方面，辽宁省政府出台了《辽宁省厂办大集体改革工作实施方案》，制定出台了辽宁省厂办大集体企业性质界定办法、财政补助资金管理办法、基本养老保险欠费核销办法、社会稳定风险防范和处置工作预案等8个配套文件。在处置僵尸企业方面，省政府印发了《处置国有

“僵尸企业”的实施意见》，2018 年辽宁省完成国有“僵尸企业”处置 180 户。

深入实施创新驱动战略，着力优化经济结构。2018 年，辽宁出台了《关于加快推进沈大国家自主创新示范区发展的意见》、《辽宁省企业 R&D 经费投入后补助实施细则》和《辽宁省实施科技成果转移转化三年行动计划》等文件，大力深化科技体制机制改革，全省 R&D（研究与试验发展）经费支出占地区生产总值比重达到 1.84%，创历史新高，科技进步对经济增长的贡献率达到 55.5%。全省技术合同成交额同比增长 20%，高校、科研院所科技成果省内转化率为 53.8%。同时，不断激发大众创新创业活力。高新技术企业超过 3700 家，科技型中小企业备案数量超过 4600 家。全省众创空间总数超过 200 家，在孵企业和团队近 9000 个。

（六）五大区域①发展战略稳步推进，对外开放全面扩大

2018 年，五大区域建设统筹推进，协调发展，都呈现出全新的发展格局。辽宁沿海经济带着力建设东北亚航运中心和重点发展临港产业、海洋经济。通过设立辽宁港口集团，辽宁沿海港口经营主体实现一体化发展，继续深化辽满欧、辽蒙欧、辽海欧 3 条综合交通运输大通道建设。沈阳经济区着力构建科技创新中心、专业物流体系和智慧城市群。加快沈阳港建设，推进东北亚物流中心建设。辽西北地区突出高效特色农业、生态屏障区建设。辽西北主动承接京津冀产业转移，积极开展与江苏对口合作，共建一批不同类型的合作园区。沈抚新区着力建设创新发展示范区。通过不断打破行政区划限制，沈抚新区逐步实现统一规划、统一布局、统一政策、统一管理；沈抚新区同城化综合交通体系基本形成，园区基础设施进一步完善，特色产业集群初具规模。县域经济着力形成“一县一业”的发展格局。继续深化园区管理体制改革，向县（市）、园区下放审批权，全省 41 个县（市）逐步建立精简高效的园区管理模式；依托自然资源禀赋优势，大力发展农产品深加

① 辽宁沿海经济带：葫芦岛、锦州、盘锦、营口、大连、丹东；沈阳经济区：以沈阳为中心辐射抚顺、本溪、辽阳、鞍山；辽西北：铁岭、阜新、朝阳；沈抚新区：沈阳、抚顺；县域经济：41个主要县市。

工和旅游等特色产业，逐步形成“一园一区一镇一品”的发展格局，发展新业态，培养新动能，实现县（市）、乡（镇）、村经济可持续发展。全省乡镇一般公共预算收入增长27.3%。

对外开放迈出新的步伐。2018年，辽宁省出台了《关于深度融入共建“一带一路”建设开放合作新高地的实施意见》，制定了7个方面的24条措施。2018年8月，辽宁省委、省政府发布的《辽宁“一带一路”综合试验区建设总体方案》（辽委发〔2018〕42号），成为全国首个在省域范围内探索创建“一带一路”综合试验区的建设方案。该方案是辽宁省主动融入和参与“一带一路”建设的切实体现。同时，辽宁正在积极推进中国—中东欧“16+1”经贸合作示范区建设，探索中国与中东欧国家间在产业园区、工业园区、文化与旅游、农业等方面合作开放平台和机制的建设。自2017年4月辽宁自贸试验区成立以来，截至2018年11月末，辽宁自贸试验区共新增注册企业超3.4万户，注册资本逾5000亿元。国家赋予辽宁自贸试验区123项改革试点任务，截至2019年1月末，辽宁省已经落地111项，落地率达90%。涉及政府职能转变、贸易投资便利化等领域的45项改革创新经验已向全省推广。

（七）经济质量效益逐步提升，绿色低碳发展扎实推进

财政收入、企业收入和居民收入稳定增长。一是地方财政运行平稳。2018年全省一般公共预算收入2616.0亿元，增长9.3%，增速比上年提高0.7个百分点。其中各项税收1976.0亿元，增长9.0%，占地方一般公共预算收入比重达75.5%。一般公共预算支出4842.9亿元，增长5.8%，增幅比上年提高3.3个百分点。二是工业企业收入有所提高。2018年，全省规模以上工业企业每百元资产实现的主营业务收入为75.5元，增长6.8%，增速较上年提高1.8个百分点。工业企业亏损面收窄。2018年，全省规模以上工业企业中，亏损企业1926户，亏损面为29.1%，亏损面比上年收窄1.3个百分点。三是居民收入稳定增长。全年常住居民人均可支配收入29701元，比上年增长6.7%，其中，城镇常住居民人均可支配收入37342元，增长6.7%；农村常住居民人均可支配收入14656元，增长6.6%。

污染防治力度持续加大。一是水污染治理全面展开。在2017年治理17条支流河基础上，辽宁省2018年继续对27条支流河开展重污染治理攻坚战，全省河流水质总体稳定；集中式水源地环境问题整改取得重要进展，地市级集中式水源地共179个问题被列入国家整改清单，截止到2018年11月底，已完成整治177个，整治的比例已经超过98%①。二是土壤污染治理再见成效。2018年，辽宁省正式发布关于调查土壤污染情况的摸底方案，加紧推进《污染地块土壤环境管理办法（试行）》，继续实行《农用地土壤环境管理办法（试行）》，辽宁省土壤污染治理取得明显成效。

二　2018年辽宁经济存在的主要问题

（一）增速低于全国平均水平，总量排名呈下滑态势

2018年以来，辽宁大部分主要经济指标增速低于全国平均水平（见表2）。辽宁地区生产总值、固定资产投资、社会消费品零售总额增速分别比全国低0.9个、2.2个和2.3个百分点。从部分主要经济指标在全国排位情况看，辽宁地区生产总值、规模以上工业增加值、固定资产投资、社会消费品零售总额、进出口总额和地方一般公共预算收入等增速在全国的排位分别为第27、第3、第22、第23、第12和第10位。

表2　2017年、2018年辽宁与全国及闽皖陕主要经济指标增速对比

单位：%

地区	时间	地区生产总值	规模以上工业增加值	固定资产投资	社会消费品零售总额	进出口总额	地方一般公共预算收入
全国	2017年	6.9	6.6	7.2	10.2	14.2	7.4
	2018年	6.6	6.2	5.9	9.0	9.7	6.2
辽宁	2017年	4.2	4.4	0.1	2.9	18.0	8.6
	2018年	5.7	9.8	3.7	6.7	11.8	9.3

① 数据来源：辽宁省人民政府环保厅官网公布的数据。

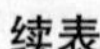
续表

地区	时间	地区生产总值	规模以上工业增加值	固定资产投资	社会消费品零售总额	进出口总额	地方一般公共预算收入
福建	2017 年	8.1	8.0	13.9	11.5	12.0	8.7
	2018 年	8.3	9.1	11.5	10.8	6.6	7.1
安徽	2017 年	8.5	9.0	11.0	11.9	23.7	7.9
	2018 年	8.0	9.3	11.8	11.6	13.5	10.4
陕西	2017 年	8.0	8.2	14.6	11.8	37.4	9.4
	2018 年	8.3	9.2	10.4	10.2	29.2	11.8

资料来源：辽宁统计月报。

注：为便于比较，选择福建、安徽和陕西这三个经济总量与辽宁相近的省份。

与福建和安徽的经济总量相比劣势扩大，与陕西的经济总量相比优势缩小（见图6）。2018 年辽宁的地区生产总值比福建、安徽分别少 10489 亿元、4692 亿元，经济总量劣势比上年分别扩大 2132 亿元和 1115 亿元；从地区生产总值增速看，2018 年辽宁低于福建、安徽 2.6 个和 2.3 个百分点，辽宁与两省的经济总量差距呈扩大态势。此外，2018 年辽宁经济总量比陕西多 877 亿元，经济总量优势比上年缩小 1166 亿元，辽宁地区生产总值增速比陕西低 2.6 个百分点，且固定资产投资、社会消费品零售总额、进出口总额、地方一般公共预算收入增幅分别低于陕西 6.7 个、3.5 个、17.4 个和 2.5 个百分点，预计 2019 年辽宁经济总量排位将被陕西超越，下滑至全国第 15 位。

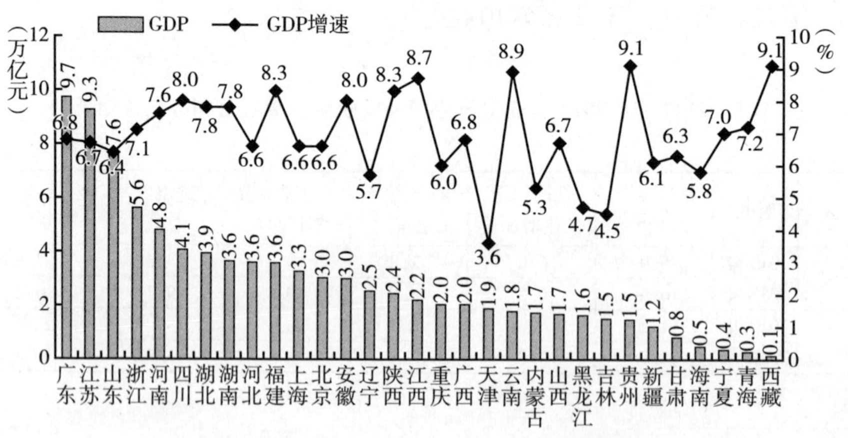

图6　2018 年中国各省区市地区生产总值及其增速

（二）城乡区域经济发展差距较大，产业结构调整任务艰巨

2018 年，辽西北地区的地区生产总值增速为 3.9%，分别低于沈阳经济区和沿海经济带 1.1 个和 2.1 个百分点，占全省比重为 7.5%，与上年相比没有变化；规模以上工业增加值增速为 5.9%，分别低于沈阳经济区和沿海经济带 2.3 个和 8.1 个百分点。全省的农村居民人均可支配收入不高，仅为城镇居民可支配收入的 39.2%，与上年相比没有提升。从全省 14 个地级市的地区生产总值增速看，各市的地区生产总值增速在 0.4% ~6.9% 之间，增速极差为 6.5 个百分点。全省 2018 年各季度地区生产总值增速均低于 2% 的地市有铁岭、丹东和本溪三个市。

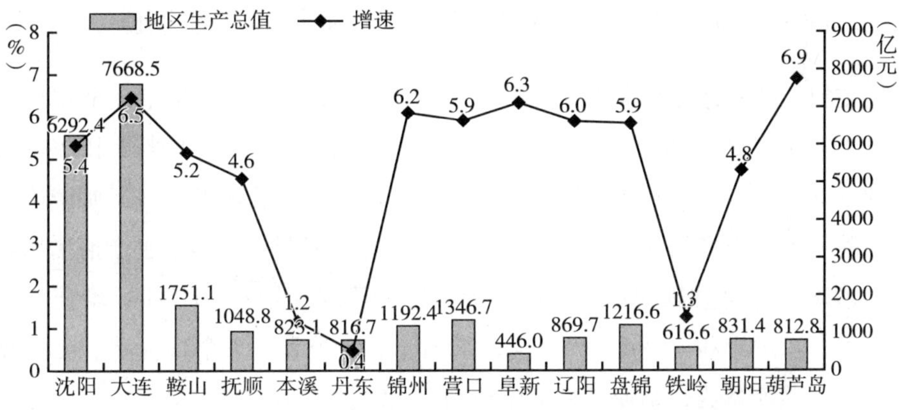

图 7　2018 年辽宁省地级市地区生产总值及其增速比较

（三）投资、消费增速放缓，经济下行压力有所加大

固定资产建设项目投资下降，新开工项目不足。2018 年，全省建设项目投资同比下降 1.7%。其中，亿元以上新开工建设项目完成投资下降 36.2%；10 亿元以上新开工建设项目完成投资下降 50.5%。基础设施投资下降。全省基础设施投资同比下降 11.6%。其中，装卸搬运业投资下降 70.7%，管道运输业投资下降 68%，多式联运和运输代理业投资下降 54%。

服务业投资同比下降0.7%。其中，金融业投资下降45.9%，住宿和餐饮业投资下降44.1%，批发和零售业投资下降41.8%，租赁和商务服务业投资下降33.1%。固定资产投资增速放缓，重大项目储备不多，经济下行压力有所加大。

全省居民收入增长对消费品市场增长的带动作用还不显著。2018年，全省居民人均可支配收入为29701元，增长6.7%，增速比前三季度回落0.2个百分点，在全国31个省（区、市）中排第29位，增速比全国平均水平低2.0个百分点，增速差距比前三季度扩大0.1个百分点。居民收入增长较慢，直接影响居民的消费信心和预期，不利于消费品市场的稳定增长。

（四）工业经济主要指标增长趋缓，工业结构有待优化

主要工业经济指标增长趋缓。一是产值增长趋缓。2018年，全省规模以上工业实现总产值同比增长16.5%，增速较前三季度、上半年和一季度分别下降1.9个、2.6个和1.2个百分点，下半年呈回落态势。工业产值增速回落，表明市场需求下降，企业生产动力有所减弱。二是销售产值增幅收窄。2018年，全省规模以上工业实现销售产值同比增长15.5%，增速较前三季度、上半年和一季度分别下降3.2个、3.8个和3.1个百分点。工业品市场需求逐渐减弱，企业销售面临压力。

规模以上工业发展不均衡，工业结构有待进一步优化。一是辽宁规模以上工业企业以大型、国有企业为主，小型、私营企业发展较慢。2018年，大型规模以上工业企业数占全省的2.9%，低于小型企业71.4个百分点，实现增加值占全省的60.4%，高于小型企业41.0个百分点；国有控股企业数占比为9.3%，低于私营企业38.1个百分点，增加值占比为51.2%，高于私营企业33.9个百分点。二是工业行业偏重于石化、钢铁等传统高耗能行业，高技术含量、高附加值的新兴行业比重较低。2018年，全省规模以上工业高耗能行业企业数占比为29.0%，增加值占比为53.6%；高技术产业企业数占比为6.5%，增加值占比为7.5%。

三　2019年辽宁经济运行的内外部环境和走势判断

（一）全球经济增长放缓，不确定因素进一步增加

受增长动力减弱、贸易保护主义、大宗商品价格走低、发达经济体货币政策正常化等影响，2019 年全球经济增长同步放缓。美国 2018 年四季度经济环比增速较三季度放缓 0.8 个百分点，欧元区经济微增长，三季度、四季度经济环比增长只有 0.2%，日本三季度经济环比下降 0.7%，四季度增速只有 0.3%。基于不断加剧的贸易紧张局势、英国脱欧带来的不确定性以及不断收紧的金融环境，国际货币基金组织降低了对全球经济增长的预期，预计 2019 年全球经济增长率为 3.5%。世界银行也将预测值从 2018 年的 3%下调至 2.9%，其中，发达经济体增长率将降至 2%，新兴市场和发展中经济体增长率将停滞在 4.2%。另外，贸易保护主义加剧。2018 年世界贸易增长率比 2017 年放缓了 1.3 个百分点，由于经济减速和美中贸易摩擦，世界贸易组织将 2019 年的全球贸易增长预期从 2018 年 9 月的 3.7%下调至 2.6%，降幅超过一个百分点。全球经济增速回落，将导致国际市场需求走弱，给未来辽宁外贸出口带来不利影响。

（二）内外需求同时减弱，中国经济面临明显的下行压力

2019 年，中国经济仍然将继续承受世界经济同步放缓和国内调结构、去杠杆的阵痛，下行压力进一步加大。一是消费增长稳中略缓。2019 年一方面随着个税改革稳步推进，下调和取消部分消费品进口关税，消费促进政策将逐步释放效力；但另一方面，受房地产和汽车等消费需求扩张放慢的影响，消费增长仍将小幅回调。二是投资增速将有所回调。2019 年工业企业盈利状况的转弱将使企业的投资行为更加谨慎，制造业投资增速将有所回落；而随着棚改货币化安置力度的削弱，房地产投资增速也将趋缓；在政策支持和重点项目资金保障力度加大的情况下，虽然基建投资有望延续 2018

年末的回暖趋势，但预计反弹有限，难以弥补制造业和房地产开发投资走弱的缺口，全社会固定资产投资整体增速或将持续放缓。三是出口增长下行压力加大。受到全球经济减缓和中美贸易冲突加剧的影响，2019 年中国出口增速将明显回调。鉴于消费、投资和出口端面临的下行压力，2019 年中国财政政策将进一步通过减税降费（增值税和企业所得税领域）和增加支出等手段加大对总需求的提振作用；而货币政策将在保持流动性合理充裕的前提下，重点增强对民营经济的信贷倾斜，力争与财政政策形成合力，助力整体经济的平稳运行。

（三）2019年辽宁经济增长面临“四大机遇”

一是大力支持民营经济发展措施将有利于推动辽宁增强经济发展新动力。2019 年继续深化落实《关于加快民营经济发展的若干意见》《全省金融机构支持民营企业发展奖励办法》《辽宁省“个转企、小升规、规升巨”培育行动实施方案》等 3 个文件，着力解决民营经济发展面临的实际困难，引导小微企业走“专精特新”发展之路，民营经济发展的外部环境将进一步优化。

二是全力打造发展环境最优省将有利于激发振兴发展新活力。通过制度建设，进一步简政放权，全省上下共取消和规范各类行政审批事项 521 项，截至 2018 年底，辽宁是行政审批事项和行政许可事项全国最少的省份之一；企业开办审批时间由原来的 20 多天压缩到 3.5 天，这个时间也是全国企业开办审批时间较短的。

三是打破行政区划界线支持发展“飞地经济”，将为县域经济发展带来新契机。2019 年 1 月，辽宁出台《关于支持“飞地经济”发展的实施意见》，支持市县和区域之间联合共建“飞地经济”园区，同时以“飞地经济”模式鼓励外省产业向辽宁梯度转移，进而调动各乡镇的招商引资积极性，形成大招商格局，从而为吸引投资和搞活县域经济找到有力抓手。

四是工业经济平稳运行的基本面没有变化，将为全省经济平稳运行提供新保障。随着国家振兴东北的政策措施逐步落实，工业经济稳定增长的利好因素将不断释放。2018 年，全省工业经济走势较为平稳，2019 年，应着力提升工业企业核心竞争力，增强工业经济内生动力，提高质量和效益，切实解决工业企业面临的困难和问题，同时推动在建项目投产、达效，引进有利于增强工业经济增长动力的重大项目，确保全省工业经济实现平稳发展。

（四）2019年辽宁经济运行走势判断

2019 年辽宁经济下行压力进一步加大。从出口看，受全球经济增势减弱和不确定、不稳定因素较多的影响，加上中美经贸摩擦和人民币贬值效应减弱，未来辽宁外贸进出口可能会面临一定的压力，预计出口将低速增长。从投资看，随着全省房地产开发投资的缓慢回落，以及受工业经济产值增长趋缓，企业生产动力有所减弱的影响，全省制造业投资将有所回落，2019 年投资保持稳定增长的难度将加大。从消费看，社会消费品零售总额仍将保持平稳，难以出现大幅提升。因此，需求不足仍将是制约 2019 年辽宁经济增长的重要因素。基于以上分析，2019 年辽宁经济运行将面临“四个挑战”：一是全省经济下行压力有所加大，企业投资意愿将有所降低，一般公共预算收入保持较快增长态势难以持续；二是工业增长动力不足，全省工业增加值难以继续保持全国领先的增长水平；三是房地产投资和制造业投资难以持续增长；四是小型、私营企业经营困难状况难以有根本改观。

综合上述情况，考虑 2018 年的基数影响，初步预计 2019 年全省地区生产总值增速为 5.9% 左右。其中，一季度和上半年趋于平稳，三、四季度将面临较大下行压力，全年呈现“前平后低”态势。

表 3　辽宁主要经济指标增速预测

单位：%

指标	2017 年	2018 年	2019 年	2020 年
地区生产总值	4.2	5.7	5.9	6.1
固定资产投资	0.1	3.7	7.0	8.2
社会消费品零售总额	2.9	6.7	6.9	7.1

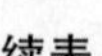
续表

指标	2017 年	2018 年	2019 年	2020 年
出口	7.1	5.7	6.5	7.0
规模以上工业增加值	4.4	9.8	8.2	8.8
一般公共预算收入	8.6	9.3	6.7	6.8

注：2017 年、2018 年为实际值，2019 年及 2020 年为预测值。

四　促进2019年辽宁经济平稳发展的政策建议

（一）努力保持经济平稳健康发展

持续加大投资力度。投资是拉动经济增长的“三驾马车”之一，保持经济平稳发展，需要大力推进重大项目建设。通过“抓大补短”，即抓好推进一批重要民生项目、重大产业项目以及重大基础设施项目，补齐交通、能源、农业农村、水利、市政、防灾减灾等重点领域的薄弱项目短板，推进一批具有较强带动能力的主导产业项目，实施一批具有广阔发展空间的高端产业项目，从而形成辽宁经济发展中的新的增长点。2019 年继续推动“双百攻坚”行动，即签约落地 100 个重点招商项目，加快建设 100 个重大项目。在 2018 年重大项目建设取得突破性进展的基础上，继续深入推进 2018 年延续的恒大红项目、辽西北供水工程二期以及沿河核电二期等项目的建设。同时，推进新项目中的沈阳机场二跑道和大连新机场等项目的前期工作，积极推动新项目恒力石化三期、沈白客专、沙特阿美炼化一体化等项目的建设。

积极培育新的消费热点。推进限额以上商贸企业高质量发展。限额以上企业（单位）是拉动全省消费品市场增长的核心力量，应针对全省限额以上企业（单位）数量较少，限额以上单位消费品零售额增速低于全国平均增速的实际，加大对现有限额以上企业和有潜力“达限”的中小商贸企业的扶持、服务力度，针对个别由于非市场原因经营异常的骨干商贸企业，因企施策、合法依规帮助企业渡过难关。利用全省各地区传统商贸聚集区改造升级的契机，促进线上与线下相融合、商旅与文体相融合、购物与体验相融合，发挥消费集聚示范区作用，积极推动传统大型龙头商贸企业的转型升级，推动商业向综合化、体验化、智能化的现代商业方向发展。挖掘重构新的消费品市场增长极。针对目前辽宁省消费品市场增长动力单一，主要靠汽车、成品油、中西药品等商品拉动增长的实际，要多措并举、多点施策，鼓励全省居民消费升级，逐步引导居民从“温饱型”消费向“精致型”消费转型，借鉴其他省份成熟经验，适时出台5G通信产品、智能家电、新能源汽车、绿色装饰材料、整体家居消费优惠政策，逐步培育辽宁省消费品市场新的增长极，以弥补传统热点消费品增长动力不足的缺口，巩固全省消费品市场增长的基础。提高全省居民收入水平。消费品市场增长情况直接取决于居民收入增长情况。加快推进全省消费品市场增长，最重要、最根本的是要尽快提高全省居民实际收入水平，加快补齐民生领域短板，让全省居民尽快享受东北振兴的辉煌成果，不断夯实全省居民消费的基础，筑牢居民消费信心。

（二）坚定不移推动产业转型升级

大力提升工业经济运行质量。狠抓工业经济运行工作，提升企业核心竞争力。围绕重点产业、重大项目和骨干企业，做好服务工作，帮助企业解决生产经营的困难，形成有效的工作推进机制，提升工业经济运行质量。加大工业投入，合理规划引导企业增大研发力度，优化投资结构，提升产品科技含量。帮助企业开拓国内外市场，组织企业参加工业品展会，扩大企业市场份额，增强企业盈利能力。深化结构调整，发展绿色产业。推动产业集聚发展，强化创新驱动，以国有重点企业为主，采用并购和技术引进等方式，增强企业技术能力，鼓励企业研发创新，提升全省工业经济科技水平。围绕节能减排指标，淘汰落后产能，整顿环保不达标企业。推进节能和可循环经济项目建设，重点支持企业环保技术改造，帮助企业实现清洁生产，发展对环境友好的新型绿色产业。

大力增强制造业创新能力。创新是推动经济发展的重要力量，实施创新驱动发展战略是提高产业核心竞争力的必然选择，是调整产业结构破解经济发展迟缓难题的必然选择。因此必须抓住科技创新的关键点，全面提高制造业创新能力。一是要制定制造强省规划纲要，并严格按照纲要规划产业布局，在沈大国家自主创新示范区的基础上，立足辽宁产业发展需求，建设一批国内顶尖的研发中心和制造业中心，全方位开展科技攻关项目和技术改造升级工程。二是扶持小微企业，培育新增长点。加强小微企业扶持力度，进一步推动工业经济增长。应积极探索安全高效的融资管理模式，着力化解小微企业融资难题，同时给予小微企业一定税收优惠政策，并降低准入标准，切实减轻小微企业金融负担。引导小微企业与大型企业对接，提升小微企业管理水平，增强企业实力，助力小微企业成长。

着力培育发展先进制造业集群。十九大报告中提出的重要目标和任务之一就是全力培育世界级先进制造业集群。辽宁具有培育发展先进制造业集群的基础和优势，因此，应以培育先进制造业集群为经济高质量发展的总抓手，对全产业链，即政策链、产业链、创新链、资金链以及人才链进行梳理，围绕全产业链培育发展重点产业集群。通过深化科技体制改革，加大科技创新研发经费投入，出台科技成果转化激励政策，着力突破关键核心技术难题，同时加强知识产权创造、保护和运用，培育一批具有国际竞争优势的先进制造业集群。力争在 2019 年实现 2000 项省内转移转化科技成果，突破 500 亿元的技术合同成交额，新增 500 家高技术企业，实现高技术产业增加值增长 20%。真正实现产业转型升级，实现“辽宁制造”向“辽宁智造”转变。

（三）加快培育壮大发展新动能

深入实施创新驱动发展战略。通过以科技创新为核心的全面创新推动经济健康持续发展的创新驱动发展战略，能够有效转变经济发展方式，实现经济高质量发展。2019 年，应全面落实省里出台的《关于以培育壮大新动能为重点激发创新驱动内生动力的实施意见》等政策文件，全面落实全省科技创新工作会议精神，继续推进全省科技创新工作。要将全省科技创新工作会议上确定的重大事项落实到位，以激发全社会创新潜力和活力为重点，推动创新型省份建设。突出企业在创新发展中的主体地位，同时将科研院所、高校纳入创新体系建设之中，与企业联合开展高水平技术中心和平台建设。进一步解放思想，打破观念和机制束缚，鼓励和支持企业引进高层次人才，尽快培育一批带有鲜明地域特色和高附加值的本地区名牌产品和优秀品牌。推动沈阳建设创新改革试验区，规划建设东北科技大市场。落实相关政策规定，允许事业单位科研人员及科研院所工作人员持股参股，参与科技成果转化，提高科技成果转化激励机制的效果。进一步优化科研经费使用管理制度，以突出智力价值为导向，为科研人员减轻负担，同时最大限度地发挥好科研经费的作用。以国家科技成果转化示范区建设为契机，进一步提高科研人员成果转化的收益比例。切实加强知识产权保护和利用，不断提高知识产权的附加值。落实好首台首套政策，促进全省重大装备制造业和关键产品的健康快速发展。

推动新产业新业态加速发展。紧密围绕国际产业发展的新趋势，合理规划新产业新业态布局，重点围绕物联网、生物医药、人工智能、数字经济、共享经济等新产业形态推动一批重大项目建设。继续做好推动战略性新兴产业发展的相关工作。利用大数据技术推动产业发展、试点示范和创新应用，将 5G 技术商用化纳入工作日程。进一步利用物联网培育一批独角兽企业，将这批企业打造成为领跑和推动全省经济加速发展的先锋队和排头兵。

推动一批具有明显带动作用的军民融合项目。继续加强军民融合建设，完善体制机制，做好规划引领，推动军用、民用项目共享共建，进一步打通“军转民”“民参军”途径。大力支持中央直属军工企业在辽投资建设，重点支持一批重大军工配套项目在本省落地实施。支持沈阳市、大连市和葫芦岛市申报军民融合创新示范区，积极学习和吸收其他地区的先进经验，建设一批以高技术产业为重点的军民融合产业示范基地。

（四）进一步深化市场化改革

不断深化供给侧结构性改革。巩固“三去一降一补”成果。继续巩固 2018 年辽宁省依规淘汰 54 万吨落后水泥产能，25 个产能在 30 万吨以下的煤矿以及清理“地条钢”的成果。继续加大“破、立、降”的力度、坚持稳中求进，将“降成本”和“补短板”放到工作的首位。既要降低融资成本、税收成本，更要降低实体经济成本和制度性交易成本；既要推动提高辽宁企业的创造能力，由辽宁制造向辽宁创造转变，又要推动辽宁创造的质量，由制造强省向创造强省转变。

深入推进重点领域改革。提高政府部门服务意识。转变政府部门的工作观念，加强服务意识，让“服务”理念在各级政府部门生根发芽。辽宁省各级政府、各相关部门应推广“互联网+政务”，实行“一网一门一次”“放管服”改革，实现5天办结不动产登记，90个工作日内完成工程建设项目审批工作，100个高频事项“最多跑一次”等目标。全面贯彻落实《国务院关于推进国有资本投资、运营公司改革试点的实施意见》（国发〔2018〕23号）、《辽宁省推进国有资本投资、运营公司改革试点的实施意见》及《加快推进全省国资国企改革专项工作方案》，加快推进国资国企改革，推进混合所有制改革，以期实现到2020年，70%以上省属企业完成混合所有制改革，全省国有企业资产总额突破3.5万亿元，所有者权益突破1.5万亿元的主要目标。

（五）全面扩大高水平对外开放

深度融入共建“一带一路”。以流通通道作为辽宁融入“一带一路”建设的切入点，凭借完备的基础设施，依托大连、营口、丹东、锦州等沿海港口优势，以大连、沈阳作为中蒙俄经济走廊的起点，连接京津冀地区，构建东北亚经济圈与中东欧、欧盟的经贸往来桥梁；以优化产业战略布局作为辽宁融入“一带一路”的出发点，全面落实辽宁主题功能区战略，推进五大区域经济发展，采用“错位竞争、重点周边、由近及远、多边合作”的原则，合作优化和促进辽宁现有的产业布局，升级已有的合作协议，拓展更广泛的双边或多边合作，实现更多的互利共赢。

加快跨境电商综合试验区建设。充分发挥沈阳、大连在东北亚开放合作、区域经济发展中的引领作用，拓宽企业进入国际市场的路径，探索与

“一带一路”沿线国家和地区的跨境电子商务合作新模式。大连要立足辐射东北、毗邻日韩、连接欧亚的区位优势，口岸发达、港航便捷、海铁联运的物流优势，软件信息、装备制造、大宗商品、农产品和水产品等产业优势，通过集聚本地资源要素，形成良好的发展态势。沈阳要突出本地特色和优势，依托自身作为东北区域中心和物流中心的地位，加快跨境电商国际物流产业基地、特色园区建设，建设更加高效便捷的国际化物流及仓储体系，推动外向型经济发展。

加快促进服务贸易发展。加快发展服务贸易，是辽宁构建开放型经济新体制的内在要求，也是形成产业升级新支撑、外贸增长新亮点、现代服务业发展新引擎的必然要求。通过巩固软件和信息技术外包的规模优势，大力发展基于云计算和大数据的高端业务流程外包，推动服务外包转型升级；通过培育本土文化品牌，重点发展文化信息、创意设计、游戏和动漫版权等文化贸易，加快发展演出演艺、影视制作、数字出版、艺术品交易、休闲娱乐等文化贸易，推进文化贸易多元发展；通过发展现代航运服务体系，拓展航运服务产业链，加大对航运金融服务发展的促进和支持力度，积极发展多种航运融资方式，促进运输服务水平稳步提高；通过完善入境服务体系，探索“互联网+”下的智慧旅游的发展，促进会展、商业、旅游、文化的联动发展，引导旅游服务拓宽渠道。

（六）深入推进五大区域发展战略

落实沈阳经济区一体化发展战略。围绕“四个中心”的功能定位加快推进沈阳市经济社会发展建设，落实好沈阳经济区一体化建设战略规划。以沈阳经济区建设带动实现中部产业转型升级示范区建设，重点围绕集中供热、公共轨道交通等城市基础设施建设项目，全面提升各市的城市规划建设、管理水平，丰富城市内涵，全面提升城市居民日常生活质量和精神追求，将省内各市打造成为现代化宜居城市，推动都市圈建设。

推动沿海经济带的深度开放。以大连市作为沿海经济带深度开放的龙头和示范基地，将其打造成为北方地区深度开放的大门。与相关机构和企业实施全面战略合作，加快港口资源的整合步伐，完善港口功能，实现陆港、海港及空港融合发展。学习和借鉴“蛇口模式”建设东北亚地区的“港产城创”新地标。加强协调联系，推动省内六市协同发展。重点推动临海产业和临港经济产业结构调整和优化升级，将其建设成为带动全省经济结构优化升级的先导区、示范区。注重海陆经济协同建设，实现陆域经济和沿海经济互融互通。

继续支持辽西北地区发展建设。切实落实好现有政策体系，重点加强辽西北地区的基础设施建设和民生项目建设，同时大力发展现代生态农业和特色产业。以高铁建设为契机，辽西北地区应探索创建国家级承接产业转移示范区，确保各项主要经济指标增速高于全省平均水平。继续探索推动资源枯竭型城市创新建设新模式，加快推动开展阜新市、抚顺市等的矿区综合治理项目。

落实沈抚改革创新示范区建设总体要求。以培育现代产业体系和促进低碳绿色发展作为指导原则，全面解放思想、开拓创新，破除体制机制障碍，落实沈抚改革创新示范区建设的总体构想，将示范区打造成为营商环境优越、创新驱动能力强、改革开放程度高的全省示范和标杆，为推动全省经济复苏提供强大助力。

推动县域经济加速发展。进一步密切城乡经济发展的联系，充分发挥城乡产业互补和促进作用，实现城乡经济融合发展。继续加大公共财政资金投入力度，重点向现代农业、农村建设和农村民生保障领域倾斜。合理优化公共服务资源的布局，实现城乡公共服务资源的高度共享。大力依托“飞地经济”，以项目建设为抓手，支持和鼓励县域之间、城乡之间联合建设“飞地经济”产业园区，集中力量培育一大批工业强县、农业强县和旅游强县等。

（七）大力实施乡村振兴战略

加快建设现代农业。落实农业供给侧结构性改革的总体要求，加强粮食安全管理，打造全国重要的粮油和特色农产品生产基地。继续实施牲畜健康养殖、林下经济、精品渔业等系列工程，在供给侧不断提高优质绿色农产品的供给总量，进一步构建和完善现代农业生产体系、销售体系、经营体系、管理体系及科技创新研发体系等，实现农村三产融合发展，实现现代农业提质增效。探索构建“互联网＋高质量农业”的发展新路，利用现代信息技术，鼓励知名电商企业和平台进入农村。培育一批农业产业龙头企业和知名品牌，鼓励支持新型农业经济主体加快发展，将东港草莓、铁岭榛子、盘锦大米等打造成为全国知名的绿色农产品品牌，进一步扩大农业经济的总量。

全面提升农村人居建设水平。以“千村美丽、万村整洁”行动为契机，大力推动宜居乡村和美丽乡村建设，全面提升农村人居建设水平，改善农村面貌。以农村垃圾分类回收处理、污水排放治理和厕所革命为重点，进一步加强农村公共基础设施建设，提升公共卫生厕所的覆盖率，使得85%的行政村建有生活垃圾分类处理设施，36万人的安全饮水问题得到妥善解决。重点加强对非洲猪瘟等疫情的防控。加强农村大中型灌区建设，全面提升高标准农田建设标准。

参考文献

迟福林：《转型闯关——“十三五”结构性改革历史挑战》，中国工人出版社，2016。

李平主编《经济蓝皮书：2019年中国经济形势分析与预测》，社会科学文献出版社，2018。

张宇燕主编《世界经济黄皮书：2019年世界经济形势分析与预测》，社会科学文献出版社，2018。

中国科技发展战略研究小组、中国科学院大学中国创新创业管理研究中心：《中国区域创新能力评价报告（2018）》，科学技术文献出版社，2018。

B.2

2018～2019年辽宁省社会形势分析与预测

王 磊　杨成波*

摘　要： 2018年辽宁省社会发展态势良好，城乡居民收入持续增长，就业局势保持稳定，事业单位改革取得突破，脱贫攻坚稳扎稳打步步为营，各项民生事业发展不断进步，城乡居民获得感不断提升。但是，社会发展中还存在着就业结构性矛盾突出、深度贫困人口脱贫任务艰巨、社会治理现代化水平不高、教育资源配置不均衡以及生态环境治理有待加强等问题。当前，中国特色社会主义进入新时代。站在新的历史起点上，辽宁省要做好稳定就业，积极应对人口老龄化，巩固脱贫成果，优化基层治理，深化教育医药卫生体制改革，持续改善生态环境等工作。

关键词： 民生改善　社会发展　辽宁

一　辽宁省社会发展的总体形势

2018年是全面贯彻党的十九大精神的开局之年，也是决胜全面小康、

---

* 王磊，辽宁社会科学院社会学研究所所长，研究员，主要研究方向为社会保障、社会政策；杨成波，辽宁社会科学院社会学研究所副所长，副研究员，主要研究方向为社会学基础理论和社会保障。

实施“十三五”规划至关重要的一年。2018 年辽宁省在经济发展向好的同时，社会发展态势好，城乡居民收入持续增长，就业局势稳定，事业单位改革成效明显，脱贫攻坚稳扎稳打步步为营，各项民生事业发展稳步向前，城乡居民获得感不断提升。

（一）城乡居民收入持续增长，人民生活不断改善

辽宁城乡居民收入一直呈现持续增长态势。改革开放以来辽宁城乡居民收入实现跨越性增长。1978 年辽宁城镇居民家庭人均可支配收入仅为 363.3 元，农村居民人均纯收入仅为 185.2 元，而截至 2018 年辽宁城乡居民家庭人均可支配收入分别高达 37342 元和 14656 元，分别是 1978 年的 102.79 倍和 79.14 倍。

辽宁收入分配相对差距呈现了震荡式变动特征，但总体是在逐步缩小。党的十八大以后，城乡居民相对收入差距继续稳步下降，且城乡间收入差距呈现缩小态势，城乡相对收入差距从 2013 年的 2.63 倍降为 2018 年的 2.55 倍。从辽宁省收入分配差距与全国平均水平比较来看，2018 年辽宁省城镇居民人均可支配收入低于全国平均水平；农村居民人均可支配收入高于全国平均水平，城乡居民收入相对差距为 2.55 倍，明显低于全国的相对收入差距 2.69 倍。

与城乡居民收入水平同步提高的是居民的消费能力和消费水平。改革开放以来，辽宁省农村居民的恩格尔系数总体上呈现了逐渐下降的趋势，从 1978 年的 63.8% 下降到 2016 年的 26.9%，如果与国际粮农组织提出的标准相比较，农村居民的生活消费水平在改革开放以来实现了从温饱到小康的过渡。特别是十八大以后，辽宁省城乡居民的恩格尔系数均呈迅速下降态势，2011 年城镇居民家庭恩格尔系数为 35.5%，农村居民家庭恩格尔系数为 39.1%，到 2016 年城镇与农村居民家庭恩格尔系数分别下降到 27.6% 和 26.9%。从图 1 中还可以看到，从 2014 年开始，城乡居民家庭恩格尔系数均下降到 30% 以下。农村居民家庭恩格尔系数下降的速度相对较快，2014 年已经与城镇持平，均为 28.3%，2016 年农村居民家庭恩格尔系数甚至比

城镇低0.7个百分点。这说明食品支出已不是城乡居民家庭支出最多的方面，辽宁城乡居民的消费结构持续优化并向提高生活质量、追求便利与注重健康方面发展。

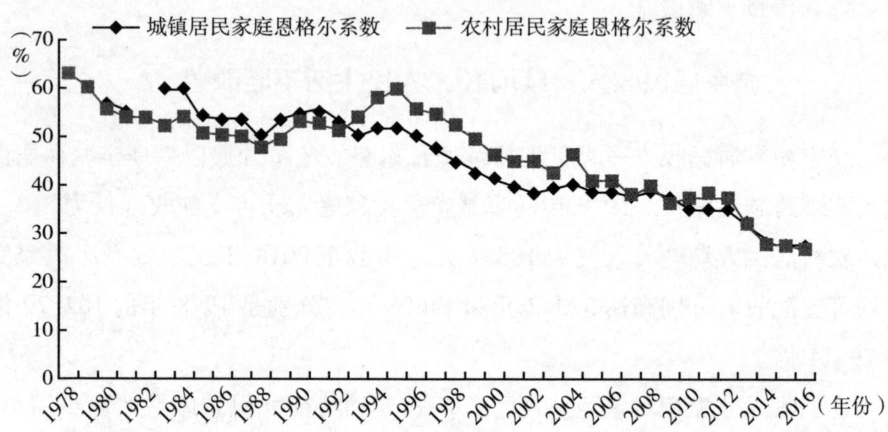

图1 1978～2016年辽宁城乡居民家庭恩格尔系数

资料来源：辽宁统计信息网，http：//www. ln. stats. gov. cn/tjsj/sjcx/ndsj/。

（二）第三产业用工需求大，新经济带动就业能力不断增强

随着经济增长和经济社会发展战略的转变，辽宁省产业结构的调整总体上向着促进就业的方向发展，第三产业挖掘就业岗位的潜能较大。从产业工人需求看，第三产业的用人需求占据主体地位。如2018年二季度全省第一、二、三产业需求人数所占比重依次为1.62%、31.07%和67.31%（具体见表1）。

表1 按产业分组的需求人数及占比

单位：人，%

时间	2016年		2017年		2018年二季度	
指标	需求人数	需求比重	需求人数	需求比重	需求人数	需求比重
第一产业	—	3.00	110807	4.31	11951	1.62
第二产业	—	32.55	890573	34.64	229199	31.07
第三产业	—	64.45	1569558	61.05	496537	67.31
合计	—	100	2570938	100	737687	100

近年来，经济发展新动能不断积聚，带动就业能力不断增强。新经济的一个重要表现就是电子网络技术的广泛使用。传统工业经济与新经济的最大不同在于，后者是以现代信息通信、计算机技术作为支撑的经济形态。由于现代企业对创新型劳动力需求大量增加，客观上有促进就业规模扩大的趋势。以软件与电子信息产业为例，辽宁省吸纳就业规模稳步扩大。数据显示，2007 年辽宁省软件与电子信息产业就业人数为 5.4 万人，到 2016 年扩大为 12.2 万人，增长了 1 倍多；2018 年上半年，辽宁省信息传输、计算机服务和软件业新增就业人数同比上升 20.2%。

通过对辽宁省就业网及大连壹淘科技有限公司、洛克斯诺网络科技有限公司、骑酷科技公司、大连中联银河科技等企业开展调研，及对相关数据材料进行分析，我们发现辽宁高新技术产业人才需求旺盛，求人倍率有所增大。相关统计数据显示，近年辽宁省拥有技术等级或职称人员的求人倍率同比有所提升，求人倍率均大于 1。沈阳、鞍山的高级技术人才的求人倍率均大于 2，求人倍率分别为 2.01 和 2.25；从全省 14 个市岗位需求和求职者排行榜来看，沈阳、鞍山等 9 个城市缺口最大的前三个职位均为技能人才岗位，且求人倍率均大于 1，其中沈阳市技能人才求人倍率高达 2.84。以上分析表明，新经济带动就业的能力不断增强，而且在增加的就业需求中，技能人才特别是高技能人才的需求在日益增大。

（三）事业单位改革力度大，改革成效初步显现

2016 年以来，特别是党的十九届三中全会以后，辽宁省加快事业单位改革步伐。此次改革以打破陈旧体制、降低财政负担、服务全面振兴为目标，在省、市、县、乡四个层面全面推进，改革采取分类改革的方式，经营性事业单位一律转企，公益性事业单位优化整合，行政类事业单位政事分开。目前，全省 1174 个经营性事业单位已转企改制组建集团，27514 个公益性事业单位优化整合为 2366 个，精简幅度达 92%。

在经营性事业单位改革中，辽宁省以组建企业集团为主要方向，使全省 712 个经营性事业单位退出事业单位序列，组建 12 个企业集团。近两年，

辽宁先后组建省交投集团、水资源集团、地矿集团、工程咨询集团、城建集团、体育产业集团、辽勤集团、旅游集团、担保集团等12个企业集团。转企改制后，辽宁经营性事业单位资产盘活，焕发活力。辽宁省国资委统计数据显示，2017年，辽宁新组建的首批7家省级企业集团合计实现营业收入238亿元，同比增长22.6%，实现利润8.1亿元，同比增长149.8%。对公益性事业单位改革，辽宁省着眼于解决“有人没事干、有事没人干”等长期积弊，以大规模归并、优化、整合等方式在2018年5月开始进行。目前，全省新组建的事业单位已全部完成法人登记和挂牌工作。在此次公益性事业单位改革过程中，辽宁省围绕老工业基地振兴需要，创新性组建5个省政府直属的“五大基地”建设工程中心，对省委、省政府中心工作形成支撑。公益性事业单位改革提高了服务效率，降低了运行成本，减轻了政府财政负担。以新组建的辽宁省信息中心为例，改革前每一个省直机关所属的政务信息中心都有规模不小的人员，事业单位的重复设置不仅浪费资源，而且无法有效实现信息共享；改革后，26家省直机关所属政务信息中心整合成一家省级信息中心，减少运维人员129名，节省设备4550台套，节省机房面积约1万平方米，每年可节约经费3.58亿元。辽宁省在大刀阔斧进行事业单位改革的同时，还加大了对开发区（园区）、社会组织和中介机构的改革。目前，全省223个开发区（园区）整合缩减为150个；先后撤销注销整改社会组织10241家，取消行政审批中介服务事项888项。总体看，辽宁事业单位改革理顺了关系，降低了成本，提高了效率，规范了市场，改革效果日渐显现。

（四）农村扶贫精准施策，贫困人口持续减少

近年来，辽宁省脱贫攻坚取得丰硕成果。截至2017年末全省贫困人口已减少到24万人，贫困发生率下降到1%。2018年全省又实现15.43万人脱贫、519个贫困村销号、6个省级贫困县摘帽。在精准扶贫过程中，辽宁省针对贫困群体的特征，采取“保基本兜底线”与促进发展并举的措施，努力提高反贫困效果。

辽宁省扶贫办公布数据显示，因病致贫人口占农村贫困人口的46%，个别地区高达60%～70%。为切实减少农村贫困人口医疗费用支出，提高贫困人口生活质量，辽宁省不断完善农村贫困人口大病救助制度，持续提高农村贫困人口医疗费报销标准。2018年农村贫困人口住院医疗费用个人实际报销比例提高到90%左右，大病、特殊慢性病、长期慢性病门诊医疗费用个人实际报销比例提高到80%左右。2019年辽宁省继续扩大救治病种覆盖面，农村贫困人口大病专项救治范围扩大到21种，进一步筑牢社会最后的安全网。

辽宁省不断创新精准扶贫模式，全力提高扶贫效果。如通过农村电子商务拓展农产品生产销售渠道已经成为辽宁农村精准扶贫的"利器"。辽宁省清原满族自治县、桓仁满族自治县、凌源市、本溪市、绥中县5个革命老区自2015年获批国家第二批电子商务进农村综合示范县（市）以来，共建设了646个村级电商服务点，带动创业就业超过8000人，依托农村电商服务当地超过1.6万名贫困群众，直接帮助当地建档立卡贫困户通过电商实现增收超过500万元。朝阳市喀左县通过线上对接电商平台拓展销售渠道，线下对接合作社开展订单式生产，让杂粮、鸭蛋、野山菌等特色农产品顺利"进城"。又如出台《辽宁省中药材产业扶贫行动方案（2018～2020年）》，通过发展中药材种植和生产，充分发挥中药材产业优势，推进精准扶贫、精准脱贫。辽宁省通过创新性地实施精准扶贫措施，显著提高了贫困群体生计能力，有力地巩固提升了农村反贫困效果。

（五）养老服务能力显著提升

目前，辽宁省人口已经逐步从老龄化向高龄化发展。截至2016年末，辽宁省人口老龄化程度高出全国5个百分点。预计到2020年，全省60岁以上老年人口将超过1000万。为积极应对老龄人口总量扩张和增量提速的严峻形势，辽宁省主要从三个方面不断提高养老服务能力。一是加快推进养老服务业发展。2017年8月出台了《辽宁省人民政府办公厅关于全面放开养老服务市场提升养老服务质量的实施意见》，进一步推进全省养老服务业更好更快发展。目前，辽宁省养老产业发展迅速。2017年由万康天利（辽宁）

健康养老产业有限公司建成目前中国最大的健康养老产业共享平台。目前，辽宁 14 个城市已经形成实体共享平台体系，可提供上千种健康养老服务。2010 年至今，沈阳已连续多年成功举办“老博会”，对于东北地区养老产业发展起到了引领和推动作用。2019 年，华龄智能养老产业发展中心联合沈阳万佳宜康养老产业集团等单位，在沈阳市正式启动“华龄智能养老创新工程”，为老年人提供更加优质的智能养老服务。二是积极推进医养结合。截至 2017 年，辽宁省医养结合机构总数已达 132 家，医养结合床位总数为 29872 张，医疗机构与养老机构建立合作关系的有 138 对。辽宁省医养结合试点实现全域覆盖。目前，全省已有 50% 以上的养老机构能够以不同形式为入住老年人提供医疗卫生服务。三是养老机构质量和规模不断提升。2017 年出台了《辽宁省提高养老院服务质量四年滚动计划（2017 ~ 2020 年）》推动养老机构服务质量提高。目前，辽宁省各类养老机构达到 1797 家，养老床位达到 26. 39 万张，逐步满足老年人社会养老服务需求。

（六）城乡基层治理体系不断完善，社会大局保持稳定

推动社会治理重心下移到城乡基层社区，以建设社区微空间为切入点，提升城乡基层社区治理水平，形成政府与社会、居民有效衔接和良性互动的社会治理格局，使城乡基层治理能力更加精准全面、组织体系更加健全完善、民主管理制度更加健康有序、生活生态环境更加舒适宜居、公共服务更加优质优化、经费保障机制更加有力有效。创新信访工作方式，实施信访矛盾减少存量控制增量攻坚计划。加强疫苗流通与存储以及预防接种管理。强化食品药品监督管理，开展食品药品生产企业质量安全专项检查。强化自然灾害的防治与应急管理。继续加大扫黑除恶斗争力度，推进社会治安综合治理，保持社会大局稳定。

朝阳市探索创建社会治理联动新模式，先后出台了《社会治理应急联动指挥机制运行规范（试行）》、《社会治理应急联动指挥中心管理规范（试行）》和《朝阳市社会治理应急联动指挥中心考核管理实施办法（试行）》等一系列规章制度，推动了社会治理联动机制长效发展。2018 年，朝阳市

共接听投诉举报85次，受理案件27起，立案9起，交办18起；启动联动机制700余次，成功联动处置各类案（事）件680余起，服务群众6200余次，群众满意度进一步提升。

2019年辽宁省民政厅印发了《关于开展城乡社区治理创新实验示范活动 推进基层社会治理高质量发展的方案》，依据党建统领、服务居民、依法创新和突出本地特色四大原则，确定了城乡社区治理创新实验示范县（市、区）15个，创新实验示范乡镇（街道）25个，城乡创新实验示范社区60个。

（七）教育改革不断深化，教育事业发展水平显著提升

2018年，是贯彻党的十九大精神的开局之年，辽宁教育系统深入贯彻习近平新时代中国特色社会主义思想，全面落实全国教育大会精神和教育部重大决策部署。紧紧围绕新时代辽宁全面振兴重点任务，把服务经济社会发展作为重要使命，深化教育制度改革、推进教育公平发展、提倡素质教育、提升教育质量、推进教育现代化，大力推进教育供给侧结构性改革，提升高校科技创新能力和水平，加大科技成果转化力度，开展择校热、大班额及校外培训机构专项治理，新增学前教育普惠性学位2.5万个，改造农村薄弱学校3044所，建设61个职业教育集团。建设高校一流学科110个，一流示范专业153个。进一步提升了辽宁教育科研水平，促进了辽宁教育事业的发展。

2018年，全省共有幼儿园10090所，义务教育阶段学校4802所（其中普通小学3280所，普通初中1522所）；高中阶段学校796所（其中普通高中414所，中等职业学校382所）；特殊教育学校79所；高等教育学校134所（其中普通高校115所，成人高校19所），研究生培养机构45个。在园幼儿91.3万人，小学在校生195.5万人，普通初中在校生98.5万人，普通高中在校生60.9万人，中等职业教育在校生35.0万人，在学研究生11.7万人，普通本专科在校生96.3万人，成人本专科在校生16.2万人。特殊教育在校生1.18万人（详见表2）。

表2　2018年辽宁教育基本情况统计

指标	学前教育	义务教育		高中教育		高等教育		特殊教育
		小学	初中	普通高中	中等职业学校	普通高校	成人高校	
园/校数量(所)	10090	3280	1522	414	382	115	19	79
在园/校人数(万人)	91.3	195.5	98.5	60.9	35	108	16.2	1.18

资料来源：辽宁教育统计公报。

普通高等学校科研成果显著。在科技成果方面：出版科技著作411部，比2017年增加60部；发表学术论文41320篇，比2017年增加1186篇，其中SCI（科学引文索引）11935篇，EI（工程索引）7473篇，CPCI-S（科技会议录索引）1650篇；技术转让合同数274项，收入1.79亿元；专利拥有数23477项，其中发明专利13305项，分别比2017年增加3875项和1792项；普通高校获科技成果奖（省部级以上）237项，其中大连理工大学、大连工业大学、中国医科大学附属盛京医院、大连医科大学4家单位获国家科技进步二等奖。在人文社科成果方面：出版著作1189部（其中专著576部），发表学术论文14183篇，普通高校获奖成果131项，其中部级奖4项，省级奖127项，被采纳成果149项。

高等职业教育创新发展。辽宁从2017年起组织实施高水平现代化高职院校和高水平特色专业群建设计划（简称“双高计划”），通过集中投入、改革创新、优化教学内容等方式建设一批全国一流的、具有辽宁特色的高水平现代化职业院校和特色专业群，建设高素质技能人才培育基地。支持民办教育发展，2018年出台《辽宁省非营利性民办学校认定管理办法（试行）》和《辽宁省营利性民办学校监督管理办法（试行）》，支持和规范民办教育发展。不断深化校企合作发展，近年来，辽宁高职院校以服务社会为主要目标，以技术技能型人才培养为抓手，有效地推动了校企合作发展，行业企业累计为高职院校提供实习实训设施设备总价值达到5亿多元，投入建设经费数千万元，累计派出2000多人次专业技术与管理人员担任高职院校的兼职教师，高职院校也累计安排3000多人次专业教师进入企业挂职锻炼，促进了职业教育增强技术技能作用的发挥，推动了职前职后教育一体化。

（八）污染防治不断加强，环境治理成效明显

环保海洋督察整改取得新进展。2018年7月25日，辽宁省环境保护督察以及环保督察整改情况“回头看”动员大会在沈阳召开，要求对抚顺、本溪、丹东、锦州、阜新、辽阳、铁岭、朝阳、盘锦、葫芦岛10个地级市开展省级环保督察，并且对沈阳、大连、鞍山、营口4个地级市进行环保督察整改“回头看”工作。为积极推动中央环保督察整改工作，辽宁调动专门人员到省内各市进行具体的整改工作，各市也都将会议精神与行动指南付诸实践。截止到2018年上半年，辽宁省总共布设监测站位达到670余个，全年出海调查共计200余航次，获取监测数据约6万个，这为进一步监测辽宁省辖海洋生态与治理海洋污染工作奠定坚实的基础。

重点环境问题治理取得新成效。水污染治理初见成效，2018年辽宁对省内27条支流河开展重污染治理攻坚战，全省河流水质总体稳定。地市级集中式水源地共179个问题被列入国家整改清单，截止到2018年11月底，已完成整治177个，整治的比例已经超过98%；土壤污染治理再见成效，2018年辽宁正式发布关于调查土壤污染情况的摸底方案，该方案的提出标志着辽宁土壤污染状况详查工作全面进入实施阶段，确定了约1.8万个农用地详查点，1478个农产品协同点。辽宁加紧推进《污染地块土壤环境管理办法（试行）》。根据该办法的规定，对污染地块土壤环境的管理主要从明晰各方责任、确立环境调查与风险评估机制、加强对风险的管控工作、实施治理与修复一起进行、提升监督管理的质量这几个方面进行。辽宁继续实行《农用地土壤环境管理办法（试行）》，严格履行其中的相关要求。并且在此基础之上，根据中央发布的《土壤环境质量　农用地土壤环境风险管控标准（试行）》（GB 15618－2018）和《土壤环境质量　建设用地土壤污染风险管控标准（试行）》（GB36600－2018）两项文件的指示精神，对农用地土壤

污染风险筛选值和农用地土壤污染风险管制值进行测评。大气污染治理取得明显效果。2018 年辽宁坚决实施“蓝天保卫战”，继续抓好拆除燃煤小锅炉、淘汰老旧车辆和秸秆禁烧等工作，加大雾霾治理力度。辽宁共拆除燃煤小锅炉4536 台，超额完成年度任务。辽宁共监督抽检车辆11058 辆，对249 辆超标车辆下达了限期维修治理通知。印发《辽宁省秸秆焚烧防控责任追究办法》，加大管控力度，改善辽宁空气质量，空气质量达标天数呈现出上升趋势，同比增长 5. 3%，PM2. 5、PM10 平均浓度同比降低。

（九）继续深化公立医院综合改革，健康辽宁建设成效显著

2018 年辽宁医改以抓深化、保落实、见实效为抓手，加强组织领导和制度设计，不断深化体制机制创新，医改成果更加公平惠民。2018 年组建了 285 个医联体，覆盖所有三级医院和基层医疗卫生机构，远程医疗服务覆盖所有县区，公立医院药占比下降到 30. 4%，医疗费用增长率下降到 6. 7%。通过印发《关于加强全省公立医院党的建设工作的实施意见》，发挥党委在公立医院的领导作用，提升公立医院党建水平。城乡居民医保人均财政补助标准提高到 490 元，全面推进按病种付费、按人头付费等多种付费方式改革，县级公立医院全部实行按疾病分组付费。简化社会办医审批程序，推行“不见面审批”，推进医师、护士和医疗机构电子证照改革。充分运用价格政策建立公立医院科学补偿机制，继续开展省属医院和市级三甲医院综合绩效考核、锦州市“三医联动”医改探索、辽阳市精准医疗扶贫、沈阳市 DRGs 医保支付方式改革等试点。2018 年 5 月 8 日，辽宁省物价局发布《辽宁省公立医院取消医用耗材加成调整医疗服务价格指导意见》，开展医用耗材集中采购，实行医用耗材零加成销售，平均降价 24%。印发《医疗卫生领域省与市财政事权和支出责任划分改革方案》，划分了辽宁医疗卫生领域财政事权和支出责任。保基本、防大病、兜底线能力进一步增强，推进医保付费方式改革，主要以病种付费和人头付费方式进行，促进医保效用最大化，辽宁各市按病种付费的病种数均超过 100 种。

二 辽宁省社会发展面临的主要问题

（一）辽宁就业结构性矛盾仍然较为突出

近年来，辽宁省深入推进供给侧结构性改革，不断推动产业结构优化调整升级。在化解煤炭钢铁过剩产能、大力发展新经济的过程中，辽宁省就业结构性矛盾较为突出，主要表现在两个方面：一是传统制造业用工需求呈缩减趋势。《辽宁统计年鉴》及辽宁就业网提供的数据显示，2016 年制造业用工需求人数为 474147 人，占总需求的比重为 26.06%，同比需求人数减少 15917 人，需求比重下降 0.06 个百分点。制造业是辽宁省重要的支柱产业，其用工需求虽然仍居于行业首位，但用工需求下滑趋势明显。不仅如此，受供给侧结构性调整与“三去一降一补”的实施，以及产业结构持续优化调整影响，辽宁省钢铁、能源、煤炭等产能过剩、高污染企业，特别是需要淘汰部分过剩产能、技术落后、缺乏竞争力的企业，用工需求持续下降，辽宁就业形势相对严峻。

与此同时，研究也发现，辽宁省高级技工持续短缺，结构性矛盾短期内不会缓解。根据辽宁省就业网数据，2017 年第二季度，拥有职业资格三级、高级专业技术职务和职业资格二级的求职者求职状况依然良好，求人倍率分别为 2.52、2.3 和 2.29。无技术等级或职称者则求职较困难，求人倍率仅为 0.51，这表明辽宁高技术人才短缺现象十分突出。

二是新产业新业态新模式的发展不仅增加政府就业管理的难点，同时也带来摩擦性失业。一方面新产业新业态新模式的发展，造成劳动关系的复杂化、隐蔽性以及管理的难度增加。在新业态下，由于平台强大的聚合功能，活动主体多元化，主体间的关系更加复杂化，各活动主体间的权责关系无明确的界定，责权利不清晰。不仅如此，在新业态企业中，从业人员接受平台企业规章制度的管理，但是从业人员的工作方式灵活、没有固定薪酬的保障。这些问题对传统劳动关系认定提出挑战。另一方面新产业新业态新模式的发展导致就业者在新旧业态或模式下转岗的摩擦性失业加剧。以新零售模式为例，新零售模式就是以用户体验为中心，借助互联网技术最大化交易效率和生产效率，线上线下结合的 O2O 零售模式。在传统零售向新零售转变的过程中以及新零售彻底实现时，线上线下将同款同价，因此消费者线下体验、线上购物，由无人机配送，无人商店将几乎成为常态，这势必会降低对传统收银员、零售员、配货员的需求量，会有大量导购员、柜员、收银员、仓储员、配送员等转业、转岗或失业。因此，零售模式转变造成的摩擦性失业将大量出现。

（二）深度贫困人口脱贫任务更加艰巨

辽宁省深入实施精准扶贫战略，现在剩余的贫困人口都是深度贫困人口，主要集中在义县、阜新县、彰武县、朝阳县、喀左县、建平县、北票市、凌源市、西丰县、建昌县等地区。这部分群体生产生活条件差，加之自身素质比较低，很难摆脱贫困，是扶贫中最难啃的“硬骨头”。因而，辽宁农村剩余贫困人口反贫困的任务更加艰巨。针对这种情况辽宁省在 2018 年出台了《辽宁省支持深度贫困地区脱贫攻坚行动方案》，力图到 2020 年集中精力攻克深度贫困堡垒。然而，由于深度贫困人口的特殊性，对其贫困问题的解决不能只停留在实现某一时点的脱贫，还应该高度重视其脱贫返贫问题。反贫困实践表明，深度贫困人口抵御生活风险的能力弱，在一些因素（如自然灾害、患病等）影响下，往往陷入脱贫—返贫—脱贫—再返贫的怪圈，不能自拔。

而根除深度贫困人口贫困的关键是实现贫困农户生计的可持续。实现其生计可持续关键则是从微观层面提升农户生计资本存量。生计资本通常包括人力资本、社会资本、自然资本、物质资本和金融资本五种。生计资本越多的农户，往往具有越强的处理冲击、发现和利用机会的能力，越能够创新生计行动，在各种生计策略中灵活转换，实现生计可持续。反观辽宁省现有针对深度贫困群体的扶贫政策，其对深度贫困农户生计资本积累的关注是不够的。《辽宁省支持深度贫困地区脱贫攻坚行动方案》提出产业扶贫、危房改造、就业脱贫、健康扶贫等举措，在一定程度上考虑到了深度贫困地区贫困人口物质资本、人力资本等的积累，但对社会资本等其他资本的积累则较为忽视。目前，辽宁在农村深度贫困群体扶贫中对贫困群体生计资本积累重要性的认识不足，对于如何提高贫困群体生计资本积累缺乏系统性和整体性考虑。

（三）社会治理体系和治理能力现代化水平不高

辽宁社会治理智慧化程度不高，运用现代化信息手段治理社会问题的能力不强；社会治理硬件设施不完善，部分社区硬件设施较差；区、街、社区（村）治理联动脱节，没有实现各层级治理环节的畅通，在市、区、街道、社区四个管理层级中，由于只注重纵向到底的管理模式，忽视了不同层级之间的横向管理，下级有时疲于应付上级临时性的行政任务，服从上一层级的任务委派，往往难以确立常规性的治理体系，实现有序的常态治理；社会治理队伍思想观念、责任意识和治理能力有待提升，治理队伍人员缺口还较大；社会治理状况不均衡，农村社会治理基础薄弱；社会力量发展不充分，社会组织自身能力建设不足，参与社会治理事务不广泛，参与程度不深，导致很多本应由社会组织处理的社会事务仍由政府部门来进行处理。

（四）教育资源配置不均衡

学前教育普及程度有待提高，普惠性、有质量的学前教育资源不足，学前教育成本分担机制尚未建立，百姓对“入园难”“入园贵”反映强烈；义务教育发展仍不平衡，城乡义务教育差距明显，主要表现为办学经费、师资力量以及基础教学仪器等硬件上存在较大差距，农村义务教育仍相对薄弱；农村学生更多来自教育程度及收入水平较低的家庭，导致农村对教育的有效需求不足，农村学生辍学率较高；由于教育资源配置的不均衡，解决城市学校“择校热”“大班额”等影响教育公平和质量的问题仍需时日。

（五）生态环境治理有待加强

一是城镇污水处理设施不完善。辽宁在生态环境保护方面起步较晚，基

础设施建设又相对比较滞后，再加上资金匮乏，省内多数城镇没有污水处理厂，致使城镇污水未经任何处理直接排入水域，造成河流水库型饮用水源地水源水质恶化。虽然有些城镇已经建成污水处理厂，但是由于污水处理厂的运行费用较高、资金供给不足，加之在管理方面存在的诸多问题，尚有部分污水处理厂未能正常投入使用。此外，与城市污水处理相配套的截污、排污管网工程尚不完善，不能及时将污水收集至污水处理厂进行处理，这也造成了大量未经处理的生活及工业废水进入水体而污染水源地水质。二是土壤污染治理内容有待细化。根据2018年监测得到的结果，辽宁的土壤污染存在蔓延趋势，这就需要进一步对省内各市、区土壤重金属超标地进行持续排查。农村人口大量向城镇涌入，农村青壮年劳动力锐减，促使农村生产方式逐渐向集约化经营模式转变，大量使用机械进行春播与秋割，加之化肥的使用量在逐年增加，导致土地肥力下降，土地的生产能力达到瓶颈，土壤恶化的程度也在加重。三是能源消费结构有待优化。2018年辽宁规模以上工业的能源消费总量仍然居高不下，其中六大高耗能行业的综合能源消费比例依然呈现上升趋势。辽宁省统计局发布的公告显示，2017年全年辽宁规模以上工业综合能源消费量为1.2亿吨，六大高耗能行业综合能源消费增长比例为1.7%；2018年全年辽宁规模以上工业综合能源消费量为1.3亿吨，六大高耗能行业综合能源消费增长比例为6.8%。

三　促进辽宁省社会发展的对策建议

（一）以产业结构优化升级为导向，加强劳动者培养与就业管理

研究发现，辽宁省传统制造业用工需求虽然呈缩减趋势，但高级技能型人才的需求量却很大。为此，要着力加强技能型人才培养。要通过工学结合、体验式教学等校企结合人才培养模式加强劳动力在高端制造业、新一代信息技术、节能环保、新能源、新材料、航空航天、汽车及零部件制造业、

机床及零部件制造业以及人工智能等高新技术产业和战略性新兴产业方面的培训，增强劳动力的职业技能，提高劳动者适应新就业形势的能力。政府有关部门要根据辽宁省行业发展和技术要求对已就业的劳动者特别是传统制造产业职工进行定期和非定期技能培训，注重培养对象的专业知识与新经济、新技术、新业态、新模式相融合，以此来整体提升产业工人队伍的职业技能，积极应对产业升级和技术进步过程中出现的就业“挤出效应”。

新产业新业态新模式催生了大量的灵活就业。为此，要加大灵活就业管理工作的人力和资金投入，在灵活就业管理工作实践中，要消除管理“真空”，做好灵活就业相关数据的采集与分析工作。建议依据国家统计局制定的《新产业新业态新商业模式统计监测制度（试行）》，完善辽宁省在新产业新业态新商业模式各个领域的综合运行情况监测，重点掌握各个领域对就业的吸纳能力或排挤效应，并形成月度、季度、年度数据报告制度，以系统科学的数据分析为依据出台接地气的、有针对性的就业促进政策。此外，要加强公共就业信息化服务体系建设。通过搭建一体化管理系统，完善劳动力台账配置系统，开展线上与线下就业服务等方式，降低求职中信息不对称的发生率，从整体上提高公共就业服务的效率和水平。

（二）大力发展长期护理保险，积极应对人口老龄化

长期护理险主要是指为那些因年老、疾病或伤残而丧失日常生活自理能力从而需要长期照护的人提供护理费用或护理服务的保险。在许多发达国家长期护理保险被视为公共保险。长期护理保险的发展对于缓解老龄化带来的照护压力具有重要的现实意义。中国保险行业协会发布的调研报告显示，全国7%的家庭有需要长期护理的老人。为了应对人口老龄化带来的照护需求，2016年7月，人力资源和社会保障部出台《关于开展长期护理保险制度试点的指导意见》，青岛、上海、承德、长春等15个城市在全国率先开展了长期护理保险制度试点。2019年的《政府工作报告》又提出“扩大长期护理保险制度试点，让老年人拥有幸福的晚年”。作为全国老龄化最为严重的地区之一，辽宁省老年人的照护需求日益迫切。辽宁省虽然不在长期护

理保险试点地区之列，但《辽宁省人口规划（2016～2030）》已经提出要开展长期护理保险试点，加快建立长期护理保险制度。辽宁省要在认真吸取上海、青岛等地区试点工作经验基础上，做好保险覆盖面、费用报销等环节的工作，在全省范围加快该项保险制度建设步伐。

（三）采取综合性反贫困措施实现贫困农户生计可持续，巩固脱贫成果

近年来，辽宁省贫困人口急剧减少，扶贫攻坚取得巨大成绩，但这并不意味着扶贫工作任务的减轻。反贫困斗争中经常出现的问题是脱贫后再返贫，因此，在扶贫攻坚实现既定目标后，要有效巩固扶贫成果，根除辽宁农村贫困，防止脱贫返贫。而要根除农村贫困，关键是实现贫困农户生计的可持续。要在甄别农村贫困户的基础上，托底保障好无劳动能力贫困农民的基本生活，采取综合性反贫困措施促进具备脱贫潜力的农民实现生计可持续。要继续做好教育扶贫、健康扶贫和金融扶贫工作，重视贫困农户社会资本的累积。要在反贫困过程中丰富贫困农户的社会资本，广泛动员社会力量，积极引入社会组织参与脱贫攻坚。要充分发挥各类社会组织在反贫困资源对接中的作用，要充分发挥志愿服务团队和爱心人士在农业生产、就业、就学等方面的作用，根据贫困农户特点制定差别化反贫困措施。要在辽宁省贫困农户各种类型生计资本不断累积的过程中，提高贫困农户生计选择能力，进而实现贫困农户生计可持续发展，巩固扶贫效果。

（四）创新社会治理手段，优化基层治理结构

一是提高社会治理网格化管理水平。制定并实施网格化体系建设专项规划，加快推进城市社会管理网格化工作，实现区、街道、社区三级联网运行，建立区、街道、社区（村）社会治理联动机制，实现社会治理责任主体清晰、全程覆盖的纵向到底、横向到边的治理网络。加快推进社会治理创新，实现社区服务更加便捷、城市管理更加精准、社会治安防控更加精确。整合现有网格化社会治理资源，将城管执法（含拆违控违）、安全生产、市

场监管、市政养护、环卫保洁、小区（含老旧小区、物业小区）管理、交通秩序、社会治安（消防安全）、综合治理、党建服务等十项内容全部纳入社会治理网格，基本实现“多网合一”，有效提升社区服务精准化和社会治理精细化水平。二是加强基层党组织建设。夯实基层党建工作基础，扩大区域化党组织覆盖，合理分类划分党建工作责任片区，构建条块结合、优势互补的区域化党建工作格局，推动街道党建服务中心向商务楼宇、各类园区、商圈市场延伸，建设一批面向辖区内党组织和党员的“红色驿站”。依法依规选优配强社区（村）“两委”班子成员，通过基层选拔一批、社会选优一批、组织下派一批的“三个一批”办法，选好用好党组织书记，选齐配强居（村）民小组组长、楼院门栋长，鼓励高校毕业生、退役军人等优秀人才加入基层工作者队伍。三是完善社区便民服务网络。推动“一刻钟社区服务圈”全省覆盖，完善社区基本公共服务、公益性志愿互助服务和商业性便民利民服务相互衔接的社区服务体系。探索建立社区服务需求登记制度，使社区居委会成为居民需求和服务供给的对接平台，及时反映居民服务需求，协调推进社区服务项目落实。坚持居民需求导向，逐步完善社区基本公共服务项目，全面推进基本公共服务均等化和优质化发展，切实解决好群众“最后一公里”服务问题。四是推进社会组织有序发展。加快推进社会组织管理体制改革，通过直接登记、简化备案程序、放宽登记限制和创建社会组织孵化器等举措，培育一批能更好满足群众多元化需求的社会组织。重点培育社区治理类、公益慈善类和综合服务类社会组织，满足居民多元化需求。逐步扩大和提高政府购买服务的范围和标准，通过强化社会组织内部管理、相关人员培训以及项目指导等多种途径和方式，提升社会组织承接政府职能的能力，定期公布具备承接政府职能条件的社会组织名录。

（五）深化教育制度改革，促进教育均衡发展

加大普惠性学前教育扶持力度，扩大普惠性学前教育资源供给渠道。促进义务教育优质均衡发展，提高义务教育质量水平，解决好中小学生课外负担较重的问题，消除城镇学校大班额，同时保障好农民工随迁子女的教育。

加快推进高校“双一流”建设，坚持立德树人，建设高素质教师队伍，加快人才培养模式改革，构建多层次、多类型、多领域的高校人才培养体系，做好高校毕业生就业创业工作，规范高校就业责任体系，努力提高高校毕业生在辽宁就业比例。大力支持民办教育发展，推进民办教育改革，探索破解民办教育改革发展的难题，在教师发展、项目申报、评优评先等方面给予民办教育优惠政策。创新发展职业教育，提高职业教育质量水平，促进产教融合，深化校企合作，支持校企共建实训基地，优化职业教育布局，集中力量办好特色优势专业，形成学校间优势互补、区域间科学合理的专业结构布局。支持企业兴办职业教育，加强农村教师队伍建设，继续实施特岗教师计划，建立师范生到农村学校实习制度，落实乡村教师支持计划，提高乡村教师待遇水平。

（六）坚决落实中央环保督察和国家海洋督察反馈意见

全省各市联动全面落实中央两个督察整改工作。各市之间要协调与配合，相互交流环境污染治理的工作经验，提升整改工作质量。一是推进水源综合治理。要健全污水监测体系，对城镇污水、农村污水的排放情况进行摸底了解，全面掌握情况之后要明确治理方案的具体内容。要逐步完善污水处理体系，相关部门要完善城镇现有的污水收集专用管网，结合辽宁的实际情况对管网进行修复。对污水治理工作的流程进行周密安排与适当调整，因地制宜地对各市的水源实施保护，在了解污染成因的情况下，因地制宜地采取有效的方式进行治理。在水源综合治理的过程中，每个工作环节与实施过程都不能掉以轻心，做到各项工作之间有序衔接、相互沟通、统筹兼顾，全面协调推进辽宁省的水源治理工作。二是进一步改善土壤质量。辽宁应该针对土壤污染的主要来源，采取恰当的方式进行监测，并对监测到的结果进行详细有效的分析，形成科学、完善的方案，为开展土壤污染治理工作提供指引。还应该健全土壤污染治理工作体系，提高对污染防治工作的整体认识。要组建专业化的团队，对污染防治工作进行统一且集中的管理，聘请具备专业知识和相关工作经验的专业人员对土壤污染防治工作制定详细的方案，切实提高防治各类土壤环境污染问题出现的管理水平，进而对可能造成土壤污染的问题进行预测与事先把控。三是强化大气污染治理的主体责任。辽宁应该有效控制生活中的大气污染物排放，对造成大气污染的污染源进行防治。在具体实践中，政府、企业、第三方组织和个人等各个社会主体都应该承担起各自相应的责任。政府要积极倡导绿色消费的理念，引导个人绿色出行，个人作为能源消费的重要主体，要以尽量多乘坐公交车的方式代替驾驶私家车出行，从而在最大程度上减少汽车尾气的排放量，从源头上控制污染。另外，企业要转变发展理念，注重技术创新，生产出高质量的、绿色节能产品，以带动清洁能源的消费，进而推广清洁能源的使用。

（七）深化医药卫生体制改革，完善医疗信息公开制度

继续深化医药卫生体制改革，加快构建现代医院管理制度，建立规范高效的公立医院运行机制。优化调整医疗服务价格，逐步建立以成本和收入结构变化为基础的价格动态调整机制。对公立医院医疗费用不合理增长进行严格监控，特别是对不合理用药、过度检查和治疗行为进行把控。通过严格落实区域服务体系规划，明确各级各类医疗机构功能定位。医联体建设要下沉到基层医疗卫生机构，鼓励三级医院医师到医联体内基层医院执业，鼓励民营医院等社会办医疗机构积极参与，加强各层级医疗卫生机构之间药品名录的衔接，做好家庭医生签约工作，提高医疗服务质量，完善激励机制。重点做好对老年人、儿童、孕产妇、残疾人、贫困人口、计划生育等特殊群体的服务。积极整合医疗资源，大力推动医疗、医药、医保“三医联动”。引入先进医疗管理理念，千方百计降低医药成本。以供给侧结构性改革为动力推动医疗卫生体制改革。坚持供给侧与需求侧共同发力、降低群众医疗负担和提高医务人员待遇“双轮驱动”，加快推进医疗卫生资源均衡化布局，加大医保支付方式改革力度，推进分级诊疗制度，提高人民群众健康幸福感。继续完善医疗机构院务公开制度，规范公开的形式和内容，健全信息公开目录，要把医疗机构院务公开作为医院考核评优和日常党风廉政建设监督检查的重要内容，并与年度目标绩效考核以及医院等级评审相结合。以多种形式

加强业务交流培训，提高卫生健康领域政务公开工作的质量和水平。搭建多元化公开平台，不断改进医疗卫生门户网站，及时为群众提供信息，了解政府在医疗卫生方面所做的工作。不断完善和充分利用辽宁卫生健康手机报、辽宁卫生健康委官方微博和辽宁“12320”卫生健康热线，构建起集电话、短信、微博、网站、手机客户端“五位一体”的“12320”卫生健康热线联动机制。

经济发展篇

Economic Development Articles

B.3 2018年辽宁省经济运行情况综述

魏红江*

摘　要： 2018 年是全面贯彻党的十九大精神的开局之年，也是辽宁全面振兴、全方位振兴的起步之年。全省经济发展呈现稳中有进、总体向好的良好态势，三次产业平稳增长、三大需求协调拉动、三大收入稳步增长、发展新动能不断积聚。从 2019 年全省经济运行环境看，既面临一些不利因素，也具有许多有利条件。因此，推动全省经济持续健康发展，要稳定存量，加快传统产业转型升级；扩充增量，增强经济发展支撑动力；加快产业融合和区域联动，促进经济协调发展。

关键词： 辽宁　产业融合　经济运行

* 魏红江，辽宁省统计局党组书记、局长，经济学博士，高级统计师，主要研究方向为经济统计。

2018年，全省上下坚持以习近平新时代中国特色社会主义思想和党的十九大精神为指导，深入学习贯彻习近平总书记在辽宁考察时和在深入推进东北振兴座谈会上的重要讲话精神，全面落实党中央关于东北振兴的一系列决策部署和中央经济工作会议精神，坚持稳中求进工作总基调，坚持新发展理念，扎实推动高质量发展，以供给侧改革为主线，加快推进“一带五基地”建设，深入实施“五大区域发展战略”，全省经济发展呈现稳中有进、总体向好的良好态势。初步核算，辽宁全年实现地区生产总值25315.4亿元，比上年增长5.7%，增速居东北三省首位，比前三季度提高了0.3个百分点，比2017年提高了1.5个百分点。其中，第一产业增加值增长3.1%，第二产业增加值增长7.4%，第三产业增加值增长4.8%。

一 全省经济运行基本情况

（一）从供给看，农业生产总体稳定，规模以上工业生产增势较好，服务业运行稳中有进

1. 农业

尽管受疫情影响，部分肉类产量有所减少，但种植业、畜牧业、渔业生产总体稳定。一是种植业基本稳定。全年粮食产量达到2192万吨；蔬菜及食用菌产量1852.3万吨，比上年增长3.2%；水果产量788.9万吨，比上年增长2.7%。二是牛禽蛋奶产量稳步增长。受疫情影响，全年猪肉产量210.1万吨，下降4.9%；羊肉产量6.6万吨，下降6%。但牛肉、禽肉、禽蛋及牛奶产量保持较快增长，牛肉产量27.5万吨，增长9.5%；禽蛋产量297.2万吨，增长9.9%；生牛奶产量131.8万吨，增长10.1%。三是渔业生产保持平稳，水产品产量453.1万吨。

2. 规模以上工业

全年规模以上工业增加值比上年增长9.8%。一是私营企业、外商及港澳台商投资企业增加值增长较快。国有控股企业增加值增长8.9%，私营企

业增加值增长10.2%，外商及港澳台商投资企业增加值增长10.8%。二是装备制造业、石化工业增速较高。装备制造业增加值增长9.4%，占规模以上工业增加值的27.4%，拉动规模以上工业增加值增长2.7个百分点；石化工业增加值增长15.1%，占规模以上工业增加值的30.5%，拉动规模以上工业增加值增长4.1个百分点；冶金工业增加值增长7%；农产品加工业增加值增长4.6%。三是大中型企业支撑作用明显。规模以上大型工业企业增加值增长10.8%，中型企业增加值增长10.5%，小型企业增加值增长8.1%。大中型企业拉动规模以上工业增加值增长8.4个百分点。四是行业增长面超过70%。在41个工业行业中，有29个行业增加值比上年增长，增长面达70.7%。五是主要产品产量增长面达到50%。在重点跟踪的68种主要工业产品中，有34种产品产量比上年增长，增长面达50%。

3. 服务业

一是批发和零售业销售额增长较好。全年批发业销售额26796.2亿元，比上年增长9.3%；零售业销售额14315.7亿元，比上年增长7.7%。二是住宿和餐饮业营业额稳定增长。住宿业营业额241.5亿元，增长7.1%；餐饮业营业额2084.7亿元，增长9.9%。三是邮政、电信业务总量增速较高。邮政业务总量160.6亿元，增长26.3%；电信业务总量1774.5亿元，增长1倍。四是重点服务业企业营业收入增长较快。规模以上服务业企业实现营业收入4162.3亿元，增长10.6%，比前三季度提高1.3个百分点。

（二）从需求看，固定资产投资保持增长，消费品市场基本稳定，外贸进出口增长加快

1. 固定资产投资

全年固定资产投资比上年增长3.7%。一是民间投资和外商及港澳台商投资增长较快。国有控股企业投资下降9.3%，民间投资增长7.7%，外商及港澳台商投资增长25.6%。二是第二产业投资增速较高。第一产业投资下降2.1%；第二产业投资增长12.1%，其中制造业投资增长20.3%；第三产业投资下降0.7%，其中房地产开发投资增长13.5%。三是大型项目支撑

作用较强。虽然亿元及以上建设项目完成投资额比上年下降 2.0%，但 10 亿元以上建设项目完成投资额增长 12.6%。

2. 消费品市场

全年社会消费品零售总额 14142.8 亿元，比上年增长 6.7%。一是从城乡看，城镇零售额 12376.4 亿元，增长 6.4%；乡村零售额 1766.4 亿元，增长 9.3%。二是从限额以上批发零售业商品零售类值数据看，石油及制品类零售额增长 22.3%，文化办公用品类零售额增长 11%，中西药品类零售额增长 10.7%，汽车类零售额下降 8.6%。

3. 外贸进出口

据海关统计，全年进出口总额 7545.9 亿元，比上年增长 11.8%，增速比前三季度提高 2.8 个百分点。其中，出口总额 3214.9 亿元，增长 5.7%，增速提高 0.4 个百分点；进口总额 4331 亿元，增长 16.8%，增速提高 4.8 个百分点。一是一般贸易出口较快增长。一般贸易出口 1809.6 亿元，增长 10.3%；加工贸易出口 1212.0 亿元，增长 3.1%。二是机电产品出口增速较高。机电产品出口 1433.6 亿元，增长 18.2%。其中，电器及电子产品出口 584.2 亿元，增长 31.2%。三是对美日欧出口高于全省平均水平。对美国出口 385.3 亿元，增长 8.4%；对日本出口 647 亿元，增长 7.8%；对欧盟（28 国）出口 450.2 亿元，增长 12.1%。

（三）从效益看，财政收支稳定，工业企业效益改善，城乡居民收入稳定增长

1. 财政收支

全年一般公共预算收入 2616 亿元，比上年增长 9.3%。其中，税收收入 1976 亿元，增长 9%。一般公共预算支出 5323.6 亿元，增长 9.1%。其中，社会保障和就业支出 1457.7 亿元，增长 8.7%；住房保障支出 149.3 亿元，增长 19.6%；科学技术支出 75.3 亿元，增长 31.2%。

2. 工业企业效益

全年规模以上工业企业主营业务收入 26489.9 亿元，比上年增长

15.8%；实现利税总额2925.1亿元，增长20.7%，其中利润总额1460.3亿元，增长41.8%。

3. 城乡居民收入

全省城镇常住居民人均可支配收入37342元，比上年增长6.7%，扣除价格因素，实际增长4%；农村常住居民人均可支配收入14656元，增长6.6%，扣除价格因素，实际增长4.5%。

（四）从先行指标和价格看，货运量、用电量、金融存贷款和物价基本稳定

1. 货运量

2018年全年货运量22.3亿吨，比上年增长3.3%。其中，铁路货运量2亿吨，增长11%；公路货运量19亿吨，增长3%。

2. 用电量

全年全社会用电量2302.4亿千瓦时，比上年增长7.8%。其中，工业用电量1627.4亿千瓦时，增长7.9%。

3. 金融存贷款

截至2018年末，金融机构（含外资）本外币各项存款余额59016亿元，同比增长8.8%；金融机构（含外资）本外币各项贷款余额44985.0亿元，增长9%。

4. 价格

全年居民消费价格指数（CPI）比上年上涨2.5%，比前三季度回落0.3个百分点。其中，城市上涨2.6%，农村上涨2%。工业生产者出厂价格指数（PPI）上涨4.8%，比前三季度回落0.8个百分点；工业生产者购进价格指数（IPI）上涨4.5%，比首位季度回落0.2个百分点。

（五）从发展活力看，新动能不断成长

近几年，辽宁省扎实推进供给侧结构性改革，着力加强经济结构调整升级和新旧动能转换，高技术行业、新商业模式和新产品增长较快，更好地促

进了经济运行稳中有进。一是高技术制造业发展较快。全年规模以上高技术制造业增加值比上年增长19.8%；高技术制造业投资增长8.2%，其中计算机及办公设备制造业投资增长54.8%，航空、航天器及设备制造业投资增长17.4%，电子及通信设备制造业投资增长9.5%。二是工业新产品产量增长较快。全年新能源汽车产量比上年增长4.7倍，工业机器人产量增长18%，城市轨道车辆产量增长14.1%，光缆产量增长12.5%。三是高新技术产品出口快速增长。高新技术产品出口476亿元，增长26.7%。其中，电子技术产品出口272.2亿元，增长76.4%；生命科学技术产品出口46.7亿元，增长16.2%；计算机集成制造技术产品出口43.8亿元，增长20.1%。四是网上零售额增长迅速。全年限额以上单位实现网上零售额293.7亿元，增长35.6%。

（六）从区域发展格局看，沿海经济带总体发展好于沈阳经济区，沈阳经济区好于辽西北地区

从三大区域经济发展基本情况看，一是沿海经济带经济总量最高，发展速度较快。全年沿海经济带GDP占三大区域经济总量的50.7%，比上年增长6.0%，增速高于沈阳经济区1.0个百分点，高于辽西北地区2.1个百分点。其中，沿海经济带规模以上工业增加值占48.3%，增长14.0%，增速高于沈阳经济区5.8个百分点，高于辽西北地区8.1个百分点。二是沈阳经济区固定资产投资和外商直接投资增势较好。全年沈阳经济区固定资产投资占三大区域的39.6%，增长8.5%，增速高于沿海经济带8.7个百分点，与辽西北地区持平；外商直接投资15.7亿美元，占三大区域投资的32%，增长38.6%，增速高于沿海经济带56.6个百分点，高于辽西北地区94.2个百分点。三是辽西北地区财政收入和出口增长较快。全年辽西北地区一般公共预算收入占三大区域的6.6%，增长13.4%，增速高于沈阳经济区4.4个百分点，高于沿海经济带4.5个百分点；出口总额占三大区域的2.1%，增长13.4%，增速高于沈阳经济区4.8个百分点，高于沿海经济带7.8个百分点。

二　全省经济运行的主要问题

（一）工业向好发展的基础还需稳固

目前，规模以上工业生产总体走势平稳，但同时也需关注行业增长分化问题。一是部分行业生产下降。41 个大类行业中，有 12 个行业增加值增速比上年下降，其中，化学纤维制造业增加值下降 34.5%，仪器仪表制造业增加值下降 31.4%，纺织业增加值下降 7.4%，电气机械和器材制造业增加值下降 7.9%，农副食品加工业增加值下降 0.5%。二是部分行业增速回落。有 19 个行业增加值增速较前三季度回落。其中，汽车制造业增加值增速回落 0.8 个百分点，电力、热力的生产和水的供应业增速回落 2.3 个百分点。

（二）服务业对经济增长的拉动作用还需提升

从影响第三产业的主要因素看，一是从交通运输业看，全年全省货物周转量下降 16.5%。其中，受部分公司运力调整影响，水路货物周转量下降 26.6%。二是从金融业看，受相关政策影响，全年保费收入下降 6.8%；受股市大盘大幅下跌影响，证券交易额大幅下降。三是从商品房销售看，受房价上涨和限购政策影响，尽管全年商品房销售额保持了 7.1% 的增长，但商品房销售面积下降 5.2%。

（三）投资增速回落，新开工建设项目较少

2018 年，辽宁省投资增速回落一方面由于土地购置费一次性计入等统计方法制度的调整，另一方面也反映了投资发展的后劲不足。一是基础设施投资降幅扩大。全年基础设施投资下降 11.6%，降幅比前三季度扩大 1.4 个百分点，下拉投资增速 2.8 个百分点。二是新开工建设项目较少。全年新开工项目 3672 个，比上年减少 150 个，完成投资下降 25.7%。其中，亿元

以上项目627个，减少124个，完成投资下降36.2%；10亿元以上项目37个，减少14个，完成投资下降50.5%。

（四）新动能规模还需扩大

高技术产业和新动能增速快但规模较小，投资中反映结构调整优化的技改投资占比较低，对经济的支撑作用还不够。全年高技术制造业增加值占规模以上工业增加值的比重为7.1%，比上年下降0.9个百分点；高技术制造业投资占固定资产投资的比重为4.5%，改建和技术改造投资占固定资产投资的比重仅为5.6%，网上零售额占社会消费品零售总额的比重为6.1%。

三 2019年全省经济运行展望

从2019年全省经济运行环境与条件分析，保持全省经济持续健康发展，虽然面临一些不利因素，但也具有许多有利条件。

（一）不利因素

1. 全球贸易问题及中美经贸摩擦的影响

受贸易紧张局势升级和金融风险加剧影响，2019年1月，国际货币基金组织对全球经济2019年增长率的预期由2018年10月的3.7%下调至3.5%，对新兴市场和发展中经济体的经济增长预期也进行了下调。中美经贸摩擦除了对辽宁省有直接影响外，也导致其他省份相关下游产品生产放缓，从而间接影响辽宁省上游原材料供应企业。

2. 大宗商品价格出现下行趋势

辽宁省经济增长受国际大宗商品价格拉动影响较大。中国国际电子商务中心监测数据显示，2018年12月，中国大宗商品价格指数（CCPI）继续回落，连续2个月下降，创2017年9月以来最低水平。12月，原油价格降幅比11月扩大0.5个百分点，连续3个月走低，为2017年10月以来最低。钢铁价格呈下行态势，11月和12月，钢铁价格指数分别环比下降6%和6.5%。

3. 辽宁省经济发展存在一些影响因素

从三次产业看，农业抗灾防疫能力还需要提高，同时农业向第二、第三产业延伸融合发展还略显不足；工业稳增长压力仍然较大，产业结构还需要进一步调整；现代服务业发展还不够快，新商业模式、新业态占比较低。从三大需求看，投资新增项目和项目储备不足，市场消费新增长点不多，出口面临的不确定性因素较多。

（二）有利条件

（1）我国经济运行稳中有进的发展态势有利于辽宁经济发展。初步核算，2018 年我国国内生产总值比上年增长 6.6%，国民经济运行总体平稳、稳中有进，粮食保持高产，工业生产平稳增长，服务业保持较快发展，市场销售平稳较快增长，投资增长缓中趋稳，进出口总额创历史新高，供给侧结构性改革深入推进，改革开放力度加大，人民生活持续改善，为辽宁省经济发展提供了稳定的外部环境。

（2）习近平总书记在辽宁考察时和在深入推进东北振兴座谈会上的重要讲话为辽宁推进全面振兴、全方位振兴指明了前进方向，也创造了难得的机遇。补齐“四个短板”、推动“六项重点工作”、全面落实省委“1 +8”系列文件，将有力促进辽宁经济高质量发展。

（3）全省经济运行的积极因素在不断增多。近几年，辽宁省扎实推进供给侧结构性改革，着力加强经济结构调整升级和新旧动能转换，有效促进了经济稳定向好发展，全年各项主要经济指标增速均比上年有所提升，高技术产业也实现较快发展，新产品、新业态、新模式等新动能不断增长，经济运行效益稳步提升，民生持续改善。

四　推动全省经济持续健康发展的建议

（一）稳定存量，加快传统产业转型升级

一是加快传统制造业升级改造步伐。促进新兴技术与制造业的深入融

合，培育发展智能制造、绿色制造、服务型制造等新型制造模式，提高资源配置效率，降低实体经济运营成本，深度开发“原字号”“初字号”产品，打造辽宁品牌。二是推动服务业高质量发展。加快提升服务业数字化、智能化水平。紧扣价值链核心环节，促进先进制造业和现代服务业深度融合，提高生产性服务业专业化水平。引导社会资本更多投向生活性服务业短板领域，创新服务方式、丰富服务内容、提高服务质量。三是做大做优消费市场。加快消费市场转型升级，提质扩容，积极培育教育、文化、旅游、医疗、养老、家政、体育等热点领域的消费需求，不断改善消费环境，提高供给质量，提升消费品质，释放消费潜力。

（二）扩充增量，增强经济发展支撑动力

一是强化科技创新对经济发展的支撑作用。推动创新资源向企业集聚，整合优势资源，力求在重点领域、关键技术上取得重大突破，重点培育一批具有行业竞争优势的高新技术企业，促进高新技术产业集群式发展。二是促进民营经济发展壮大。全面落实加快民营企业发展23条措施，为民营经济营造良好的发展环境，切实解决民营企业发展面临的实际困难。三是着力抓好项目建设。围绕“一带五基地”建设，加大产业链引资力度，加快重大项目建设，重点围绕科技创新、新能源、新材料、绿色发展、基础设施建设等方面，积极谋划、储备一批成长好、带动性强的大项目、好项目，推动重点招商项目尽快签约落地。四是稳步拓展对外开放的范围和层次。深入融入“一带一路”建设，努力开拓沿线国家新兴市场，以自贸试验区建设为依托，推动全方位对外开放。优化出口产品结构，鼓励具有自主知识产权和自主品牌的产品出口，不断提高高附加值产品出口比重。

（三）加快产业融合和区域联动，促进经济协调发展

一是促进工业行业内的协调发展。需重点关注行业增长分化问题，扩大行业增长面。要充分利用目前价格优势加快结构调整和转型升级，延长工业

产业链，促进上下游企业的联动发展。二是促进一、二、三产业协调发展。进一步整合资源，加快农业向第二产业、第三产业延伸融合发展，发展农产品加工、农业旅游、休闲观光农业等衍生产业。充分发挥辽宁省工业产业优势，加快发展与其配套的生产性服务业，实现第二产业、第三产业的共振发展。三是促进区域间的协调发展。一方面，从规模以上工业增加值和固定资产投资看，各市出现了一些分化情况，因此要促进各市经济协调发展。另一方面，要促进三大区域协调联动，立足东北亚，构筑港产城、省内沿海与腹地、省外与东北及蒙东三个圈层的有效联动，着力加强基于物流体系的产业体系协同，促进资本与创新的充分整合。

B.4

2018～2019年辽宁经济形势分析及展望

于晓琳　姜健力*

摘　要： 2018年以来，辽宁经济运行“形稳势变”，呈现“运行平稳、稳中有进、难险犹存”的发展形态和“稳中有变”的发展趋势。展望2019年，国内外经济环境总体有利，辽宁经济仍将延续当前发展态势，初步预计全年经济增长6%左右。2019年辽宁经济工作应深入落实习近平总书记在辽宁考察时和在深入推进东北振兴座谈会上的重要讲话精神，按照中央经济工作会议的要求，坚持稳中求进工作总基调，把高质量发展作为经济工作的总目标，聚焦补齐“四个短板”，扎实推进“六项重点工作”，转变发展观念和思维定式，实现行稳致远、优质高效的高质量发展，加快实现辽宁全面振兴、全方位振兴。

关键词： 辽宁省　经济运行　高质量发展

一　当前辽宁经济运行的基本特征

2018年以来，辽宁继续坚持稳中求进工作总基调，以供给侧结构性改革为主线，贯彻落实新发展理念，加快落实高质量发展要求，全省经济运行

---

* 于晓琳，辽宁省中青年决策咨询专家库专家、辽宁省信息中心高级经济师，主要研究方向为区域宏观经济；姜健力，辽宁省政协委员，省委省政府决策咨询委员会委员，辽宁省信息中心研究员，主要研究方向为区域宏观经济。

总体平稳，经济增速进入合理区间，经济结构继续优化，增长动能加快集聚，质量效益持续改善。但是，经济运行中也暴露出一些风险和问题。总体来看，辽宁经济“形稳势变”，呈现“运行平稳、稳中有进、难险犹存”的发展形态和“稳中有变”的发展趋势。

1. 运行平稳

2018年以来，辽宁供需稳定，产销衔接，市场有序，物价稳定，经济运行保持总体平稳。同时，政府、企业、居民收入平稳增长，物价就业形势持续稳中向好。

（1）增长平稳。初步核算结果显示，2018年全年地区生产总值同比增长5.7%（见图1），比2017年提高1.5个百分点，连续8个季度保持正增长，经济增速整体呈现平稳回升态势；2018年各季度累计增速波动幅度保持在0.6个百分点之内。2019年以来继续保持平稳增长态势。

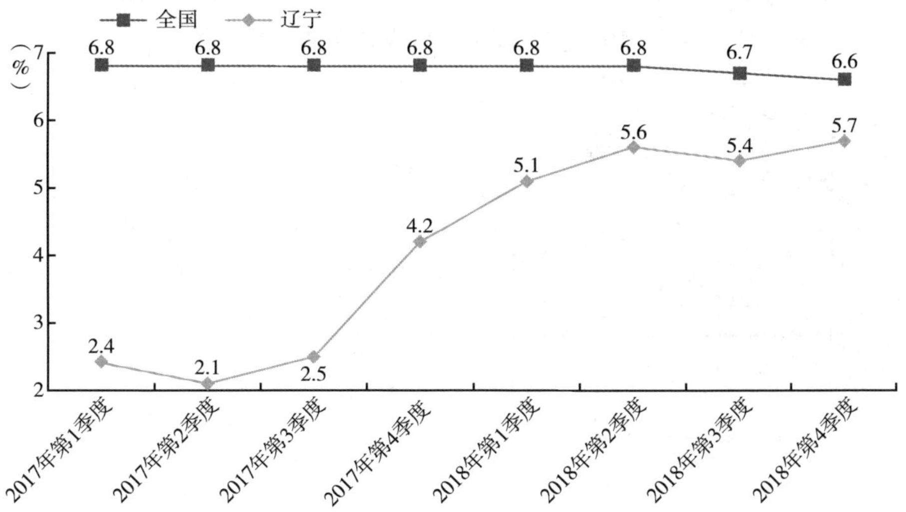

图1　2017年、2018年辽宁地区生产总值季度累计增长率与全国对比

（2）供给平稳。一是农业生产保持平稳态势。2018年，全省第一产业增加值增长3.1%。粮食生产再获丰收，全年粮食总产量2192.4万吨。农业供给侧结构性改革加快推进，继续加快农业结构调整，全年调减玉米种植面积

77.6 万亩，建设高标准农田 189 万亩，新增高效节水灌溉面积 50 万亩。二是工业生产保持较快增长。2018 年，全省第二产业增加值增长 7.4%。规模以上工业增加值同比增长 9.8%，比 2017 年提高 5.4 个百分点（见图 2），高于全国同期 3.6 个百分点，高于浙江、江苏、广东、山东等工业大省，继续位居全国第 3 位，行业增长面超过 70%。2019 年以来全省规模以上工业增加值继续保持良好增势，前两个月增长 8.3%。三是服务业运行保持平稳。尽管房地产限购等因素对服务业运行造成一定影响，但其他现代服务业和与民生相关的服务业仍保持稳定增长。2018 年，全省服务业增加值同比增长 4.8%，略低于上年 0.2 个百分点。截至 2018 年末，全省金融机构（含外资）本外币各项存款余额同比增长 8.8%，比 2018 年初增加 4766.2 亿元；金融机构（含外资）本外币各项贷款余额同比增长 9.0%，比 2018 年初增加 3667.4 亿元，新增贷款额比上年同期多 1074.2 亿元。2019 年以来，全省金融业继续保持平稳运行。2 月末，全省金融机构（含外资）本外币各项贷款、存款余额分别增长 9.3%、10.2%，存款余额增速自 2017 年以来首次回归两位数。

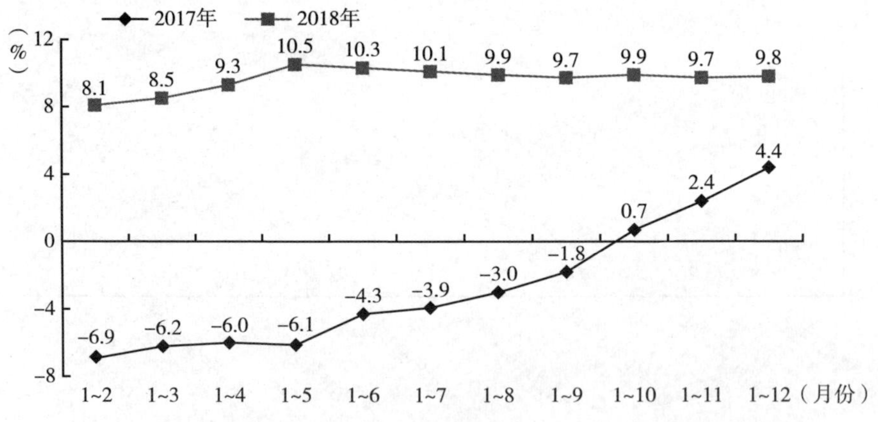

图 2　2018 年辽宁规模以上工业增加值月度累计增速与 2017 年对比

（3）外需平稳。外贸发展潜力不断释放。2018 年，全省进出口总额同比增长 11.8%，其中，出口增长 5.7%，进口增长 16.8%。机电产品出口 1433.6 亿元，增长 18.2%。高新技术产品出口增长 26.7%，其中，电子技术产品出口增长 76.4%。2019 年以来，全省进出口继续保持较快增长。前两个月进出口增长 6%，增速比上年同期提高 3.2 个百分点，高于全国平均水平 5.3 个百分点。其中，出口增长 3.5%。

（4）民生稳定。经济运行的平稳带来社会大局的稳定，人民生活不断改善。2018 年全省财政支出用于民生的比重达到 74%。居民收入平稳增长。2018 年，全省城乡居民人均可支配收入名义增速分别为 6.7%、6.6%。就业形势平稳。全省城镇新增就业提前实现全年目标，就业质量稳步提升，就业结构不断优化，高校毕业生就业率平稳上升，全省就业形势持续稳中向好。

2. 稳中有进

2018 年以来，全省投资和外贸结构持续优化，新市场主体、新产业、新产品、新业态推动新动能加快积聚，国资国企改革和机构改革取得新进展，全省经济质量和效益继续改善。

（1）经济结构持续优化。2018 年，全省第三产业比重达到 52.4%，高于第二产业比重 12.8 个百分点。全省需求结构正在由以投资拉动为主向以消费拉动为主转变，投资结构、消费结构、外贸进出口结构进一步优化。

（2）供给侧结构性改革积极推进。一是企业运营成本下降。2018 年，全省规模以上工业企业每百元主营业务收入中的成本为 83.4 元，比同期全国平均水平低 0.5 元。二是降杠杆取得成效，到 2018 年底，辽宁规模以上工业企业资产负债率为 63.3%，比上年同期低 1.6 个百分点。

（3）新动能加速积蓄。一是市场新主体不断涌现。截至 2018 年末，全省市场主体总量逾 343.8 万户，注册资本（金）达 11.2 万亿元，同比分别增长 8.2% 和 18.5%；新登记各类市场主体突破 66 万户，创历史新高。2019 年前两个月，全省新登记各类市场主体 7.8 万户，比上年增长 14.4%。大众创业、万众创新呈现良好发展态势。二是新技术新产品蓬勃发展。2018 年，全省规模以上高技术制造业增加值增长 19.8%，高技术制造业投资增长 8.2%，高新技术产品出口增长 26.7%；工业新产品表现突出，其中，新能源汽车产量增长 4.7 倍，工业机器人、城市轨道车辆、光缆产量分别增长 18.0%、14.1% 和 12.5%。2019 年前两个月，高技术制造业增加值增长

30%。三是新产业新模式方兴未艾。物流业、电子商务产业等业务量持续增长，2018 年全省限额以上单位网上零售额增长 35.6%，2019 年前两个月增速提高至 59.4%。

（4）经济效益稳步提升。一是财政收入质量不断改善，税收收入继续保持快速增长。2018 年，全省一般公共预算收入同比增长 9.3%，高于上年同期 0.7 个百分点；其中，税收收入增长 9.0%。2019 年一季度一般公共预算收入增长 8.0%，重点行业税收增长较快。二是企业效益持续改善。2018 年，全省规模以上工业企业主营业务收入同比增长 15.8%，利润总额同比增长 41.8%，主营业务收入利润率为 5.5%，比上年同期提高 1.0 个百分点。

3. 难险犹存

当前，虽然辽宁经济总体平稳，但是经济运行仍面临一系列困难和风险，制约辽宁经济实现高质量发展。一方面，融资难、融资贵，税费负担偏重、历史包袱重、居民收入水平低等老大难问题仍未解决，新动能还不能对经济增长起到决定性作用。另一方面，在养老金支付、地方政府性债务、实体企业债务违约、银行信贷等方面存在较大风险，并有不断加剧的趋势。减税降费政策在降低企业生产经营成本的同时，也使辽宁省财政收入增长面临较大困难，尤其是保运转、保民生支出压力加大。另外，中美贸易摩擦也是影响辽宁省经济运行的风险点之一。

4. 稳中有变

总体来看，2018 年上半年全省经济平稳运行，但是进入下半年以后，在国际经济环境深刻变化、全国经济下行压力加大的背景下，辽宁主要经济指标增速趋缓，经济下行压力再次显现，“形稳势变”的发展态势值得关注。其中，工业经济形势的变化尤为值得关注。2018 年工业生产增长平稳，但更多是依靠价格推动石化、冶金等传统行业的快速增长来实现的，装备制造业增加值从 5 月 19.3% 的最高月度增速回落至 12 月的 0.3%；工业用电量自 6 月以来增速持续放缓，规模以上工业企业利润总额自 5 月以来增速明显放缓；固定资产投资从前 5 个月的最高月度累计增速 12.6% 持续回落至前 11 个月的最低累计增速 3.3%，全年仅增长 3.7%；社会消费品零售总额增速自5月以来持续小幅减缓。居民收入增速总体有所放缓，低于经济增速的势头进一步显现。2018年，全省城镇、农村常住居民人均可支配收入同比分别实际增长4.0%、4.5%，分别比同期经济增速低1.7个、1.2个百分点。进入2019年，全省经济下行压力不减，这些都增加了我们对当前全省经济运行“稳中有变”的忧虑。

虽然当前全省经济已经度过最低迷的阶段，步入平稳发展轨道，但是经济增长的基础还不稳固，经济增长周期性、恢复性特征明显。同时，辽宁经济发展中的不平衡不充分的问题还比较突出，经济运行的不稳定性和不确定性依然较强。

二 2019年辽宁经济运行面临的国内外环境

展望2019年，辽宁经济运行面临的内外部环境总体有利，但外部环境更加复杂严峻，国际环境不稳定性增强，不确定性因素增多，国内的结构性矛盾仍然突出，辽宁经济运行仍面临一系列风险与挑战。

1. 国际环境趋紧，经济复苏进程放缓

展望2019年，全球经济呈现动能减弱、增速放缓态势。在贸易投资保护主义升温、国际融资环境趋紧、金融风险外溢性增强、全球债务水平居高不下、各国经济及政策继续分化等因素影响下，全球各种不确定因素大幅增加。尤其是随着贸易壁垒增加，新兴市场和发展中国家的资本流入出现逆转，世界经济下行风险上升。

国际货币基金组织（IMF）2019年4月9日发布《世界经济展望》，认为全球经济受全球贸易关系紧张、金融环境收紧、政策不确定性上升等多重因素影响，将2019年全球经济增长预期下调至3.3%（见表1），比2019年1月公布的预期低0.2个百分点。其中，发达经济体增长1.8%，美国经济增长明显减速，预计增长2.3%，比2018年减缓0.6个百分点；新兴市场和发展中经济体增长4.4%。世界贸易组织（WTO）2019年4月2日将2019年全球贸易增长预期由此前的3.7%大幅下调至2.6%。

表1 国际组织对全球和中国经济增长率的预测

单位：%

	世界银行		IMF		联合国		OECD	
	2018 年	2019 年	2018 年	2019 年	2018 年	2019 年	2018 年	2019 年
全　球	3.0	2.9	3.6	3.3	3.1	3.0	3.6	3.3
美　国	2.9	2.5	2.9	2.3	2.8	2.5	2.9	2.6
欧元区	1.9	1.6	1.8	1.3	2.0	1.9	1.8	1.0
日　本	0.8	0.9	0.8	1.0	1.0	1.4	0.7	0.8
中　国	6.5	6.2	6.6	6.3	6.6	6.3	6.6	6.2
全球贸易	3.8	3.6	3.8	3.4	3.8	3.7		
发布时间	2019 年 1 月 8 日		2019 年 4 月 9 日		2019 年 1 月 21 日		2019 年 3 月 6 日	

2. 国内经济稳中有变，下行压力加大

展望 2019 年，我国经济仍具备“稳”的基础和“进”的动力，仍将延续“总体平稳、稳中有进”的运行态势，主要经济指标将继续保持在合理区间，发展的质量效益将持续提升。但同时，我国经济发展的外部环境已发生深刻变化，并与发展中积累的矛盾相互交织，使经济运行“稳中有变、变中有忧”，中美经贸关系走势将成为未来一段时间我国经济发展面临的最大的不确定性因素。

据国内外多家机构预测，2019 年全国经济下行压力要大于 2018 年，全年经济有望保持平稳，经济增速将小幅放缓至 6.0% ~6.5%。IMF 预测，2019 年中国经济将增长 6.3%。国家信息中心预计，2019 年全国经济增长速度将达到 6.3% 左右。同时，宏观调控政策将以巩固经济平稳发展基础为主线，着力推动改革，完善制度，优化环境，释放活力，扩大开放，稳定预期。

三　2019年辽宁经济发展影响因素分析

1. 有利条件

从有利条件来看，2019 年辽宁将在政策、改革、开放等领域迎来重大的发展红利，从而为经济发展提供重要动力，支撑辽宁经济运行不会出现大的波动。

（1）政策红利多

2019年辽宁将面临较为有利的宏观政策环境。中央实施强化逆周期调节的宏观政策，积极的财政政策加力提效，稳健的货币政策松紧适度，将为稳增长提供强有力的支撑。习近平总书记在视察东北时和在推进东北振兴座谈会上的重要讲话，为辽宁新一轮全面振兴提供了根本遵循。辽宁各地、各部门形成的落实省委“1+8+N”系列文件的具体措施，将为总书记重要讲话精神在辽宁落地生根、开花结果提供有力保障，也为辽宁实现高质量发展和全面振兴、全方位振兴提供重要保障。中央“稳就业、稳金融、稳外贸、稳外资、稳投资、稳预期，提振市场信心，提高人民群众获得感、幸福感、安全感，保持经济持续健康发展和社会大局稳定”的政策措施将为辽宁经济发展创造有利条件。

（2）改革红利大

近期中国财富网和万博新经济研究院联合发布的《2018年中国营商环境指数研究报告》显示，辽宁营商环境指数排名全国第9位，辽宁营商环境正在持续改善。2019年，随着加快民营经济发展、加快国资国企改革等政策和《辽宁省行政审批中介服务管理条例》等地方性法规的实施，辽宁国企与民企将实现共同发展，投资吸引力将进一步提升，辽宁营商环境将进一步优化。

（3）开放红利大

辽宁新一轮开放红利将继续有效释放。2018年5月，辽宁提出将以深度参与服务“一带一路”建设为工作重点，构建内外联动、陆海互济的全面开放新格局，以高水平开放推动高质量发展，以全面开放引领全面振兴。随着自贸试验区等开放平台的加快推进，辽宁将迎来新一轮的开放红利。

（4）投资红利增

2019年辽宁大批重点投资项目陆续开工建设。沈阳华晨宝马新工厂项目开工建设，恒大4个项目分别在沈阳、抚顺和沈抚新区举行了奠基仪式，兵器集团与沙特阿美、华晨宝马与法国雷诺等合作项目也已经签订合资合作协议等。这些高质量项目的加快推进，既能有效拉动全省经济增长，又能形成较强的带动示范效应。

2. 不利因素

从不利因素来看，辽宁经济发展面临的国际环境仍具有较大的不确定性，国内经济下行压力有所加大。虽然全省经济增长已经度过最低迷的阶段，但增长的基础还不稳固，增长的周期性、恢复性特征明显，经济发展中的不平衡不充分的问题还比较突出，全省经济运行仍面临较大的风险和挑战，一些深层次的矛盾和问题将进一步凸显。

（1）经济运行的不稳定性不确定性较大

进入 2019 年，全省经济运行总体保持平稳，但下行压力依然存在。一是工业依然面临下行压力。未来大宗商品价格走势仍具有不确定性，工业用电量先行指标增速呈下滑趋势，工业生产者购进价格与出厂价格“剪刀差”扩大，企业生产成本有所上升，汽车制造业增加值增速回落明显。二是固定资产投资增长依然乏力，投资有效需求不足，项目储备不足，投资需求难以在短期内转旺。三是消费增速继续放缓，保持中速运行的趋势明显，汽车类商品销售下降明显。四是中美贸易摩擦短期内虽有改善迹象，但不会彻底得到解决，未来仍具有较大不确定性。

（2）经济发展的不平衡不充分问题突出

当前经济增长更多依靠的还是传统产业，新动能和新增长点发展不充分，经济增长的可持续性不强。一是产业发展不充分。传统产业转型升级缓慢，战略性新兴产业发展滞后，服务业低端化且效益不佳。二是需求发展不平衡。投资结构仍有待改善，基础设施投资增长乏力，房地产投资占比高，投资意愿不足，推进缓慢，数量偏少，规模偏小，中小项目培育不足。三是居民消费升级缓慢，居民收入增长乏力，消费分流日趋明显，老龄化日益加剧，消费对辽宁经济增长的基础性作用发挥不足。四是外贸出口压力将有所加大，外需走弱可能会向供给侧传导。五是创新能力与发达地区差距较大，企业创新能力不强，创新环境欠佳。

（3）实体经济发展面临较大困难

融资难、融资贵依然是企业，尤其是中小微企业和创新型企业面临的最大困难。税费负担偏重是影响企业效益的重要因素。国资国企改革历史包袱重、改革成本大仍是最大难点。人才缺乏依然是制约企业发展的关键问题。

（4）营商环境建设任重道远

辽宁营商环境无论是与企业的期望以及群众的诉求相比，还是与发达地区相比，均存在一定的差距。从政务环境来看，审批环节烦琐、办事效率低导致项目落地难、落地慢，招商引资仍面临一些制度性障碍。从法治环境来看，民营企业和外埠企业面临的司法不公正问题突出；一些法律法规、政策措施互不衔接，甚至互相冲突；政策缺乏连续性和过渡期，法律和政策落实不到位，决策过程和执法检查不规范，处罚还存在随意性。从市场环境来看，阻碍企业参与公平竞争的壁垒依然存在。

（5）保持社会民生稳定面临挑战

前期经济下行对居民收入的影响开始显现，全省居民收入实际增长速度总体继续放缓。同时，全省脱贫攻坚仍然任务艰巨，实现全面建成小康社会目标还面临严峻挑战。

（6）部分领域的长期风险隐患不容忽视

目前辽宁各类财经风险总体可控，但辽宁地方财政的脆弱性短期内难有实质性改变，债务风险、养老金风险等问题未得到根本解决，财政支付压力巨大导致财政负担过重，并产生压力向经济、金融领域传导的后果。受应对手段和能力不足等多条件因素影响，这些风险将继续相互交织、叠加，聚集效应不断增大，各级财政承受的压力不断增大，拖垮地方财政的风险有增无减。就业潜在风险不容忽视。尤其是高校毕业生就业，与化解过剩产能、厂办大集体改革以及涉美涉朝贸易相关的重点领域的就业问题值得关注。对于中美贸易摩擦，除了关注其直接影响更需关注其间接影响，如关键技术的引进、高端设备及零部件的进口受限，将影响辽宁传统产业的转型升级和战略性新兴产业的发展，特别是高端制造业的发展。

四　2019年辽宁经济形势展望

展望2019年，辽宁经济仍将延续当前“运行平稳、稳中有进”的发展态势，经济的基本面仍将保持良好，政策红利、改革红利、结构调整红利都将为经济发展提供动力，支撑经济运行不会出现大的波动。但是，辽宁经济发展的外部环境将趋紧，世界经济贸易下行趋势将增强，全国经济下行压力未减。同时，辽宁经济仍处于结构调整、动力转换之中，新动能虽然会继续快速增长，但内生动力仍难以支撑经济以更高的速度发展。初步判断，2019年全省经济增长速度将在6.0%左右，有望达到全国平均水平。

最乐观的情景：如果外部环境趋于宽松，特别是中美贸易摩擦得到较好解决，辽宁对外开放迎来重大转机，则经济增长有可能达到全国平均增速水平（6.3%）。

最悲观的情景：如果外部环境进一步趋紧，中美贸易摩擦进一步恶化，全国经济受到中美贸易摩擦较大干扰而下行加剧，辽宁经济下行压力将进一步增大，经济增速有可能低于5.5%。

综合各种因素预计，2019年辽宁经济有望增长6%左右，经济运行将保持在合理区间。其中，规模以上工业增加值增长8%左右，固定资产投资增长5%左右，社会消费品零售总额增长6%左右，一般公共预算收入增长6%左右。

五　2019年辽宁经济工作建议

2019年是新中国成立70周年，是全面建成小康社会关键之年。辽宁经济工作应以习近平新时代中国特色社会主义思想为指导，深入落实习近平总书记在辽宁考察时和在深入推进东北振兴座谈会上的重要讲话精神，按照中央经济工作会议的要求，统筹推进“五位一体”总体布局，协调推进“四个全面”战略布局，坚持稳中求进工作总基调，坚持新发展理念，坚持推动高质量发展，坚持以供给侧结构性改革为主线，聚焦补齐“四个短板”，扎实推动“六项重点工作”，彻底转变发展观念和思维定式，通过全面深化改革、全面对外开放、全面调整结构，着力补短板，增强发展动力和后劲，推进行稳致远的高质量发展，加快实现辽宁全面振兴、全方位振兴。

1. 解放思想，稳中求进，加快转向高质量发展新观念

在“六稳”中更加注重稳就业、稳预期，提振市场信心，安定民心。把工作重点放在着力深化改革和结构调整的“进”上，动真刀，破解老大难问题，使实劲，加速新旧动能转换。从辽宁经济发展的外部环境和内部增长动力及潜力看，5%~6%是近几年辽宁经济增速的合理区间，“稳增长”就是把经济增长稳定在这个合理区间，既要防止经济过度下行，也不要人为拉高经济增长速度。

2. 完善制度，重视文化，加快转向“民为本”营商理念

在制度建设方面，把以市场主体和公众为中心的业务流程再造作为重要任务，理顺、明晰业务流程，明确各部门和公务人员的职责分工和边界，实现外部一个流程，内部协同办公。文化建设是实现辽宁营商环境不断优化的根本保障。应大力营造诚信、重商的社会环境，鼓励、倡导全社会尊商、亲商、友商、护商，勇于从商，善于经商，逐步形成具有东北特色的、适应市场经济的“新文化”。

3. 推进改革，破除壁垒，加快培育壮大新动能

第四次工业革命的一个鲜明特点是跨界融合。推动高质量发展，需要摆脱传统的思维定式和路径依赖，以融合发展的思维，培育壮大新动能。一是着力推进混合所有制改革，促进国企与民企共同发展。引入市场机制，遵循竞争中性原则，做优做强国有企业，做大做强民营企业。二是着力推进军民融合发展，促进军企与民企共同发展。鼓励、支持“民参军”“军转民”，排除体制机制障碍，增强配套能力。把军民融合作为央地融合发展的突破口。三是着力推动数字经济和实体经济深度融合，促进传统产业与新兴产业共同发展。着力发展数字经济，超前谋划5G基础设施建设和产业发展，大力发展云计算、大数据、人工智能、区块链等领域基础性业务开放平台，加快发展物联网和软件产业，从新产业、新业态、新模式发展中积聚新动能。加快制造业、农业、服务业的数字化、网络化、智能化，从传统产业转型升级中积聚新动能。四是着力推动制造业与服务业融合发展。推动制造企业从以产品为中心向服务端延伸，向全产业链业务拓展，实现制造和服务一体

化。促进服务业向产品化、标准化、连锁化等制造业生产的基本要素和模式转型。

4. 拓宽视野，抢抓机遇，加快形成全面开放新格局

落实习近平总书记在俄罗斯“远东经济论坛”上的重要讲话精神，谋划、实施辽宁对俄、蒙的开放政策措施。尽早谋划丹东及辽东半岛对外开放的战略和规划，开展前瞻性政策研究，做好政策储备，及时应对朝鲜半岛出现的重大形势变化，使辽宁不仅有地缘优势，更要形成政策优势。

B.5

2018年辽宁农业农村经济运行分析与对策建议

王　丹　王仕刚　张宇初*

摘　要： 2018年，辽宁以推进农业供给侧结构性改革为主线，坚持稳产能、调结构、转方式并重，大力实施乡村振兴战略，抓好各项强农惠农措施的落实，全省农业农村经济实现稳定增长，畜禽生产保持相对稳定，农村居民收入稳定增长，消费结构趋于合理，脱贫攻坚工作强力推进。但仍然存在着基础设施建设需进一步加强、农业发展新旧动能转换滞缓、农民收入增速偏低、农产品加工业仍为农业发展短板等现实问题，需要采取有力措施，从转变农业发展方式、夯实乡村发展基础、建立现代高效农业、全面激活土地资源、改善和优化农村金融环境等方面促进乡村振兴。

关键词： 农业　农村经济　乡村振兴　农民收入　辽宁

一　2018年辽宁农业农村经济运行基本情况分析

2018年，辽宁省委省政府坚持稳中求进的工作总基调，坚持贯彻新

---

* 王丹，辽宁社会科学院农村发展研究所研究员，主要研究方向为农村经济、区域经济；王仕刚，辽宁社会科学院农村发展研究所助理研究员，主要研究方向为农村经济、区域经济；张宇初，北京外国语大学国际商学院。

发展理念，以推进农业供给侧结构性改革为主线，坚持稳产能、调结构、转方式并重，大力实施乡村振兴战略，抓好各项强农惠农措施的落实，全省农村经济发展态势良好，农业产业结构有所优化，经济运行总体平稳。

（一）粮食播种面积保持稳定，阶段性旱情导致粮食产量减少

2018 年，辽宁局部地区出现了阶段性旱情，且降水分布不均，造成不同地区或同一地区不同地块之间，粮食产量增减不一，差异较大。7 月末 8 月初出现的连续高温少雨，导致玉米出现局部空杆、无棒现象。据辽宁省在 44 个粮食生产大县（市、区）741 个调查村 2223 个自然地块实割实测，全省粮食产量推算结果为438.4 亿斤，比上年减少 27.7 亿斤，减产 5.9%。粮食播种面积为5226.1 万亩，比上年增加0.5%。粮食亩产为419.5 公斤，比上年减少 28.6 公斤，减少 6.4%。2018 年辽宁粮食总产量居全国第12 位。①

粮食播种面积基本保持稳定。2018 年，谷物播种面积为 4966.9 万亩，比上年增加 29.2 万亩。其中：玉米播种面积为 4069.5 万亩，比上年增加 31.5 万亩。水稻播种面积达到 732.5 万亩。豆类播种面积为 124.2 万亩，同比下降2.9%。其中，大豆播种面积为108.7 万亩。受2017 年薯类价格普遍低迷影响，2018 年薯类播种面积有所下降，为135 万亩，比上年减少0.6 万亩，下降0.4%（见表 1）。

表 1　2017 ~2018 年辽宁省粮食播种面积情况

单位：万亩，%

指标	2017 年	2018 年	增长率
粮食总播种面积	5201.25	5226.1	0.5
谷物	4937.7	4966.9	0.6
水稻	739.05	732.5	-0.9

① 资料来源：辽宁统计局网站。

续表

指标	2017 年	2018 年	增长率
玉米	4038	4069. 5	0. 8
谷子	81	83	2. 4
高粱	54. 15	56. 4	4. 2
豆类	127. 91	124. 2	-2. 9
大豆	111. 45	108. 7	-2. 5
薯类	135. 6	135	-0. 4
甘薯	40. 5	41. 7	3
马铃薯	95. 2	93. 3	-2

资料来源：根据《辽宁统计年鉴（2018）》及辽宁统计局网站资料计算整理。

主要粮食作物产量稳定。2018 年，粮食主产区辽西等地区降水整体好于上年，形势相对较好。玉米和水稻产量达到 2080. 8 万吨，占粮食作物总产量的 94. 9%，成为稳定粮食生产能力的重要力量。其中玉米单产 408. 6 公斤/亩，较上年减少 34. 6 公斤/亩，总产达到 1662. 8 万吨，仅比上年减少 126. 6 万吨；水稻单产 570. 7 公斤/亩，较上年减少 0. 5 公斤/亩，总产达到 418 万吨，与上年基本持平。高粱产量达到 28. 2 万吨，同比增长 14. 8%，为近几年最好水平。

（二）畜禽生产保持相对稳定，养殖效益出现结构性波动

2018 年，辽宁省主要畜产品市场供给相对充足，猪羊产量小幅下降，蛋奶产量快速上涨。受本省非洲猪瘟和周边省牛羊炭疽疫情等不利因素影响，畜牧业养殖效益出现结构性波动。2018 年猪牛羊禽四肉产量 374. 7 万吨，同比下降 2. 1%。其中，猪肉产量 210. 1 万吨，同比下降 4. 9%；羊肉产量 6. 6 万吨，同比下降 6%；牛肉产量 27. 5 万吨，同比增长 9. 5%；禽肉产量 130. 5 万吨，同比增长 0. 5%。其中受非洲猪瘟影响，猪肉产量占四肉总产量的 56. 1%，同比下降 1. 6 个百分点（见图 1）。

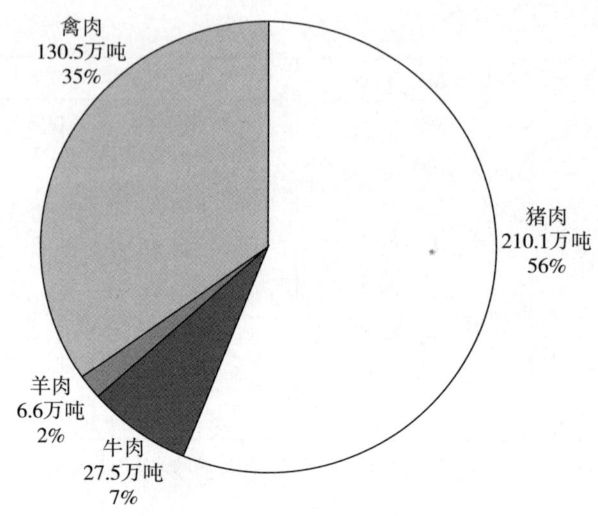

图 1　2018 年辽宁省猪牛羊禽肉产量结构

畜牧业生产结构进一步调整。生猪存出栏量下降。2018 年末生猪存栏 1262.2 万头，同比下降 3.5%。生猪出栏 2495.8 万头，同比下降 5%。牛存栏量和牛奶产量同比增长。2018 年末牛存栏 248.3 万头，同比增长 9%。全年肉牛出栏 175.1 万头，同比增长 9.5%。生牛奶产量达到 131.8 万吨，同比增长 10.1%。羊存出栏量同比下降。2018 年末羊存栏 772.8 万只，同比下降 2.5%。全年肉羊出栏 583.6 万只，同比下降 6%。家禽存栏量略有下降，但肉蛋产量同比增加。2018 年末全省家禽存栏 39582.2 万只，同比下降 4.6%。全年家禽出栏 76271.3 万只，同比增长 0.5%。全省禽蛋产量达到 297.2 万吨，同比增长 9.9%。

畜禽业价格行情喜忧参半。牛羊价格高位运行，生猪价格持续走低。2018 年全年肉牛出栏均价约为 26 元/公斤，同比上涨近 4%。2018 年肉羊平均出售价格约为 25 元/公斤，同比上涨近 30%。生猪价格持续走低，全年生产总体亏损。从 2018 年 2 月中旬起辽宁生猪价格开始大幅度下跌，从大约 14 元/公斤一路下跌到大约 10 元/公斤，累计跌幅超过 30%。从 5 月中下旬开始生猪价格开始探底回升，到 7 月中旬生猪价格回升至每公斤 12 元以上。8～10 月辽宁省多市出现非洲猪瘟疫情，全省生猪价格一路下跌。12 月中下旬辽宁省全面解除非洲猪瘟疫区封锁，但生猪滞销问题仍未得到彻底解决。肉鸡蛋鸡养殖收益普遍向好。2018 年辽宁肉鸡市场格局为供不应求，肉鸡价格呈现先跌后涨走势，肉鸡养殖效益较为可观。2018 年上半年蛋价虽然震荡起伏，但 7 月开始鸡蛋价格快速上涨，最高时已突破 10 元/公斤的大关，虽然三季度、四季度鸡蛋价格略有回落，但全年蛋鸡养殖普遍收益良好。

（三）农资价格总水平温和上行，价格结构性变动依旧显著

2018 年，受农机用油、化学肥料、饲料和农业生产服务价格上涨等因素影响，辽宁农资价格总水平比 2017 年上涨 1.8%，涨幅比 2017 年扩大 1.5 个百分点，但总体仍呈温和上行的运行态势。全年农资价格月同比指数呈现先低位后持续走高，最后高位回落的态势（见图 2）。

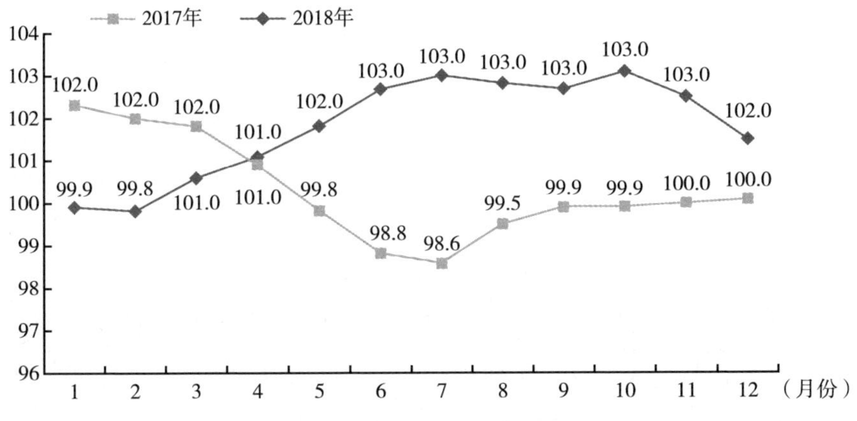

图 2　2017 ~ 2018 年辽宁农资价格月同比指数走势

2018 年，所调查的十大类农资商品及服务价格由 2017 年的“六升三降一平”转为“八升二降”，上涨面明显扩大，且下降的两个类别与上年不同，结构性变动明显，尤以仔畜幼禽及产品畜价格变动最为突出。农资价格总水平上升主要受农机用油价格大幅上涨，化肥、饲料价格由降转涨，农业生产服务价格涨幅进一步扩大所致。但仔畜幼禽及产品畜价格大幅下降，对价格总水平上行产生了明显的抑制作用。

表 2　2018 年十大类农资商品及服务价格指数变动情况

调查类别	2016 年	2017 年	2018 年	2017 年比 2016 年增长(%)	2018 年比 2017 年增长(%)
农用手工工具	100.1	100.9	99.7	0.9	-0.3
饲料	97.5	98.5	103.0	-1.5	3.0
仔畜幼禽及产品畜	131.2	100.1	77.3	0.1	-22.7
半机械化农具	99.4	100	100.3	0.0	0.3
机械化农具	99.6	100.8	100.8	0.8	0.8
化学肥料	95.8	97.5	105.7	-2.5	5.7
农药及农药器械	99.4	99.6	102.0	-0.4	2.0
农机用油	98.5	109.7	113.8	9.7	13.8
其他农业生产资料	101.6	100.4	100.9	0.4	0.9
农业生产服务	99.8	102	102.9	2.0	2.9

资料来源：辽宁省统计分析报告《2018 年辽宁农资价格总水平温和上行》，辽宁统计信息网。

（四）农民收入稳定增长，财产和转移净收入增长较快

国家统计局辽宁调查总队抽样调查资料显示：2018 年辽宁农村居民人均可支配收入 14656 元，同比增加 909 元，增长 6.6%，扣除价格因素实际增长 4.5%，比全国平均水平高 39 元，在全国各省（区、市）中居第 9 位。①

2018 年，辽宁农村居民人均工资性收入达到 5645 元，比上年增加 222 元，同比增长 4.1%，占可支配收入的比重为 38.5%。其增长的主要原因是 2018 年农民外出打工人数总量实现小幅增长，同时外出农民工月工资水平同比增长 6.1%。经营净收入为 6264 元，比上年增加 445 元，同比增长 7.6%，占可支配收入的比重为 42.7%，经营净收入依然是近年来辽宁农村居民收入的主要来源。经营净收入的增长主要来自第一产业的农业和牧业，主要由于水稻和玉米两大作物产量和效益相对稳定，同时也是 2018 年牛羊价格高位运行等因素影响所致。财产净收入和转移净收入成为“四项收入”增幅最大的两项。2018 年辽宁农村居民人均财产净收入为 334 元，比上年增加 37 元，同

① 资料来源：辽宁调查报告《惠民生　农民收入稳定增长　提质量　消费结构更加合理》，2019 年 2 月 19 日。

比增长12.5%。财产净收入增长的主要原因是土地租金拉动。2018年辽宁农村居民人均转让承包土地经营权租金净收入增长47.7%。2018年辽宁农民人均转移净收入为2413元，比上年增加206元，同比增长9.3%（见表3、图3）。

表3　2015~2018年辽宁农村居民人均可支配收入情况

单位：元，%

年份	可支配收入	比重	工资性收入	比重	经营净收入	比重	财产净收入	比重	转移净收入	比重
2015	12056.9	100	4730.1	39.23	5573.7	46.23	231.7	1.92	1521.3	12.62
2016	12880.7	100	5071.2	39.37	5635.5	43.75	257.6	2	1916.4	14.88
2017	13746.8	100	5423.1	39.45	5819.1	42.33	296.9	2.16	2207.7	16.06
2018	14656	100	5645	38.5	6264	42.7	334	2.3	2413	16.5

资料来源：根据2016~2018年《辽宁统计年鉴》及辽宁统计局网站资料计算整理。

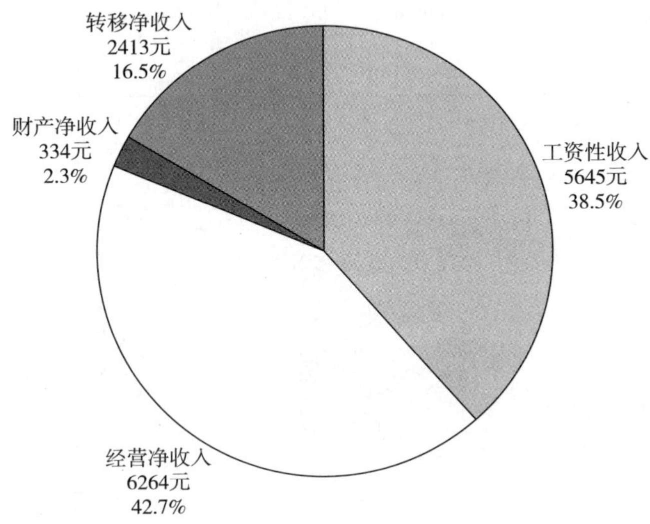

图3　2018年辽宁农村居民人均可支配收入构成

（五）人均消费支出同比增长，八大类消费支出呈现“七升一降”

2018年辽宁农村居民人均消费支出为11455元，比上年增长6.2%，增加668元，整个消费支出呈现出“七升一降”态势。其中增长最快的为医疗保健

支出，增速达到22.2%，“一降”为衣着支出，下降5.5%。近几年，辽宁人民的消费观念开始转变，用于教育和享受型的消费支出有了大幅提升，如教育文化娱乐支出、生活用品及服务支出都出现了增长。同时随着农村基础设施建设的加强，农民在交通通信方面的支出也实现了同步增长（见表4、图4）。

表4　2018年辽宁农村居民人均消费支出

单位：元，%

指标	支出额	增幅	比重
居民消费支出	11455	6.2	100
食品烟酒	3063	6.2	26.7
衣着	656	-5.5	5.7
居住	2246	2.1	19.6
生活用品及服务	568	10.9	5
交通通信	1820	4.3	15.9
教育文化娱乐	1325	2.3	11.6
医疗保健	1529	22.2	13.3
其他用品及服务	247	21	2.2

资料来源：辽宁统计局网站资料。

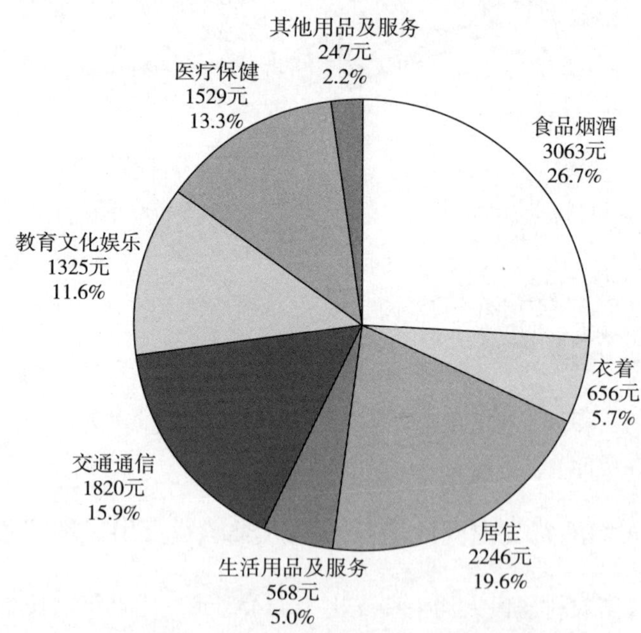

图4　2018年辽宁农村居民人均消费支出构成

（六）县域经济发展取得新进展，呈现稳中向好态势

2018 年，辽宁将大力发展县域经济作为推进农业农村优先发展和城乡融合发展的有力抓手，激发县域发展活力。辽宁通过积极推进县乡财政管理体制改革、农村承包地确权登记颁证、农村集体资产清产核资、县乡事业单位改革等一系列重点领域改革，大大激活了县域经济的发展活力。各地不断加大产业园区培育和扶持力度，产业园区建设和生产经营形势逐步好转，特色产业小镇规划建设不断加快，“一园一区一镇”发展格局初步形成。同时各地持续改善营商环境，引进新项目，县域产业转型升级取得新进展，电子商务、旅游服务业实现了快速发展。2018 年，41 个县（市）主要经济指标保持稳定增长，其中，一般公共预算收入、工业企业主营业务收入、固定资产投资三项经济指标增速均高于全省平均水平，分别高 10.4 个、8.7 个、0.8 个百分点，整个县域经济运行呈现出稳中向好的态势。①

（七）脱贫攻坚战强力推进，农村贫困发生率继续下降

2018 年辽宁认真贯彻落实各项攻坚举措，坚决打赢打好精准脱贫攻坚战。2018 年辽宁开展了脱贫“回头看”工作，对脱贫情况进行核实，巩固脱贫成果。同时，选派 1.2 万名干部助力脱贫攻坚，实施产业扶贫项目 2377 个，完成 D 级危房改造 2.1 万户。2018 年辽宁农村贫困发生率为 1.1%，全年减贫 15.43 万人左右，519 个贫困村销号、6 个省级贫困县摘帽。自十八大以来，辽宁省农村贫困人口累计减少 122 万。

二　2018年辽宁农业农村经济发展中存在的主要问题

（一）基础设施建设短板依旧存在，乡村振兴基础需进一步夯实

长期以来，辽宁农业生产一直未摆脱靠天吃饭的困境。2018 年辽宁农

① 方亮：《辽宁省 41 个县（市）去年 3 项主要经济指标增速高于全省平均水平，农村改革激发活力县域短板不断补齐》，《辽宁日报》2019 年 3 月 9 日。

业生产再次受到干旱天气的影响，粮食产量减少。这与一些地区农田水利设施明显不足、缺乏抗旱能力不无关系。近年来，辽宁对农业农村基础设施建设的投入力度不断加大，但对于实现乡村全面振兴来说还远远不够。辽宁耕地以旱田为主，约为429.86万公顷，大约占耕地面积的86.5%，有效灌溉面积①仅占耕地面积的35.2%（2017年数据），其中机电提灌面积占有效灌溉面积的比重从20世纪的七八十年代的80%左右持续下降，到了21世纪初维持在70%左右，2012年为71.2%（此后年份无统计数据）。辽宁现有的部分水利工程年久失修，建设标准较低，现有设备陈旧、功能老化、配套设施不全。从辽宁农村小型水电站情况来看，2017年达到188个，但近几年的装机容量却在下降，2015年达到峰值52.7万千瓦，2017年为44.4万千瓦，下降了15.8%。农田水利设施的恢复和建设需要很大的投入，分散的农户难以做到。因此，加大财政支农力度，进一步加强农业基础设施建设，尤其是水利设施的建设，依旧是辽宁农业生产需要加强的重要方面。同时，要真正全面实现“产业兴旺、生态宜居、乡风文明、治理有效、生活富裕”的乡村振兴战略，与农村全面发展相配套的基础设施也需进一步加强，尽快实现与城镇基础设施的互联互通，实现城乡融合发展。

（二）新旧动能转换滞缓，乡村振兴新动能驱动明显不足

随着经济的快速发展，新旧动能转换已经成为重要的战略部署。当前农业发展也处于新旧动力转换的关键时期，面临着如何把新技术、新动力、新产业、新模式融入农业农村经济发展，切实实现新旧动能的转换，促进农业新产业、新业态的产生。2018年辽宁新动能发展较快，但主要集中于工业领域，如高技术产业增长较快，工业新产品、新能源汽车、工业机器人等产量迅速增长。而辽宁农业领域新动能驱动明显不足。从目前辽宁农业发展现状来看，确实有一些新技术被应用，取得了一定成效。比如在滴灌节水增

① 有效灌溉面积是指具有一定水源，地块比较平整，灌溉工程或设备已经配套，在一般年景下当年能够进行正常灌溉的耕地面积。

粮、高标准农田建设、机械化等方面开展实施了相关项目和进行了技术推广，但仍只局限在一定地域。辽宁在新产业、新业态发展方面存在明显不足，目前只有沈阳、盘锦、大连等经济相对发达的地区有一定规模的新产业新业态，其他地区发展则较为缓慢，且季节性较强，形式单一。在调研中，创意农业、观光农业、体验农业、特色小镇等一些地区的新型业态，存在形式化、表象化，内生动力机制发展明显不足的现象。

（三）农产品加工业发展不均衡，品牌号召力不强

农产品加工业长期以来一直是辽宁农业发展的主要短板。为了促进农产品加工业的发展，2017 年辽宁省出台了《辽宁省农产品加工集聚区发展规划（2017 ~2020 年）》，在全省设立了 23 个农产品加工集聚区。2018 年农产品加工集聚区前 11 个月实现主营业务收入 725.6 亿元，同比增长 12.1%，完成主营业务收入增长 7% 的 2018 年度发展目标。[①] 仅从这个总体指标来看，似乎农产品加工业迎来新发展，但从农产品加工集聚区的区域发展现状来看，仍存在区域发展不均衡、加工水平低、技术水平落后、产业融合度低等短板。以辽西北三市为例，2018 年辽西北 7 个农产品加工集聚区[②]实现主营业务收入 147.44 亿元，占全省总量的 18.9%。但按照《辽宁省农产品加工集聚区发展规划（2017 ~2020 年）》的计划目标，这 7 个农产品加工集聚区 2018 年计划实现主营业务收入目标为 210.5 亿元，仅仅完成目标的 70%。同时，从全省来看，带动力强、科技含量高的农产品加工龙头企业比较少，大多数企业规模小，而且都处于初加工和粗加工阶段，加工链条短，产品附加值低。从 2018 年辽宁农产品的出口来看，主要为冻鸡、水（海）产品、玉米、鲜苹果、大豆、食用植物油、天然蜂蜜、蘑菇罐头、烤烟等原料和初级加工产品。同时投资不足的现实矛盾也制约了农产品加工业的进一步发

---

① 《辽宁省农产品加工集聚区主营业务收入两位数增长》，《辽宁日报》2019 年 1 月 6 日。

② 朝阳市农产品食品加工园区、喀左农产品加工园区、西丰县工业园区、阜新农产品深加工产业基地、彰武县农副产品精深加工产业基地、凌源市农产品加工园区、北票市农产品加工园区。

展。数据显示，2018 年 1 ~5 月，全省超千万元的农产品加工项目仅完成投资25 亿元，只占全年计划投资的 15%。同时辽宁农产品品牌号召力不强。辽宁农产品品牌具有“小、散、弱”的特点，虽然形成了一些具有地域品牌的农产品，但这些农产品形成规模化经营的较少。有的地区同类的农产品存在众多品牌，很难形成合力，没有形成品牌效应。加强农产品品牌整合亦是各地统筹农业发展亟须解决的现实问题。

（四）农民收入增速放缓，农民增收压力增大

从 2011 年以来辽宁农村居民人均可支配收入的实际增长速度来看，持续走低，只在 2017 年略有回升，2018 年为 4.5%，是自 2011 年以来的最低的水平（见图 5）。2018 年，辽宁农村居民人均可支配收入与全国平均水平相比，总量优势仅为 39 元。一直以来，辽宁农村居民人均可支配收入 80% 以上来自工资性收入和家庭经营净收入，但近几年这两项合计占比不断下降。2018 年辽宁农村居民人均工资性收入占可支配收入的比重比 2017 年下降了 0.95 个百分点（见表 5）。随着工业化、城镇化的发展，工资性收入已经成为农民收入的主要支撑，工资性收入比重偏低将会影响农村居民持续增收能力。2018 年辽宁农民家庭经营净收入主要来自第一产业，第二产业和第三产业经营净收入占比不高，仅占经营净收入的 26.2%。第一产业收益不具有稳定增长性，容易受到气候、价格等诸多因素的影响。2018 年辽宁农民收入中财产净收入和转移净收入成为新的增长点，而与财产净收入相关的农村土地制度改革很多都处于试点阶段，实现快速增长还需要一定时间。近几年辽宁农民转移净收入主要来自各种农业补贴。相关资料显示，在当前我国的农业补贴中，“黄箱”政策补贴达到农业补贴总量的 70% 左右，其中部分产品的“黄箱”政策补贴已经接近 8.5% 的上限要求，继续扩大“黄箱”补贴的政策空间十分有限。[1] 综上所述，要实现辽宁农民持续增收难度依然较大。

---

① 叶兴庆、张云华、伍振军、周群力等：《农业农村改革若干重大问题研究》，中国发展出版社，2018，第 171 页。

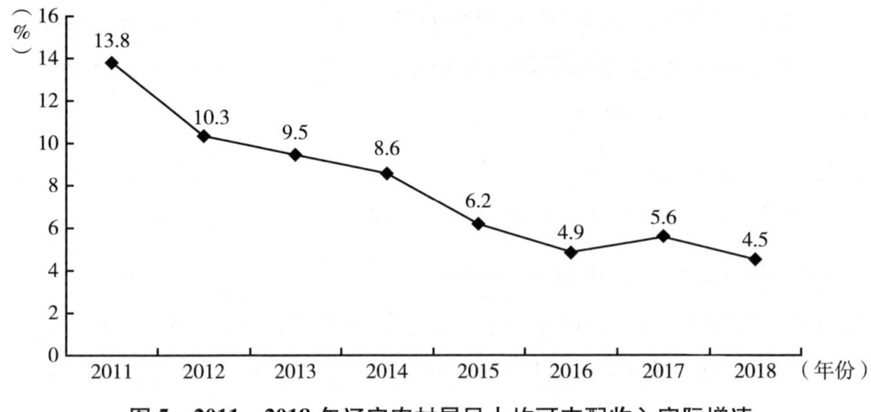

图5　2011～2018年辽宁农村居民人均可支配收入实际增速

表5　2011～2018年辽宁农村居民人均可支配收入结构

单位：%

指　标	2015年	2016年	2017年	2018年
人均可支配收入	100	100	100	100
（一）工资性收入	39.2	39.4	39.45	38.5
（二）家庭经营净收入	46.2	43.8	42.33	42.7
（三）财产净收入	1.9	2	2.16	2.3
（四）转移净收入	12.6	14.9	16.06	16.5

资料来源：《辽宁统计年鉴（2018）》及辽宁统计信息网。

（五）农村金融供给明显不足，服务环境需进一步优化

长期以来，作为农村经济发展中最为重要的资本要素配置体系的农村金融体系建设并不十分完善，农村经济社会发展的很多重点领域和薄弱环节的金融需求得不到满足。从金融体系框架建设来看，辽宁农村金融已经形成以政策性、商业性、合作制金融为主体，以村镇银行、小额贷款公司为补充，以保险公司、担保机构为辅助的体系。但是，由于近年来国有商业银行从农村大量退出，农村金融供给出现明显不足。同时由于农村金融风险高，为降低相关风险，农村金融机构对农户信贷的限制较多，准入门槛设置较高。[①] 同

① 王大伟：《辽宁农村金融缺口的现状、原因及对策》，《现代企业》2018年第10期。

时金融产品面向农民的也较少，农村需要的金融产品往往被忽视，这就导致农村金融产品供需不平衡的矛盾特别突出，农户的融资需求得不到满足，严重影响着农村经济的健康发展。以畜牧业发展为例，扩大生产势必需要大量资金来修建场房、购买设备、雇用人员。虽然各地在贷款担保和资金扶持等方面进行了许多尝试，但养殖贷款难、贷款利息高等问题仍未从根本上得到解决。2015 年国家启动了全国农业信贷担保体系建设工作，力争用 3 年时间建立健全覆盖全国的政策性农业信贷担保体系。辽宁农业信贷担保体系建设也已经启动。2018 年辽宁省农业担保公司累计担保金额 18 亿元，为新型经营主体、农业社会化服务组织、小微农业企业等提供信贷担保业务，在一定程度上解决了政策性农业信贷担保体系长期缺失的问题，但从辽宁农村金融整体需求来看，还远远不足。同时由于农业信贷担保体系建设刚刚起步，依据政策设计建立适应我国农业融资需求的农业信贷担保体系，在资金规模与来源、机构设置、风险补偿与分担机制、实施平台等方面还存在着不少需要解决的重大问题。[①]

（六）缺少农业大数据平台，农业信息对接不畅

当前农业生产已经告别短缺时代，农民种植什么、养殖什么需要紧紧围绕市场需求来进行。但由于农民对市场信息不能及时准确掌握，对市场需求不了解，对应该种什么、养什么、如何销售、收益如何很茫然，常常导致扎堆种植、扎堆养殖，陷进农业生产周期怪圈。同时还存在种得好、养得好却销售不畅的问题。而许多大型超市却找不到好的农产品，有的虽然找到了好的农产品，却没有足够的产量来支撑销售，农超对接出现了断裂。以上这些现象的产生，主要是因为缺少农业大数据平台的支持，没有为农户提供技术、资金、信息、销售等多方面的服务。虽然目前有一些数据平台，提供着某些领域的农业生产、销售等方面的信息，但信息碎片化、零散化现象严重。

① 叶兴庆、张云华、伍振军、周群力等：《构建政策性全国农业信贷担保体系：方向与框架》，《农业农村改革若干重大问题研究》，中国发展出版社，2018。

三　2019年辽宁农业农村经济发展面临的改革与挑战

（一）面临的改革

1. 2019年中央一号文件再次引领农业农村优先发展

2019 年 1 月 3 日，中央一号文件，即《关于坚持农业农村优先发展做好“三农”工作的若干意见》出台。文件指出：“今明两年是全面建成小康社会的决胜期，‘三农’领域有不少必须完成的硬任务。坚持农业农村优先发展总方针，以实施乡村振兴战略为总抓手，对标全面建成小康社会‘三农’工作必须完成的硬任务，适应国内外复杂形势变化对农村改革发展提出的新要求，抓重点、补短板、强基础，围绕‘巩固、增强、提升、畅通’深化农业供给侧结构性改革，坚决打赢脱贫攻坚战，充分发挥农村基层党组织战斗堡垒作用，全面推进乡村振兴，确保顺利完成到 2020 年承诺的农村改革发展目标任务。”

该文件从八个方面对农业农村改革进行了部署：一是聚力精准施策，决战决胜脱贫攻坚。二是夯实农业基础，保障重要农产品有效供给。三是扎实推进乡村建设，加快补齐农村人居环境和公共服务短板。四是发展壮大乡村产业，拓宽农民增收渠道。五是全面深化农村改革，激发乡村发展活力。六是完善乡村治理机制，保持农村社会和谐稳定。七是发挥农村党支部战斗堡垒作用，全面加强农村基层党组织建设。八是加强党对“三农”工作的领导，落实农业农村优先发展总方针。[①]

2. 农村土地制度改革的走向

农业农村很多现实发展问题都离不开土地，农民增收也迫切需要增加财产性收入，为了有效释放土地活力，盘活农村土地要素，我国农村土地制度改革的相关试点工作一直在有条不紊地进行，取得了良好的成效。未来农村

---

① 中共中央国务院：《关于坚持农业农村优先发展做好“三农”工作的若干意见》。

土地改革走向有以下几个方面。

一是土地承包关系稳定并长久不变。党的十九大报告指出："保持土地承包关系稳定并长久不变，第二轮土地承包到期后再延长三十年。"2019 年中央一号文件再次要求："研究出台配套政策，指导各地明确第二轮土地承包到期后延包的具体办法，确保政策衔接平稳过渡。"二是相关法律法规正逐步修订。《农村土地承包法》和《土地管理法》修正案（草案）已经出台，在草案中删去了现行《土地管理法》中关于非农业建设使用土地必须为国有土地或者征为国有的原集体土地的相关规定。去掉"国有"两字，意味着非农业建设用地只要依法登记为集体经营性建设用地，就可以出让、出租。同时，该草案还规定将农民住房视为财产，农民住房财产性得到了确认。三是进一步做好承包地确权登记颁证工作。2019 年中央一号文件，要求对承包地确权登记颁证工作开展"回头看"，做好相关收尾工作，妥善化解相关遗留问题，切实把证书发放到农户的手中。四是农村土地流转管理将进一步规范。2019 年一号文件指出土地流转规范管理制度需要进一步完善，未来的土地流转将在交易合同、交易市场、社会服务机制方面更加完善。2019 年一号文件特别指出"允许承包土地经营权担保融资"，对承包土地经营权实现"担保融资"功能从政策角度进行了确认。五是农村土地三项改革进一步深入。自 2015 年农村土地三项改革试点工作启动以来，制度绩效初步显现，一些内容已经逐步写入法律，比如集体经营性建设用地入市已经写入《土地管理法》修正案（草案）。有的改革试点初步形成了可复制的模式。六是土地出让收入调整增加用于重点领域的部分。2019 年一号文件指出："调整完善土地出让收入使用范围，让农村土地出让收益更多地用于农业农村发展，重点用于农村人居环境整治、村庄基础设施建设和高标准农田建设，让农民公平分享土地增值收益，切实感受到土地改革带来的红利。"实现了农村土地出让收入"取之于农、用之于农"。七是其他各项土地改革也在不断推进。为了全面激活土地资源，使土地这一要素活起来，一些相关领域的土地改革也逐步开展。对农村闲置土地进行整治，比如县域内的闲置校舍、厂房、废弃土地等。开展相关闲置宅基地的复垦试点等，盘活土地资源，用于乡村产业的发展。同时，加强农业设施用地管理，巩固“大棚房”整治等。①

（二）面临的挑战

1. 农业竞争力持续下降的长期影响

目前国内国际形势正在发生深刻复杂变化，从国内外农业竞争力来看，我国的农业竞争力不断下降。一是农业劳动力成本不断提高，在我们的调研中，亩均用工成本近几年不断增长，主要原因是大量农村劳动力外流，尤其是农忙时节用工更是短缺。劳动力成本不断提高是一个大趋势。二是土地成本不断增长。随着土地流转规模的不断扩大，流转费用也水涨船高。三是其他要素成本也在上升。从 2018 年辽宁农资价格总水平变动来看，受农机用油、化学肥料、饲料和农业生产服务价格上涨等因素影响，辽宁农资价格总水平呈现出总体上行的运行态势。如何应对国内农业竞争力不断下降的问题，是未来农业发展必须面对的一个挑战。

2. 辽宁农业农村发展面临的诸多现实挑战

辽宁开启了全面振兴、全方位振兴的新征程，农业农村发展作为其中重要一环，依然存在着新旧动能转换滞缓，新产业新业态发展明显不足，作为农村经济重要载体的县域经济近几年发展滞后等短板。2018 年玉米库存消化进度超出预期，玉米市场供需在未来的几年将趋于新的平衡，玉米种植在未来如何进行调减也需要进一步进行战略调整。2018 年辽宁出现非洲猪瘟疫情后，发生过非洲猪瘟的养殖场，三年内禁止养殖，如何为养殖户提供新的土地和资金使其尽快恢复生产，确保生猪饲养量能快速得到有效恢复，同时还要提高防控能力，避免新的疫情发生，以及如何确保畜牧业安全生产，这些都是巨大现实挑战。此外，农民持续增收压力不断加大，受整体经济下行影响，工资性收入对农民增收的贡献率会有所下降，农民增收需要更多地依赖家庭经营性收入和财产性收入的增长，受生产成本“地板”和农产品

① 王丹：《通过农村土地制度改革激发乡村发展活力》，《辽宁日报》2019 年 3 月 19 日。

价格“天花板”的双重挤压，农村土地改革大多依旧处于试点阶段，家庭经营性收入和财产性收入能否保障农民持续增收也面临挑战。

四　2019年辽宁农业农村经济发展的对策建议

（一）积极推进农业供给侧结构性改革，促进农业发展方式转变

当前要着力推进农业供给侧结构性改革，针对辽宁农业生产面临的新问题、新挑战，加快建立高效的农业生产经营体制，扩大产供销有机融合的产业链条，进一步完善市场流通机制，破解制约农业发展的问题，积极转变农业发展方式。一是建立现代农业产业体系。转变传统农业的生产经营管理方式，加大农村特色产业与第二、三产业的融合发展力度，推进一二三产业融合发展。鼓励各类新型经营主体利用农业新科技，整合各类资源，以新动力、新技术、新模式来探索新的生产经营方式，完成产业优化升级，实现农业高效发展。二是发展新产业新业态，积极探索新型生产经营模式。充分利用信息技术、生物技术把农业生产与服务业、交通运输业等产业结合起来，开发休闲农业、乡村旅游、“互联网＋农业”等新产业新业态，促进农业产业链的延伸，同时通过基金、贴息、担保等方式为新产业新业态的发展融资。三是加强农村基层组织管理能力。通过农村基层组织建设，提高管理能力和服务能力，积极引导农民发展农业，促进农业发展方式的转变。

（二）进一步加强基础设施建设，夯实乡村振兴发展基础

基础设施建设是乡村振兴发展的物质基础。第一，建立完善加强基础设施建设的长效机制。结合农业综合开发、土地综合整治、农田水利建设、耕地质量提高、农作物高产创建等项目统筹推进，形成功能齐全、长效管护的农田基本建设工程体系。第二，各级政府要加大财政投入力度，把基础设施建设和公共服务的重点向农村倾斜。整合农业资金以及调整土地出让金比

例，用于粮食主产区小型农田水利设施、田间节水工程、灌渠配套和节水改造等工程建设，增强抵御旱涝灾害的能力。第三，有效提升农业综合生产能力和抵御自然灾害的能力。加大中低产田改造力度，加快建设高标准农田，加大农业设施建设投入，切实强化农业发展基础保障。第四，加强农村环境整治。要整治农村生活垃圾、村容村貌整治，着力补齐农村人居环境的短板。第五，进一步完善乡村基本公共设施的建设。进一步完善村级道路、农村电网、网络设施、饮水工程等项目建设，提高农村基本公共基础设施的建设水平，实现与城市基础设施的互联互通，为乡村振兴夯实发展的物质基础。

（三）加快新旧动能转换，建立现代高效农业

充分整合现有农业资源，在巩固发展传统优势农业的前提下，充分调动科技、人才、资金等要素，为新旧动能转换创造条件，建立现代高效农业。第一，进一步挖掘现有的农业特色企业和龙头企业的潜力，加大扶持力度，进行产业、产品结构调整，进一步增强传统农业产业的发展活力，为新动能积聚力量。第二，加快促进农业一二三产业融合发展，延长产业链条，着力培育跨界融合功能。第三，培育新型经营主体，如种粮大户、家庭农场、农民专业合作社、社会化服务等，发展适度规模经营。第四，加强农业品牌建设，整合现有的品牌资源，打造辽宁农业品牌，实现品牌引领的新动能。第五，加强创新驱动，充分利用新技术，推动“互联网＋”，实现智慧农业发展。第六，加快推动农业农村相关制度改革，充分利用目前农村土地制度、集体产权制度、农业支持保护制度等改革已经取得的可推广、可复制的经验，激发农业农村内生动力。第七，加强农村基层组织建设，打造一支懂农业、爱农业、爱农村的新农村人才队伍，为新旧动能转换提供组织保障。

（四）全面激活土地资源，赋予农民更多的财产权利

十八届三中全会《决定》提出：“赋予农民更多财产权利。”农民拥有的最大财产就是他们以农村集体经济组织成员身份所共同拥有的农村土地。

赋予农民更多的财产权利，第一，要做好土地确权颁证工作。2018 年辽宁承包地确权登记颁证工作已经基本完成，2019 年要开展“回头看”，做好相关的收尾工作，妥善化解土地确权方面的历史遗留问题，将证书发放到农户的手中。第二，要完善土地流转相关规范管理制度，尤其要完善经营权担保融资的相关管理制度，理顺土地经营权的融资功能。第三，进一步推进农村集体产权制度改革试点工作，加大力度促进大连甘井子区、海城市、北镇市、彰武县、调兵山市等 5 个改革试点县（市、区）和 374 个改革试点村的试点工作。第四，积极抓住土地改革机遇。目前农村有 15% ~20% 的空闲住宅，好多地区农村住房基本处于闲置状态，从未来发展来看，农村空闲住宅会大比例地增加。2019 年将开展农村闲置宅基地复垦试点工作。同时，对县域的闲置校舍、厂房、废弃地等的整治工作也将会逐渐开展。辽宁要积极抓住这些改革机遇，充分利用好这些资源，激活土地资源促进乡村振兴。

（五）积极采取多种措施，促进农民全面增收

农民持续增收的动力主要来源于工资性收入和家庭经营性收入。应积极采取措施促进这两项收入的增长。随着城镇化的推进，工资性收入已经成为农民收入的重要支撑，越来越多的农民选择通过外出务工的方式来增加收入。应积极采取措施，提高农民的工资性收入。一是各级政府应积极构建农民工用工需求信息发布平台，及时将相关信息提供给有外出打工需求的农民。二是大力培训新型职业农民，有针对性地对农村劳动力进行相关技能培训，提高农村劳动者的素质及就业能力和市场竞争力，实现有效转移就业。三是有序构建完善的农民工社会保障制度，保障农民工的基本权益。近几年农村家庭经营性收入在农民人均可支配收入中占比最高，确保农民家庭经营性收入持续增长是促进农民全面增收的动力源泉。其一是积极培育新型农业经营主体，发展多种形式的适度规模经营，降低生产成本，提高效益。其二是积极促进小农户和现代农业发展有机衔接，完善对小农户的扶持政策，要充分利用一村一品、一乡一特、一县一业，引导小农户发展地方优势特色产业，鼓励小农户办社入社，盘活农户资源要素。其三是吸引优秀人才回乡创新创业。积极出

台鼓励政策措施，吸引各类专业人才和鼓励大学生到农村创业，引入先进技术带动农村经济发展。同时为创业者提供优惠政策，创造良好的创业环境。

（六）促进农产品加工业发展，实现产供销一体化发展

要尽快补齐辽宁省农产品加工业短板，打通加工销售通道。一是扶持和培育一批有影响力的农产品加工龙头企业。对现有的农产品加工企业，选取市场开拓能力强、产品开发好的龙头企业，加大政策扶持力度，延伸产业链，形成生产加工销售一体化，带动订单农业发展，促进农产品深加工，提高产品价值。二是加快推进农产品加工集聚区的发展。充分利用农产品加工集聚区这个载体，加大全省农产品加工集聚区基础设施建设、品牌建设及创新能力建设力度，推进各个集聚区主导产业发展，把农产品加工集聚区打造成为农村承载项目、资金、科技、人才的重要平台，推动农业标准化、规模化、产业化。三是扩大农产品销售渠道。大力加强农产品仓储和现代物流配送体系建设，尤其是加快发展农产品冷链基础设施，合理布局物流仓储设施，打造更加方便快捷的物流体系。充分利用“互联网+”，发展电子商务，实现线上线下双轮驱动的产业发展新格局，大力推进“农商对接”，打造全产业链供给保障体系。四是加快农业信息大数据开发。建设农业信息大数据共享平台，实现农产品生产、加工、销售信息的整合，实现信息及时共享，使农民及时了解市场信息，确保风险可控，增加收益，以信息化促进农产品加工业的繁荣发展。五是促进农产品加快产销对接。鼓励支持农村合作社、生产基地与大型批发市场对接，提高本地农产品销售份额，扩大农产品品牌影响力。

（七）进一步完善农村金融服务体系建设，改善和优化农村金融环境

针对乡村振兴的重点领域和薄弱环节，加大金融资源的倾斜力度，改善农村金融环境，切实加强农村金融的供给力度。第一，强化政策引导作用。政府要出台相关鼓励和优惠政策，引导和鼓励金融机构将更多资金投向农

业、农村。第二，继续深化农村信用社改革。制定符合农村信贷资金供求特点的相关金融管理制度和政策，增加金融机构对农业和农村的信贷投入，增强其支农服务能力。第三，创新经营模式。已有的农村金融机构要根据农业农村经济发展的特点，发展多层次网点经营，将网点进一步下沉和延伸，创新农村金融产品和服务方式，方便广大农民。第四，降低银行信贷门槛。加强担保体系建设，完善风险补偿机制，拓展城乡融资渠道，提高融资能力。第五，进一步规范农村金融市场秩序。要规范和引导民间融资行为，发挥小额、短期、民间借贷的作用，加强农村互助性金融组织管理，发挥民间资本对农村金融服务的补充作用。第六，完善农户信用数据库建设，加强信用环境建设。

参考文献

辽宁省统计局：《辽宁统计年鉴（2018）》，中国统计出版社，2018。

张晓山：《关于赋予农民更多财产权利的几点思考》，《中国农村发展研究报告NO. 10》，社会科学文献出版社，2017。

叶兴庆、张云华、伍振军、周群力等：《农业农村改革若干重大问题研究》，中国发展出版社，2018。

魏后凯、卢宪英、张瑞娟：《当前我国农村全面建成小康社会面临的挑战》，《中国“三农”研究》，中国社会科学出版社，2016。

杨蕙馨、焦勇：《新旧动能转换的理论探索与实践研判》，《经济与管理研究》2018年第7期。

王大伟：《辽宁农村金融缺口的现状、原因及对策》，《现代企业》2018年第10期。

B.6

辽宁省工业经济运行分析

——2018 年特征与 2019 年展望

王璐宁　李佳薇*

摘　要： 2018 年辽宁工业经济呈现“稳中有进，总体向好”的发展态势，供给侧结构性改革初见成效，新旧动能转换迹象初显，但仍然存在工业结构调整缓慢、新动能发展不足、运行质量效益不高、开放度不够等问题。2019 年，在世界经济环境错综复杂和国内新旧动能转换压力下，辽宁工业经济仍将稳中有进，运行质量和开放度不断提升。因此，辽宁应当继续推进工业供给侧结构性改革，加快工业创新发展，推动工业经济开放合作。

关键词： 工业经济　高质量发展　新旧动能转换　辽宁

一　2018年辽宁工业经济运行的总体特征

2018 年，辽宁工业经济呈现“稳中有进，总体向好”的发展态势，供给侧结构性改革初见成效，新旧动能转换迹象初显，工业经济在新动能的助力下趋向高质量发展。

---

* 王璐宁，辽宁社会科学院产业经济研究所副研究员，主要研究方向为产业经济；李佳薇，辽宁社会科学院产业经济研究所副研究员，主要研究方向为产业经济。

（一）工业经济运行呈现积极变化，供给侧结构性改革初见成效

随着供给侧结构性改革的深入推进，2018 年辽宁省规模以上工业增加值增速为 9.8%①，增速列全国第三位，较 2017 年提升了 5.4 个百分点，在 2017 年恢复正增长的基础上再度攀升，继续巩固向好态势（见图 1）。全省 14 个市规模以上工业增加值全部实现正增长，12 个市增速超过上年，大连、鞍山、营口、阜新、盘锦、葫芦岛 6 市增速均超过 10%。

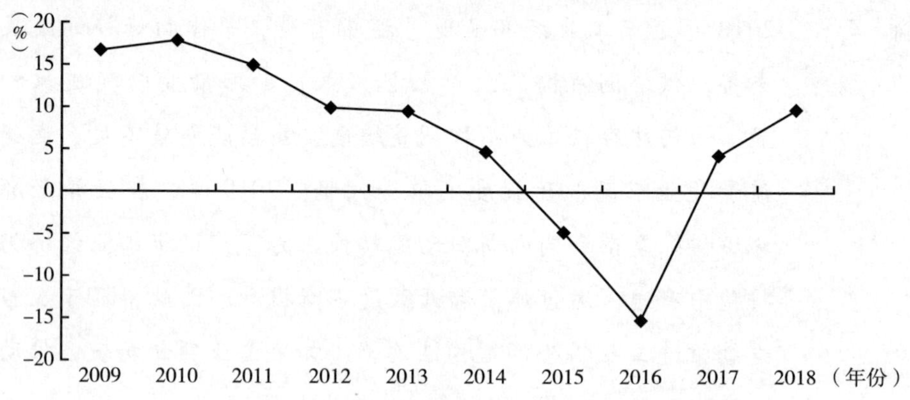

图 1　2009 ~ 2018 年辽宁省规模以上工业增加值增速

从近两年的月度数值变化情况看，辽宁省规模以上工业增加值自 2017 年 8 月开始趋向正增长以来，截至 2018 年 12 月，各月度增速均保持较高水平，并于 2018 年 5 月增速达到两年来月度增速的最高值（14.9%）（见图 2）。

1. 多数行业保持增势

从重要行业看，2018 年辽宁省 41 个工业行业中，有 29 个行业增加值较上年增长，增长面达 70.7%。从产品产量看，在重点跟踪的 68 种主要工业产品中，有 34 种产品产量比上年增长，增长面达 50%。2018 年辽宁省四大支柱产业主要工业产品产量及增速如表 1 所示。

① 本研究报告数据来源于国家统计局网站、辽宁统计信息网、《辽宁统计年鉴》和辽宁统计月报。

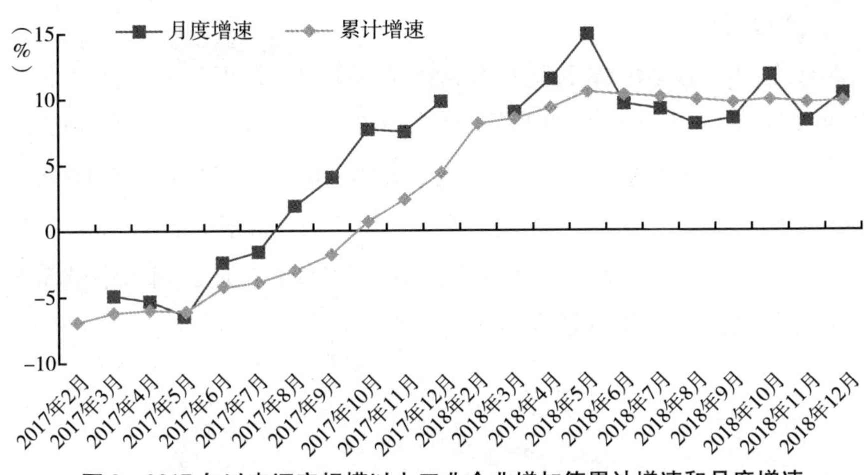

图 2　2017 年以来辽宁规模以上工业企业增加值累计增速和月度增速

表 1　2018 年辽宁省四大支柱产业主要工业产品产量及增速

行业	主要产品	产量	单位	增速(%)
装备制造	金属冶炼设备	10. 7	万吨	47. 6
	工业机器人	6072	套	18
	光缆	374	万芯千米	12. 5
	变压器	1. 1	亿千伏安	7. 4
	彩色电视机	154. 8	万台	5. 7
	移动通信手持机	279. 4	万台	5. 1
	泵	60. 4	万台	2. 7
冶金	用外购钢材再加工生产钢材	184. 1	万吨	14. 7
	十种有色金属	108. 6	万吨	10. 1
	钢材	6899. 1	万吨	9. 6
	粗钢	6873. 9	万吨	8. 5
	生铁	6331. 8	万吨	4. 9
石化	耐火材料制品	1242. 5	万吨	16. 1
	原油加工量	8096. 1	万吨	13. 5
	线型低密度聚乙烯树脂(LLDPE)	57. 8	万吨	12. 7
	乙烯	176. 2	万吨	12
	硅酸盐水泥熟料	2976. 2	万吨	11. 7
	硫酸(折 100%)	139. 6	万吨	9. 8
农产品加工	大米	182. 2	万吨	14. 2
	人造板表面装饰板	190. 2	万平方米	11. 6
	鲜、冷藏肉	199. 4	万吨	8. 2
	机制纸及纸板(外购原纸加工除外)	118. 7	万吨	6. 5
	饲料	1215	万吨	4. 2
	乳制品	74. 9	万吨	4. 2

2. 企业效益持续改善

2018 年辽宁省新增规模以上工业企业 669 户，规模以上工业企业主营业务收入 26489.9 亿元，较 2017 年增长 15.8%，总量居全国第 14 位，增速居全国第 3 位；利税总额 2925.1 亿元，增长 20.7%；利润总额 1460.3 亿元，增长 41.8%（见图 3），总量居全国第 16 位，增速居全国第 1 位。从规模以上工业企业利润总额月度累计增速看，2018 年 5 月达到当年最高增速 83.6%，且较 2017 年波动幅度小（见图 4）。

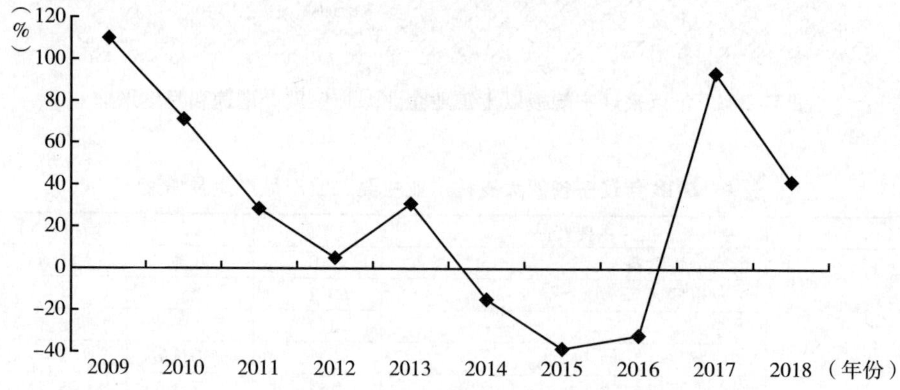

图 3　2009～2018 年辽宁省规模以上工业企业利润总额年度增速

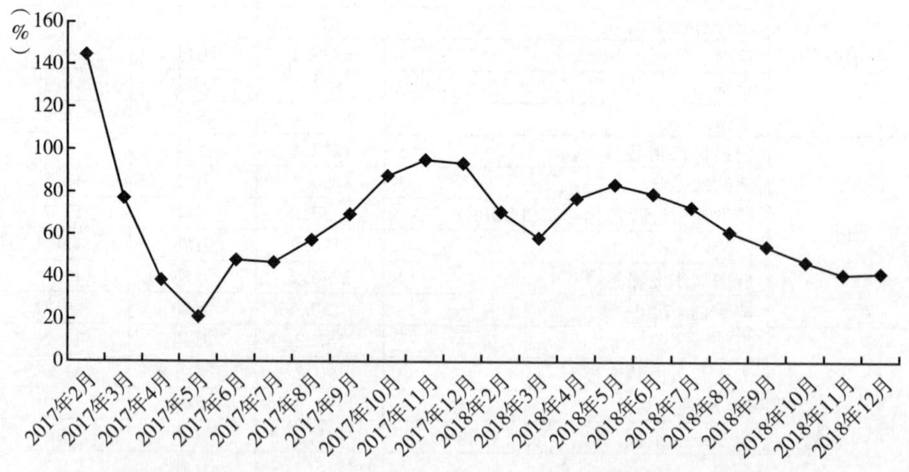

图 4　2017 年以来辽宁省规模以上工业企业利润总额月度累计增速

企业效益持续改善主要得益于生产资料中的采掘类商品价格持续上涨（见图5），此外，2018 年末全省规模以上工业企业资产负债率为 63.3%，较 2017 年末下降了 2 个百分点。

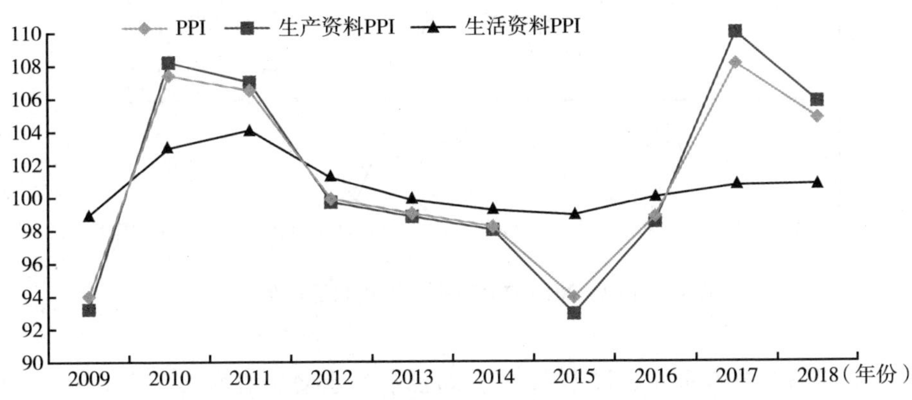

图 5　2009～2018 年辽宁省工业生产者出厂价格指数（PPI）年度变化情况（上年 =100）

3. 市场需求依然活跃

从其他主要经济指标看，2018 年辽宁省工业用电量达到 1627.4 亿千瓦时，较 2017 年增长 7.9%，增速比 2017 年提升了 3.4 个百分点。2018 年 12 月日均工业用电量 5.2 亿千瓦时，是自 2016 年以来的最高值。市场需求依然活跃，物流总量稳中有升，2018 年辽宁省交通货物运输量达到 22.3 亿吨，较 2017 年增长 3.3%（见图 6）。

（二）工业结构趋优，新旧动能转换迹象初显

在《辽宁省人民政府关于贯彻新发展理念推动工业经济高质量发展的意见》等政策和多个重点项目的共同作用下，辽宁省工业经济发展新动能蓄势待发，工业结构进一步优化，向高质量发展方向逐步迈进。

1. 科技贡献作用逐步显现

2018 年，辽宁省科技进步对经济增长的贡献率达到 55.5%，技术合同成交额增长 20%，每万人有效发明专利 8.58 件，科技成果转化落地 3700 多

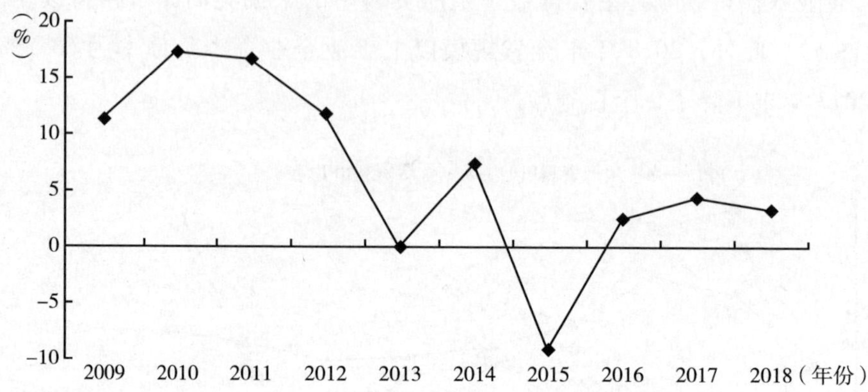

图6　2009～2018年辽宁省交通货物运输量增速

项，新增高新技术企业超过1000家，高技术产业增加值增长19%，高于全省规模以上工业增加值9.2个百分点。

2. 产业结构趋向优化

从行业门类看，2018年规模以上采矿业增加值比上年下降0.7%，电力、热力、燃气及水的生产和供应业增加值增长8.0%，制造业增加值增长10.9%，其中规模以上高技术制造业增加值增长19.8%，高于规模以上工业增速10个百分点。

2018年规模以上装备制造、石化、冶金和农产品加工业的增加值分别增长9.4%、15.1%、7%和4.6%，较2017年分别提升2个、13.4个、1.1个和4.1个百分点，所占规模以上工业增加值比重分别为27.4%、30.5%、15.9%和8%。其中，计算机、通信和其他电子设备制造业增加值增长30.0%，专用设备制造业增加值增长11.6%，汽车制造业增加值增长10.2%，通用设备制造业增加值增长3.3%。从2018年月度增速看，四大支柱产业规模以上工业增加值基本保持正增长（只有两个数值为负且下降幅度极小），但波动都较为频繁（见图7）。

3. 制造业投资有所增加

2018年辽宁工业固定资产投资额约为2482.2亿元，同比增长11.9%，

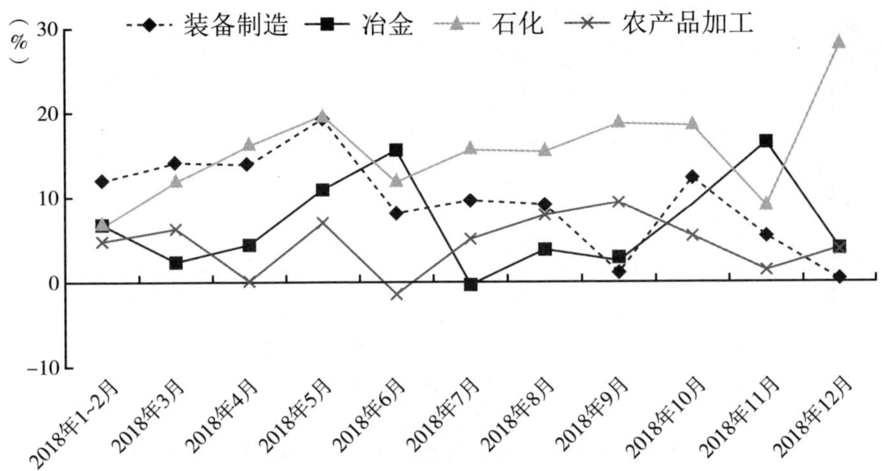

图 7　2018 年辽宁省四大支柱产业规模以上工业增加值月度增速

较2017 年提升了10. 4 个百分点，占社会固定资产投资额的35. 9%。工业固定资产投资中，制造业投资约 1839. 7 亿元，增长 20. 3%，实现正增长，且增速高于工业增速 8. 4 个百分点（见图 8），同时制造业固定资产投资占工业固定资产投资比重亦有回升（见图 9）。高技术制造业固定资产投资约 298. 7 亿元，同比增长 8. 2%，占制造业固定资产投资的 16. 2%，其中航空、航天器及设备制造业固定资产投资增长 17. 4%，计算机及办公设备制造业固定资产投资增长 54. 8%。

4. 高附加值及清洁产品增多

2018 年辽宁主要工业产品中产量增长的多为精深加工及高技术产品，其中工业机器人产量增长 18%，城市轨道车辆产量增长 14. 1%，光缆产量增长 12. 5%，新能源汽车产量达2. 2 万辆，增长4. 7 倍。高新技术产品出口 476 亿元，增长 26. 7%；其中电子技术产品出口 272. 2 亿元，增长 76. 4%。2018 年辽宁规模以上工业企业发电量 1898 亿千瓦时，增长 4. 5%；其中核能发电量 301. 6 亿千瓦时，增长 27. 8%，清洁能源发电量占总发电量的比重达到 25. 7%，比上年提高 3. 7 个百分点。此外，辽宁省集成电路装备与北京、上海三足鼎立，全年集成电路装备产值增速接近 70%。

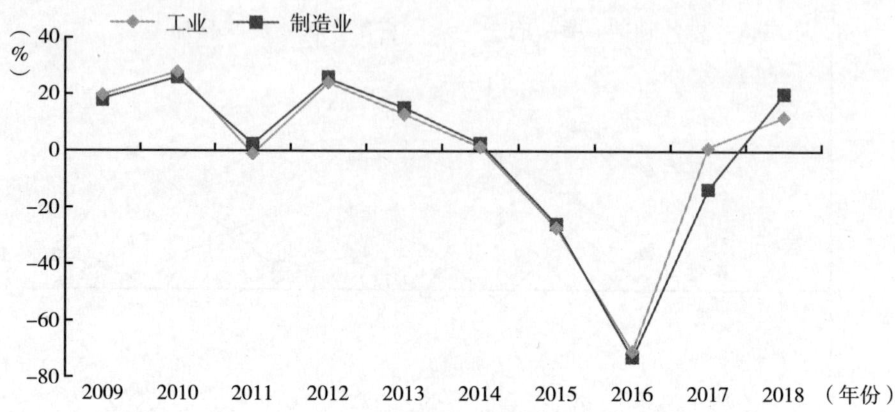

图 8　2009～2018 年辽宁省工业及制造业固定资产投资年度增速

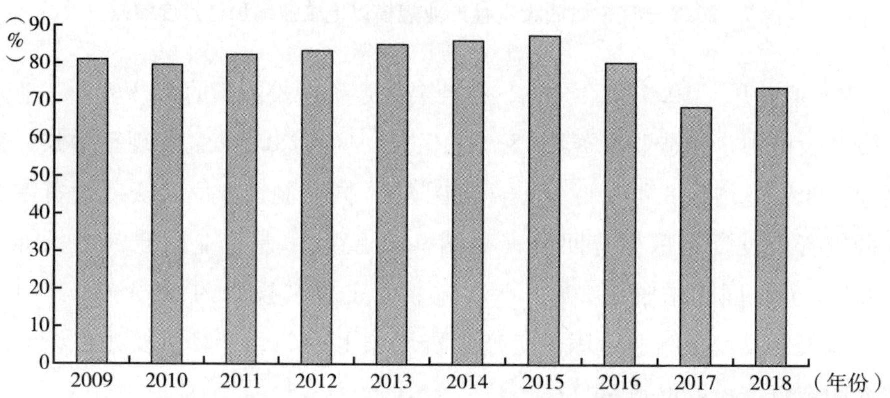

图 9　2009～2018 年辽宁制造业固定资产投资占工业固定资产投资比重变化

二　2018年辽宁工业经济运行存在的问题

（一）工业结构调整缓慢

近年来，辽宁工业内部结构有所改善，以计算机、轨道交通、机器人、数控机床等为代表的高新技术行业实现了较快发展。但是，辽宁省工业结构和产品结构依然偏资源型、传统型、重化型。2018 年辽宁装备制造、石化、冶金三大行业占全省规模以上工业增加值的 75%，而消费品工业是弱项，六大高耗能行业能源消费量占规模以上工业比重达到 80% 以上。这反映出辽宁存在产业结构相对单一、各支柱产业发展方式趋同的问题，辽宁一旦进入经济下行周期，主导产业将受到冲击，整体经济也将受到明显拖累。

（二）工业新动能发展不足

辽宁省新兴产业对工业增长拉动作用不大，辽宁省工业投资中，石化、冶金等高耗能产业投资约占投资总额的 40%，全国 305 个智能制造试点示范项目中辽宁省仅有 7 个。新兴产业是技术密集型产业，在发展中需要高技术创新型人才作保障。辽宁省内高校及科研单位培育了大批人才，制定了各项人才引进计划，但是人才外流仍在一定程度上制约着辽宁省人才素质的提升以及结构的合理化。

（三）工业运行质量效益不高

辽宁省规模以上工业企业主营业务收入利润率低于全国平均水平，规模以上工业企业利润分布不均衡，53% 集中在汽车、石化、钢铁三个产业，特别是集中在少数几个大型骨干企业中。这表明辽宁上述产业虽然具有一定规模，但赢利能力欠佳，与国内其他地区相比缺乏竞争优势，并且反映出辽宁工业发展对大型企业依赖程度较高。

（四）工业领域开放度不够

外国直接投资已经成为推动一国（地区）经济发展的重要因素之一。引进外资既可以增加资本积累，又可以以其在生产技术及管理领域的知识溢出效应推动本国（地区）的产业结构升级。2018 年，辽宁省第二产业实际利用外资规模不到全省的 60%，工业项目储备不足，工业招商引资工作机制还有待完善。辽宁省的工业招商引资政策灵活性不够，优惠程度较低，对外资吸引力不强。从招商引资的模式看，辽宁仍然以政府为主导招商，市场化运作程度较低，招商引资实效微弱。

三 2019年辽宁工业经济运行形势及展望

在以供给侧结构性改革为主、适度加强需求管理等一系列政策的大力推进下，2018 年辽宁工业经济呈现出“稳中有进，总体向好”的发展态势，但对于 2019 年和未来的辽宁工业经济而言，运行风险依然较大，工业高质量发展仍然任重道远。

（一）2019年辽宁工业经济运行面临的主要挑战

1. 世界经济动能趋缓，规则调整加快

2018 年是世界经济格局深度变革的一个重大转折点，这一年中，以美国为代表的发达经济体以新规则为基调强化彼此之间的“统一战线”，带给发展中国家“资本流出 + 规则边缘化”的双重压力，在货币政策、贸易保护及高标准规则等方面的一系列政策将给较长时期的世界经济走势和经济全球化进程带来诸多不确定影响。因此，2019 年在这种格局背景的影响下，国际贸易对世界经济的拉动作用将进一步弱化，极有可能真正步入紧缩态势的美联储货币政策将对资本的全球流动性产生实质影响，这种影响以新兴经济体可能产生系统性金融风险为代表。总的来看，世界经济呈现规则调整加快、分化明显、下行风险上升、动能增长趋缓的特点。国际货币基金组织预测 2019 年世界经济增速约为 3.7%。

2. 国内经济下行压力加大，制造业发展放缓

世界经济环境不确定性加大，围绕着制造业的国际竞争日趋激烈，辽宁工业经济发展还面临着相当大的困难和挑战。中美经贸摩擦成为当前外部环境中最大的不确定因素。国内经济下行压力有所加大，大宗商品价格趋于回落，制造业 PMI 已跌至荣枯线以下，将导致省内部分地区和行业生产增速放缓。全省工业经济存量增长饱和，增量补充不足，难以拉动全省工业较快

增长。辽宁尚处于新旧动能转换期，体制性、结构性矛盾仍然存在，防范制造业快速衰退风险、实现装备制造业转型升级仍是产业结构调整的关键，向高质量经济发展迈进的内生动力还有待加强。

（二）2019年辽宁工业经济高质量发展面临的机遇

当前辽宁仍处于“动能再造期”“基础再建期”“优势再创期”，展望2019年，工业经济仍将在合理区间稳定运行。

1. 供给需求双向深度调整带动新旧动能加速转换

工业投资、消费和出口运行的稳中有进，传统产业转型升级与新兴产业蓬勃发展并肩前行，以及工业互联网深化发展的进一步催化，将为工业供给体系质量的持续提升锻造新动能替代旧动能的加速器。

2. 持续高度关注营商环境改善增强对外开放信心

优质的营商环境将为辽宁进一步深化对内合作与对外开放提供强有力的保障。辽宁将通过陆续出台实施支持和服务民营经济发展的政策措施增强民间资本为实体经济发展注入新鲜血液的信心。同时，不断完善的产业配套政策也体现了辽宁在持续扩大对外开放、高度关注营商环境的改善。此外，近期朝鲜当局释放出的积极信号，将更有助于辽宁省利用地缘优势和产业梯度优势大力推动区域资源整合以及更高层次的互动合作。

3. 投资领域科学布局酝酿内生动力

新兴产业和传统产业技术改造投资的持续增加，将加速新一代信息技术与制造业的深度融合；基础设施领域投资规则的进一步完善将为更加完善的环境配套注入动力；推动房地产市场良性发展的政策调控主基调将为吸引投资转向实体经济提供助力。

展望2019年，辽宁工业发展质量仍将继续稳步提升，企业效益将在利润增速稳中趋缓中持续改善。综合来看，2019年辽宁规模以上工业增加值增速预计保持在6%左右。

四　2019年促进辽宁工业经济运行的政策建议

（一）推进工业供给侧结构性改革

要加强工业供给侧结构性改革，提升辽宁工业发展的质量和效益。制定和切实实施有效降低企业成本的措施，提高企业竞争力。切实推进国有企业改革，建立有利于各类企业创新发展、公平竞争的体制机制。改变依靠资源投入来推动经济增长和规模扩张的粗放型发展方式，不断提升技术和管理水平，促使传统基础工业向高技术产业转型升级，粗放型发展方式向集约型转变，注重技术进步与创新。加快发展新兴产业，使新兴产业成为经济增长的主要力量，以智能制造为引擎构建现代工业体系。打造重点产业链，发挥拳头企业的骨干作用和对上下游产业的集聚作用。促进工业与生产性服务业的协调发展。强化企业柔性化生产能力，以市场需求为导向指导企业调整生产布局，采用定制化形式组织企业生产。强化科学管理，建立任人唯贤的灵活的人事管理制度。形成适应市场经济发展的研究开发、生产、市场营销和售后服务团队，协调好部门之间的关系。注重绿色生产，走资源节约、环境友好的可持续发展道路。推进工业供给侧结构性改革，重点解决以下几个方面的问题。

1. 大力推动中小企业发展

一是切实抓好“小升规、规升巨”工作。落实《辽宁省“个转企、小升规、规升巨”培育行动实施方案》，将指标任务分解到各市，建立省市县三级企业培育库和工作联动机制。二是出台省级奖励政策，推动大中小企业融通发展，增强中小企业活力。支持抚顺、盘锦等实体园区打造融通发展特色载体。持续完善中小企业公共服务体系，整合中小企业公共服务平台，培育中小微企业创新创业示范基地。三是营造良好政策环境。进一步宣传贯彻《中小企业促进法》，启动《辽宁省中小企业权益保护条例》制定工作。全力抓好清理拖欠中小企业账款工作。

2. 深入实施特色消费类产品发展工程

补齐消费品工业短板，积极开展消费升级、市场拓展、智能提升三大专项行动。发展农产品深精加工，培育现代家居产业，加快推进纺织服装特色产业发展。大力发展化药、生物制药、生物医学工程、现代中药等医药产业重点领域。大力发展户外服装、泳装、特色农产品、医疗器械、“辽药六宝”等产品。加快推进禾丰牧业、大连瑞光新材料、本溪上海绿谷等企业高质量发展项目建设。

3. 依法依规淘汰落后产能和过剩产能

积极控制和消化过剩产能，进一步完善淘汰落后产能工作机制，开展执法检查和落后产能排查，大力推进落后产能依法依规退出。组织开展全省淘汰落后产能督导和检查，落实信息公开和联合惩戒制度，及时查处举报问题。严禁钢铁、水泥、平板玻璃、造船、小炼油、小化工等行业新增产能。

4. 积极推进电力市场化交易

支持重点企业参与市场交易，不断扩大全省电力市场化交易规模。对列入高质量发展推荐产品目录的企业，对网信产业中的大数据中心、集成电路、数字智能产品等方面的新动能企业，对以“飞地经济”为主的县域经济和小微企业，在电力市场化交易中给予优先支持。

（二）加快工业创新发展

围绕产业链部署创新链，加大创新投入力度，加强关键领域和环节的技术研发，形成一批重大创新成果，推动产业迈向中高端。提高企业自主创新能力，采用校企联合方式搞科技创新，由企业提供资金及场地，由高校科研人员和企业科技人员联合创新创造。加强制度创新，引导技术创新和人力资本培育。加强制造业创新体系建设，2019 年新认定 35 家省级企业技术中心，力争创建 1 家国家技术创新示范企业。要积极发展新一代信息技术、高端装备、新材料、生物、新能源、节能环保、数字产业等战略性新兴产业，重点发展高端装备制造、新材料、生物医药、网信四个新兴产业。

1. 大力发展高端装备制造业

依托沈阳新松机器人、大连光洋科技、沈飞民机、华晨汽车等重点企业，加快推动工业机器人及智能装备、增材制造装备、通用航空装备、新能源汽车等产业发展。加快推进自主燃气轮机“一中心两基地建设”。积极推动氢能装备产业发展，打造氢燃料电池、氢燃料电池汽车等氢能装备全产业链。加快推进先进医疗装备示范应用，培育壮大冰雪装备产业。积极推进高端装备制造业标准化试点工作，加快实施重大短板装备专项工程。

2. 大力发展新材料产业

依托抚顺特钢、凌源石墨烯产业园、康辉石化、中科北方等重点企业，实施一批重大新材料产业项目，重点发展先进钢铁和有色金属材料、工程塑料及高性能树脂、特种合成橡胶、高性能膜材料、电子化学品、特种陶瓷、高性能纤维、碳基纳米材料等高端产品。推动沈阳材料科学国家研究中心建设，加快技术成果转化，推进新材料首批次应用保险补偿工作，培育一批具有辽宁优势和特色的关键基础材料和前沿新材料。

3. 大力发展生物医药产业

围绕发展生物技术药物、高性能医疗器械、化药新药等产业，推进实施一批医药技术改造、智能制造、新产品研发、仿制药一致性评价、中药配方颗粒等重点项目。重点发展治疗糖尿病、恶性肿瘤等疾病的新型重组蛋白质药物、海洋生物药物、生物治疗等新产品，形成新的增长点。

4. 大力发展网信产业

认真落实《推进网信产业发展三年行动计划》。重点推进抚顺罕王MEMS等纳入国家集成电路重大生产力布局项目建设，夯实集成电路产业发展基础。大力发展工业软件，重点推动沈阳美行科技等企业在开发核心软件等方面取得突破。推广应用软件开发云、智能制造云、中小企业云，推动企业上云用云。支持东网科技、沈阳自动化所建设省级工业互联网平台。大力发展数字经济，培育壮大人工智能产业，重点发展智能网联汽车、智能服务机器人、智能无人机等智能产品。加快5G商用部署，推动辽宁铁塔与各市深入合作，推进沈阳市5G组网试点城市建设。

（三）全面推动工业经济开放合作

引导、鼓励企业做好“引进来”和“走出去”工作，认真落实“五大区域发展战略”，按照产业链抓好分工和布局，加快形成协调开放发展新格局。

1. 加强县域工业的开放合作载体建设

县域工业既是辽宁省工业的短板，也是工业开放合作的发力点。要重点推动县域工业经济发展，进一步明确作为县域工业重要载体的园区的产业定位，突出特色化、差异化，重点发展农产品深加工、资源精深加工、特色消费品、装备制造配套等产业园区。要围绕特色优势产业，高端装备、节能环保等战略性新兴产业及应急安全等重点产业，大力发展“飞地经济”，促进县域工业协调发展。

2. 针对重点区域加大开放合作力度

深耕日本、韩国、美国、东盟和欧盟及我国港澳台地区等传统市场，大力开拓“一带一路”沿线国家和美洲、非洲等新兴市场。加强与中东欧“16 +1”和日本、韩国等组织及国家开展经贸合作，以中德（沈阳）高端装备产业园等工业园区为平台，全面对接德国工业 4.0。充分利用辽宁省与江苏、北京、上海对口合作的良好机遇，鼓励企业间开展产业合作，紧密对接京津冀协同发展、长江经济带、粤港澳大湾区建设等重大国家战略，主动承接长三角、京津冀地区的高端化、绿色化产业转移。

3. 积极开展工业招商和促进对外投资活动

政府和相关行业组织要提高工业投资促进意识，围绕产业发展短板和高端产业，开展专业化工业招商活动。组织工业企业参加各类专业展会，继续开展“苏企辽宁行”等活动，推动企业开拓市场。鼓励企业对“一带一路”沿线国家，加大投资力度，积极参与国际产能合作。利用第 5 次“中东欧16 +1”地方省州长联合会工作会议在辽宁省举办的契机，推动辽宁省工业领域与中东欧国家的经贸合作。

参考文献

翟璐、刘春芝：《供给侧结构性改革视域下工业转型升级绩效评价研究——以辽宁省为例》,《东北师大学报》(哲学社会科学版)2018 年第 2 期。

袁丽静、杜秀平:《供给侧视角下辽宁工业结构转型升级动力机制研究》,《东北财经大学学报》2018 年第 3 期。

古华:《基于供给侧改革视角的辽宁制造业发展窘境破局探究》,《中国市场》2018 年第 5 期。

周静言:《辽宁对外贸易发展对产业结构升级的影响分析》,《改革与战略》2018 年第 11 期。

娄清青、范舒悦、陈帅、许本彦:《辽宁省战略新兴产业调查报告——基于投资要素情况及经济效益视角》,《现代营销》(下旬刊)2018 年第 3 期。

B.7
辽宁国资国企改革发展问题研究

宋帅官*

摘　要： 2018年，辽宁国资国企改革不断向纵深发展，取得了丰硕成果，企业效益显著提升，厂办大集体改革、混合所有制改革等任务取得重要进展。然而，辽宁国资国企改革仍面临许多难点，例如，历史包袱依然沉重、体制机制障碍依然突出、国有企业竞争力依然偏弱等。2019年是辽宁省国资国企改革的攻坚之年，混合所有制改革、行业整合、现代企业制度的完善等任务依然繁重。本文在肯定国资国企改革取得成绩的同时，剖析了当前存在的改革难点和问题以及未来的改革方向和重点，最后提出了相关对策建议。

关键词： 辽宁　国企改革　混合所有制改革　行业重组

一　改革发展现状

目前，辽宁省国资委直接监管的省属企业资产规模超千亿的省属企业4家，分别为本钢集团、华晨集团、省交投集团、省能源控股集团。2018年，纳入统计范围的全省国有及国有控股企业资产总额增长6.4%，实现营业收入4243.1亿元，同比增长10.7%；实现利润总额216.6亿元，同比增长40.4%，收入、利润增速分别高于全国平均水平0.2个和30.6个百分点。

---

* 宋帅官，辽宁社科院经济研究所副研究员，主要研究方向为国企改革。

上缴税费 494.8 亿元，同比增长 36.4%。其中，省属企业实现营业收入 2825.6 亿元，同比增长 10.2%；实现利润总额 175.1 亿元，同比增长 22.8%；上缴税费 423.4 亿元，同比增长 41.7%。

（一）混合所有制改革向纵深推进

2018 年以来，辽宁省将混合所有制改革（简称混改）作为国资国企改革的重要突破口，积极探索混改模式，加强顶层设计。出台了国有企业混改实施意见、省属企业混改实施方案和操作指引，并通过深化对口合作、战略重组、招商引资等方式全面推进混改，集团层面的混改正积极稳妥推进。省交投规划设计院和辽能风电完成国家混改试点，宝马以 36 亿欧元的价格收购华晨宝马 25% 的股份。雷诺集团与华晨组建合资公司——华晨雷诺金杯汽车有限公司。东北制药作为沈阳市国企混改唯一试点企业全力推进混改任务，尤其是辽宁方大集团通过混改控股东北制药，开创了东北地区第一家大型上市国企混改的先河，短短一年，销售收入同比增长 40%。本钢集团等企业集团层面的混改稳妥推进。渤海轮渡、沈阳稻香村等员工持股试点企业完成员工入股。沈鼓集团已经形成上市方案。截至 2018 年末，省属企业混改比例达到 51%，沈阳、大连混改比例分别达到 54.8%、57%。

（二）公司治理结构日趋完善

不断完善现代企业制度，加快建立市场化经营机制。董事会建设进一步规范，出台《关于进一步加强和规范省属企业董事会建设的意见》和《省属企业外部董事管理暂行办法》，建立了省属企业外部董事人才库，省属企业选派外部董事试点工作正积极推进。大连、鞍山、盘锦等市开展规范董事会建设试点、建立外部董事制度。市场化选聘职业经理人工作加快推进，形成《关于在省属企业开展实行职业经理人制度试点工作意见》，拟在华晨集团等 3 户省属企业开展试点。沈阳、本溪、朝阳等市探索市场化选聘职业经理人工作取得积极进展。三项制度改革持续深化，省属企业全员劳动生产率实现 20 万元/人，同比增长 14.4%；人工成本利润率实现 107.6%，同比增长15.8%；平均管理人员同比下降7.7%，其中，生产型企业管理人员比例控制在7.1%。

（三）央地融合发展不断深入

目前，驻辽宁的中央企业及其所属企业共有1760户，涉及的产业种类较多，如能源、电力、军工等关系国家安全及经济命脉的重要领域；石化、冶金、航空、装备制造、通信等竞争性领域；还包括粮油食品、房地产、现代服务业、物流及医药等优势领域。近年来，为推进东北老工业基地全面振兴和落实习近平总书记的重要指示精神，中央企业不断深化与辽宁的企业合作，尤其是与国有企业的合作，为地方经济发展做出重要贡献。2018年以来，中央地区与辽宁融合发展步伐加快。辽宁港口整合取得重大进展，引入招商局后成立辽宁港口集团。招商局集团将与辽宁省政府在港口运营、物流运输、园区开发、金融服务等多个领域开展深入合作，扩大沿渤海、黄海地区两翼开放，带动辽宁沿海城市的发展壮大，为辽宁省港口群形成分工合理、错位发展的产业布局奠定了坚实基础，也为新时代辽宁全面振兴、全方位振兴注入新的活力与动力。华锦阿美石油化工项目进入全面落地的新阶段，由中国北方工业集团、沙特阿美石油公司、盘锦鑫诚集团共同出资成立华锦阿美石油化工有限公司，未来将投资百亿美元共同打造集约化、高端化、差异化的世界级石化产业基地。该项目不仅能够为盘锦建设世界级石化及精细化工产业集群提供有力支撑，而且对优化全国石化产业布局，促进辽宁石化产业结构调整及地方经济发展发挥重要作用。

（四）行业重组和融合发展步伐加快

辽宁能源产业控股集团整合9户省属能源类企业完成战略性重组，重点打造省级能源产业投资平台。辽勤集团、辽宁旅游集团等4户新企业集团完成组建并投入运营。各市结合统一监管和事转企，累计组建113户新企业集团。辽展集团与中国电子、健康产业集团与华润集团已签订重组战略协议。东北特钢、抚顺特钢完成破产重整后，短时间内便实现扭亏为

盈。北方重工破产重组正稳妥推进，目前已确定辽宁方大集团作为其战略投资者。

（五）稳步推进解决企业历史遗留问题

积极稳妥推进厂办大集体改革。辽宁省政府出台了《辽宁省厂办大集体改革工作实施方案》，制定出台了辽宁省厂办大集体企业性质界定办法、财政补助资金管理办法、基本养老保险欠费核销办法、社会稳定风险防范和处置工作预案等8个配套文件，构建了辽宁省厂办大集体改革“1+8”政策文件体系。截止到2018年底，61.78亿元中央财政奖补资金全部拨付到位，各市厂办大集体改革进入实质性操作阶段。在处置僵尸企业方面，辽宁省政府印发了《处置国有“僵尸企业”的实施意见》，要求2019年底前全部完成“僵尸企业”处置工作。2018年辽宁省处置完成国有“僵尸企业”180户，占年度处置任务（106户）的170%，全省累计完成处置“僵尸企业”296户，占总任务的93.1%。其中沈阳市建立“府院联动”工作机制，开通依法破产绿色通道，试行容缺受理制度，积极研究职工安置相关政策，大力推动“僵尸企业”依法破产和工商注销，提前一年完成本市全部处置任务。

（六）企业债务风险得到有效防控

2018年以来，辽宁省加强企业金融债务风险防范与化解，印发《防范化解省属企业债务风险三年实施方案》，“一企一策”制定防控预案，对资产负债率偏高企业实施负债规模和资产负债率双管控。积极推进市场化债转股，全省国有企业累计实施债转股477亿元。省属企业平均资产负债率压降3个百分点，比全国平均水平低11.3个百分点。

二　当前辽宁省国资国企改革存在的主要问题

2018年，辽宁省国资国企改革取得一定成效，但仍面临一些改革难点和问题，主要表现在以下几个方面。

（一）国有资产的布局结构有待优化，竞争力偏弱

从29家省属国有企业的行业属性和经营范围来看（见表1），企业主要分布在能源资源、装备制造、基础设施、公共服务、现代服务业等产业领域。其中先进装备制造业资产总额占全部资产总额的17.8%，能源资源产业资产总额占全部资产总额的6.6%，基础设施行业资产总额占全部资产总额的25.2%，公共服务行业资产总额占全部资产总额的50.3%。从资产分布来看，作为辽宁省的主导产业，装备制造业的企业并没有体现出国有企业的竞争优势和规模优势。能源资源行业也是因为受到资源枯竭和企业转型艰难的制约，影响力不断下降。战略性新兴产业和现代服务业所占比重较小。国有企业产品大多处于产业链、价值链中低端，缺少具有自主知识产权的关键技术和知名品牌，不少核心关键技术仍受制于人，“行业缺龙头、企业缺块头、产品缺拳头”“出大力、赚小钱、不赚钱、倒亏钱”的问题还比较突出。

表1　辽宁29家省属国有企业基本情况

企业		所属行业及经营范围	重要子公司
1	本钢集团	钢铁	本钢板材（上市）、北营公司、矿业公司等
2	华晨集团	汽车制造	华晨控股、上海申华、金杯汽车、新晨动力（上市）
3	辽宁时代万恒控股集团	新能源电池制造与销售、进出口贸易、海外林业资源开发、房地产开发	辽宁时代万恒股份（上市）、大连莱茵海岸度假村有限公司等
4	辽宁电机集团	煤矿用防爆电机和非煤电机的设计、生产、销售、再制造	抚顺煤矿电机制造、辽宁电机集团大型电机有限公司
5	能源投资集团	能源资源	辽宁能港发电有限公司、昌图辽能协鑫风力发电有限公司等
6	抚顺矿业集团	煤炭开采、油母页岩综合开发	琥珀纸业、远东页岩炼化等
7	阜新矿业集团	煤炭产品的开采及洗选加工	白音华公司、恒大煤矿
8	沈阳煤业集团	煤炭、电力、煤化工、新型环保等	红阳能源（上市）、鸡西盛隆矿业、沈北煤矿公司等
9	辽宁铁法能源	煤炭开采、电力、建筑建材等	铁强环保材料（上市）、铁法煤业（集团）、辽宁通用重型机械等

续表

企业		所属行业及经营范围	重要子公司
10	南票煤电有限公司	煤炭和电力生产	邱皮沟等3个生产矿井、南票电厂、选运分公司等
11	交投集团	基础设施	辽宁高速公路运营管理有限责任公司、辽宁省交通规划设计院有限责任公司等
12	水资源管理集团	基础设施	大伙房供水、西北供水公司等
13	机场管理集团	基础设施	桃仙、朝阳、锦州、丹东等机场
14	辽宁省投资集团	投资与资产管理(国有资产投资运营)、生物医药和酒店旅游	投资运营板块:辽宁建设投资公司、辽宁新建投资公司等;生物医药板块:辽宁益康生物股份、辽宁宜康保健食品科技等;酒店旅游板块:辽宁凤凰饭店、辽宁省旅游汽车公司等
15	辽宁省城乡建设集团	工程规划咨询、勘察设计等	辽宁建工集团、辽宁省建筑设计院、辽宁省建设科研院、辽宁省城乡规划院等
16	中天证券	金融	北京中天期货、沈阳辽创投资管理
17	辽渔集团	食品加工、海洋生物	渤海轮渡(上市)、辽宁远洋渔业、大连远洋渔业国际贸易等
18	环保集团	环保服务	辽宁北方环境保护、辽宁省环境规划院等
19	辽宁省地质勘探矿业集团	地勘业、矿业投资与开发	辽宁省地质矿产勘查局、东北煤田地质局、辽宁省有色地质局、辽宁省核工业地质局、辽宁省冶金地质勘查局等
20	辽宁省粮食发展集团	粮食粮油储备、生产加工等	辽宁省储备粮管理公司、辽粮集团、辽粮股份
21	辽宁省工程咨询集团	咨询服务	辽宁工程招标、辽宁省科发实业公司等
22	辽宁省国有资产经营有限公司	国有资产经营管理、股权投资、国有资产整合重组、债务重组等	辽宁时代万恒控股集团、展贸集团、辽宁电机集团、辽宁成大(上市)、汽贸集团、天都饭店、金冠物业、物产煤业、科环标牌、能源研究所、北陵饭店等
23	辽宁公共发展投资有限公司	项目投融资及投融资项目管理;资产经营管理;资本运作;商务服务	辽宁大厦、友谊宾馆
24	辽宁利盟国有资产经营有限公司	国有资产和企业接收整合、国有股权运营管理等	辽宁省轻工科学研究院、辽宁利盟高科新材料、辽宁省经济发展总公司、辽宁冶金大厦、辽宁利盟期刊出版发行、沈阳利盟国有资产经营有限公司等
25	辽宁省展览贸易集团	国有资产投资、展览场馆经营、展览策划组办等	朵朵童世界、展览公司等
26	辽宁省旅游投资集团有限公司	酒店、景点景区、旅游及商业地产等	辽宁省玉龙酒店集团有限公司、辽宁省旅游发展有限公司、辽宁省旅游投资集团旅游发展有限公司

续表

企业		所属行业及经营范围	重要子公司
27	辽宁省体育产业集团	体育场馆经营管理、体育彩票销售、体育培训与教育、具有国际影响力的自主IP赛事	辽宁省体育产业集团场馆运营管理有限公司、辽宁省体育彩票发行中心、辽宁省体育产业开发总公司
28	辽宁省辽勤集团有限公司	酒店餐饮管理;物业经营管理;房地产开发;汽车租赁、销售、维修服务;幼儿园教育;资产管理	
29	辽宁振兴实业集团有限公司	劳务加工业、农业及工业等	

（二）混合所有制改革进程缓慢

一方面，受宏观经济环境和老工业基地体制机制之间矛盾的影响，辽宁国有企业近几年发展波动较大，一部分国有企业经营能力较差，甚至濒临破产，在这种情况下，社会资本根本没有参与混改的动力，很难有效推进混改，部分企业的混改只能放弃市场机制作用，更多地依靠政策倾斜或政府力量推动。另一方面，混改的模式也较为单一，绝大多数混改是通过破产重组的方式引入战略投资者来实现。辽宁省混改进程缓慢的另一个原因在于缺少混改的平台，也就是国有资产投资运营公司，混合所有制是在集团公司层面上实行国有产权与非国有产权的共融，这时，国有股权需要有明确的持有者和管理者，即国有资本投资运营公司。若缺少了国有资本投资运营公司，就缺少了“通往混改的路”，从辽宁目前发展实际来看，国有资本投资运营公司应该承担更多的职责，发挥更大的作用。另外，辽宁省混改过程中还缺少一些相关配套政策，如必要的财政扶持政策等。

（三）国有企业的体制机制问题

体制机制问题是国有企业的共性问题，也是辽宁的“老问题”、改革发展的短板。主要表现为，国有企业的市场主体地位尚未真正确立，政企不分，政资不分，管理存在错位、越位、缺位等问题，市场化选人、用人和激励、约束制度机制尚未真正建立，等等。

（四）历史包袱依然沉重

辽宁作为老工业基地，与很多省份相比，国资总量不大，但面临的最大困难就是历史包袱沉重。一是厂办大集体问题。全省地方国企厂办大集体有3041户（含中央下放企业558户），其中，正常生产企业297户，停产半停产企业2744户，职工总数46.1万人，离退休人员26.9万人。拖欠职工债务135.1亿元，拖欠社会保险166.7亿元。当期改革成本需求约473.62亿元。二是退休人员管理问题。地方国企离退休管理机构284个，职工2.1万人，管理退休人员41.4万人，离休人员0.5万人，企业承担的离退休机构及人员费用总额17.5亿元。退休人员社会化管理改革成本约165.6亿元。三是“僵尸企业”职工安置问题。全省419户国有“僵尸企业”需要安置职工5.7万人，离退休人员28.8万人，拖欠职工工资22.3亿元，欠缴保险41.9亿元。这些问题如果得不到彻底解决，辽宁国企在公平参与市场竞争、改革重组、发展混合所有制等方面就会面临重重障碍，仅靠一省之力难以解决。

三　未来辽宁国资国企改革的趋势

（一）加快实现从管企业向管资本转变

从管企业向管资本转变，核心要义就是出资人要对所出的资本负责，主要应关注国有资本布局、运营和收益。具体经营事务由企业依法自主决策。从目前辽宁国有企业改革现状来看，部分国有企业内部制度改革不彻底，国资部门职能仍处于管企业、管资产的阶段，与国家要求的实现向管资本转变的要求有一定差距。因此，未来一段时间，辽宁要抓好国有资本投资、运营公司的改组组建工作，推进企业理顺产权关系，优化产权配置，强化管资本职能，落实保值增值责任，加强国有资产监督，防止国有资产流失。

（二）混合所有制改革向纵深发展

2019 年是国企改革攻坚年，作为国企改革的重要突破口，混合所有制改革将继续加大推进力度。据悉，中央计划将再推出 100 家国有企业混改试点，在电力、电信、石油、天然气、铁路、航空、军工等行业引入竞争机制，继续扩大重点领域混合所有制改革，使得混改范围将更大更广，呈现上下联动、多元互动、国内国际同时的局面。因此，从发展趋势来看，新一轮混改浪潮将给辽宁国有企业带来重要历史机遇，辽宁省应紧抓机遇，积极稳妥、加大力度推进混合所有制改革，以混合所有制改革破除体制机制问题，解决历史遗留问题，真正激发辽宁国有企业的市场活力。

（三）国有资本布局进一步优化

在辽宁全面振兴、全方位振兴过程中，国有企业一定要发挥主力军作用，引领全省加快实现高质量发展。辽宁省国有资产集中在传统产业，未来有效结合辽宁省特色，进一步优化国有资产布局，推动国有资本向辽宁省优势传统产业以及高新技术和前瞻性战略性产业、“互联网 +” 模式集中，是顺利实现辽宁省新旧动能转换的关键。2019 年辽宁省应加快传统产业领域的国有企业战略重组，主动将竞争性领域的国有企业推向市场，对于优质的国有企业或企业板块要加快上市步伐，主动对接“一带一路”建设、京津冀协同发展等，支持辽宁省国有企业“走出去”，加快国有资本向国内外更高的产业和技术布局。

（四）行业整合重组和央地融合步伐加快

从国务院《政府工作报告》和国资委年度工作总结中能够看出，国资国企改革重点任务之一就是推进整个行业重组，加快装备制造、船舶、化工等领域企业战略性重组，持续推动电力、有色金属、钢铁、海工装备、环保、免税品等领域的专业化整合，推进区域资源整合，减少同质化竞争。未来辽宁省在装备制造、石化、冶金等优势产业领域的国有企业要加快重组步伐，进一步提高产业集中度。另外，从2018年盘锦石化项目和辽宁港口整合项目这两个成功案例可以看出，未来中央与地方国有企业的深入融合不仅能优化央企的资产布局，更能够促进地方国有企业改革加速，强强联合，提高产业竞争力。

四　加快国资国企改革的对策建议

（一）完善公司法人治理结构

调整优化出资人职能，完善国资监管体制，围绕“管资本”定位，强化管资本职能。完善监管权责清单及监管政策体系，健全出资人监管权责清单及动态调整完善机制。加强董事会建设，扩大外部董事试点范围，逐步实现外部董事占多数，推动加强党的领导与完善公司治理相统一。加快建立灵活高效的市场化经营机制。完善市场化用工机制，深化薪酬制度改革，推行经理层任期制和契约化管理，加快建立职业经理人制度。

（二）着力推进混合所有制改革

发展混合所有制经济不仅是国有企业改革的突破口，也是辽宁老工业基地体制机制改革的突破口。要做强做优做大国有控股上市公司，规范推进混合所有制企业员工持股试点工作，引导非国有企业与国有企业合资合作，积极开展综合改革。进一步深化重点领域混合所有制改革试点，选取更多企业开展试点，总结形成可复制的经验进行全面推广。对商业一类、商业二类的不同情况，合理确定混合所有制改革的节奏、进度和途径。针对企业的不同层级推进混合所有制改革，既要重点引导在子公司层面有序推进混合所有制改革，也要探索具备条件的企业在集团公司层面稳妥推进混合所有制改革。

（三）持续优化国有资本布局结构

巩固成果，继续化解过剩产能，处置“僵尸企业”。对不符合能耗、环保、质量、安全等标准要求和长期亏损的国有企业，坚决实施关停并转或剥离重组。大力推动重组整合，聚焦主业发展。深化中央企业与省市国有企业的融合发展，推动产业链关键业务重组整合，优化配置同类资源，实行专业化运营，提升运行效率。积极开展企业重组整合，优化国有资本产业布局，推动转型升级和创新发展，扩大国有经济开放度。促进资本合理流动，支持省市国有企业或企业内优质板块上市融资。加快改组一批国有资本投资、运营公司，抓好华晨集团、交投集团国有资本投资公司试点，促进国有资本存量流动，优化国有资本增量投向。鼓励辽宁省国有企业“走出去”，积极参与“一带一路”、长江经济带、京津冀协同发展等国家战略，加强国有企业与对口合作省市的项目合作共建。

（四）稳妥推进历史遗留问题解决

厂办大企业、企业办社会、“三供一业”等国有企业历史遗留问题是企业的负担，这些问题不解决，企业永远不可能轻装上阵。因此要将解决历史遗留问题作为深化国企改革的一项主要工作来抓，敢于啃“硬骨头”打“攻坚战”。就历史遗留问题，出台工作实施方案，实行“一企一策”，推进国企深化改革，大力推进地方国有企业厂办大集体改革，年底前全部完成“僵尸企业”处置任务，积极做好改制、关闭、破产企业职工安置的后续工作，推进国有企业退休人员社会化管理。

（五）有效防范和化解金融债务风险

全面梳理省市国有企业债务结构、杠杆率、债务负担比率，分析企业现金流和偿债能力，排查债务风险隐患，并出台具体化解工作方案。积极推进国有企业产权多元化改革，缓解企业投资压力，优化融资结构。积极拓展国有企业重大项目融资渠道。督促省属企业加大成本控制力度，压减“三项费用”和“两金”占用，多措并举降低杠杆负债。

参考文献

邱闯：《国资配置与国企效率问题研究——以重组和资产证券化推进辽宁国资国企的改革建议》，《国有资产管理》2018 年第 5 期。

张扩军：《关于深化国资国企改革的几点思考》，《中国经济时报》2015 年 2 月4 日。

胡兴旺：《新一轮国资国企改革的问题及对策》，《财政研究》2014 年第 10 期。

常修泽：《混合所有制经济新论》，安徽人民出版社，2017。

B.8
辽宁装备制造业发展现状及对策研究

杨冬梅 *

摘　要：　辽宁装备制造业持续“调旧育新”，坚持智能化、高端化、成套化发展方向，产业转型升级逐步深化。2018 年辽宁装备制造业运行稳中向好，高技术含量、高智能化的产业呈现欣欣向荣的发展趋势。但亟待解决的问题仍然很多，面对机遇与挑战，辽宁装备制造业应攻坚克难，重视研发、紧盯市场、变革机制，走内涵式发展道路。

关键词：　智能　创新　大数据　装备制造业　辽宁

装备制造业是国民经济发展的基石。装备制造业的发达程度，是一个国家或地区的技术水平、制造能力和综合实力的集中体现。辽宁是中国重要的装备制造业基地，其先进装备制造业以机器人及智能装备、数控机床、航空航天装备、先进轨道交通装备、海洋工程装备及高技术船舶、重大成套装备、集成电路装备为代表，在全国具有重要地位。“十二五”以来，辽宁装备制造业在产业规模提升、产业结构调整和重大技术装备研发等方面取得了显著成效，为智能化、高端化、成套化发展，推进产业转型升级，奠定了坚实的基础。

* 杨冬梅，辽宁社会科学院经济研究所副研究员。

一　辽宁装备制造业运行现状

坚持全面推进新发展理念，坚定落实“四个着力”“三个推进”，辽宁全面推动“一带五基地”建设和“五大区域发展战略”，经济发展实现稳中有进的良好局面。2018 年，辽宁装备制造业受宏观经济、科技创新政策影响，持续“调旧育新”，坚持智能化、高端化、成套化发展方向，产业转型升级逐步深化，呈现欣欣向荣的发展趋势。

1. 装备制造业运行稳中向好

《2018 年辽宁省国民经济和社会发展统计公报》显示，全省规模以上装备制造业工业增加值累计比上年同期增长 9.4%，占全省规模以上工业增加值的比重为 27.4%。其中：计算机、通信和其他电子设备制造业增加值同比增长 30.0%，增幅较大；专用设备制造业增加值同比增长 11.6%，汽车制造业增加值同比增长 10.2%，通用设备制造业增加值同比增长 3.3%。

2. 高端行业、战略性新兴产业发展势头强劲

2018 年，高端装备制造业不仅创造的增加值大幅增长，而且重大项目落实、固定资产投资成绩斐然。据统计，2018 年辽宁省高技术装备制造业投资增长 8.2%，其中：计算机及办公设备制造业投资增长 54.8%，航空、航天器及设备制造业投资增长 17.4%。

3. 高技术含量、高智能化的产品增长较快

综观全年规模以上工业主要产品产量，交流电动机、工业机器人、城市轨道车辆等 16 种装备产品产量增长面过半。其中，新能源汽车的增幅最大，年产量 2.2 万辆，增长 4.7 倍；电力电缆年产量增长紧随其后，超过 130%；石油钻井设备等行业产品产量增长幅度也超过了 50%。

4. 高端装备制造业基地建设有序推进

推进 100 个智能制造及智能服务试点示范项目，沈鼓集团、新松机器人、大连冷冻机公司获批国家高端装备制造业标准化试点，组建国家机器人中心、辽宁燃气轮机创新中心，切实提高高端装备制造业发展的质量和效

益。推进沈抚新区华为人工智能产业基地建设，开展智能制造、数字经济、物联网、智慧城市等领域的合作，推动智能产业发展；推动大连瑞光非织造环保新材料、辽宁银珠化纺生物基新材料等新材料产业项目，沈阳拓荆半导体薄膜设备产业化基地等电子信息产业项目，总投资 50 亿元建设北方生物医药科技谷等生物医药产业项目。

二　辽宁装备制造业发展存在的问题

辽宁装备制造业要发展壮大亟待解决的问题仍然很多。诸如：科技投入与成果转化不足、创新平台和载体建设存在短板、创新型人才和团队供给不足等。

1. 科技投入与成果转化不足

2018 年，辽宁省科学研究与试验发展（R&D）经费支出 438.2 亿元，占地区生产总值比重达到 1.84%；全年高校、科研院所转化科技成果 3774 项，省内转化率达到 53.75%。然而，辽宁省 R&D 经费占 GDP 的比重却比全国平均水平低 0.34 个百分点，也远低于广东的 2.65%，江苏的 2.64%。装备制造业的智能化和高端化，需要大量的科技投入，需要关键领域技术不断突破并得到及时有效的应用。而辽宁科技成果转化平台或机构不完善，科研机构的科研成果与相关企业缺乏有效的对接和合作渠道，使得科技成果无法实现及时有效的转化和应用。

2. 创新平台和载体建设存在短板

作为推动产业技术创新、扩大产业集群的重要支撑，辽宁省产业创新平台和载体建设还存在很大的不足。截止到 2018 年末，辽宁省国家级高新区 8 个，占全国比重为 4.3%；创新型产业集群 3 个，占全国比重为 6.8%；辽宁国家级科技企业孵化器 29 个，占全国比重为 3%；国家技术转移示范机构 16 个，占全国比重为 3.6%；全国智能制造试点示范项目 305 个，辽宁省仅有 7 个。与经济发展活跃地区相比较，辽宁国家级科技企业孵化器仅占广东省的 26.4%、江苏省的 16.7%，国家技术转移示范机构占广东省的

53%、江苏省的40%。这些数据表明，辽宁省创新平台和载体建设不完备，难以满足产业发展的需要，在很大程度上制约了智能制造的发展。

3. 创新型人才和团队供给不足

智能制造需要高素质的创新型科技人才和团队，但是辽宁省高端复合型创新型人才供给不足，是装备制造产业高端化发展的一大瓶颈。统计资料显示，辽宁省高技能人才占技能劳动者的比例低于全国平均水平，位于全国第24位；从事科学研究与试验发展（R&D）的人员14.7万人，仅为江苏省的18.8%。辽宁省内高校及科研单位培育了大批人才，制定了各项人才引进计划，但是人才外流现象仍较为严重，特别是中小型企业很难吸引和留住高端人才。高端创新人才队伍缺乏，创新动力不足，导致产业发展的持续力不足。

三　辽宁装备制造业发展形势与展望

1. 面临挑战

21世纪，互联网技术、信息数字技术蓬勃发展，推动了关键领域技术的持续突破及加速应用，制造业的发展理念、技术体系、制造模式和价值链受此影响，产生重大变革，发达国家和地区纷纷提出以重振制造业和大力发展实体经济为核心的“再工业化”战略和“制造业回归”战略。2011年美国实施“先进制造伙伴计划”战略，2013年德国提出“工业4.0”计划，2014年英国开展“高价值制造”战略，2015年日本颁布“机器人新战略”，2016年欧盟颁布“数字化欧洲工业计划”，其目的，都不是简单地提高制造业的产值比重，而是力图抢占高端装备制造业市场。同时，新兴经济体依靠资源、劳动力等比较优势，大力发展加工制造业，使中国装备制造业面临发达国家“高端回流”和发展中国家“中低端分流”的新挑战。尤其是近一年来，美国、德国、日本等制造业强国都纷纷发布新的工业规划，试图通过发展先进制造业，打造全球竞争新优势。2018年10月，美国发布《先进制造业美国领导力战略》，提出“美国力争确保全球制造领导地位”；2019年

2月，德国发布《德国工业战略2030》，提出“将工业在经济附加值总额中的占比提高到25%”。与此同时，世界经济环境不确定性加大，围绕制造业的国际竞争日益激烈。一些国家还采取技术、贸易、情报、金融等方面的多种措施，对中国制造业进行干扰、限制和封锁。特朗普政府频频发起“贸易战”，中美贸易摩擦不断升级，中国制造业在迈向高端化进程中面临前所未有的巨大外部压力。

2. 发展机遇

当前，中国经济社会发展已进入“新常态”阶段，国民经济重点产业的转型升级、战略性新兴产业的发展、国家重大工程项目的实施，为装备制造业提供了新的市场需求并提出了更高的要求。2015年，《中国制造2025》颁布，强调以智能制造为重点构建新型制造体系，智能制造成为制造业发展主攻方向。智能制造，将对生产管理方式、商业运营模式、产业发展形态的创新，对全球工业格局的变动产生重大影响，进而引发第四次工业革命。

近年来，辽宁装备制造业持续调旧育新，以智能技术改造提升传统产业。省委、省政府强化顶层设计，聚焦重点产业，相继出台了《关于贯彻新发展理念推动工业经济高质量发展的意见》《辽宁省装备制造业重点领域发展指导意见》《辽宁省建设具有国际竞争力的先进装备制造业基地工程框架实施方案》《辽宁省建设重大技术装备战略基地工程框架实施方案》等一系列文件。未来5~10年，是装备制造业发展的重要机遇期，辽宁必须正确把握产业发展规律，科学研判创新发展趋势，超前规划装备制造业布局，切实增强装备制造业竞争力。

3. 展望未来

辽宁将持续以“一带五基地”建设为主线，以高质量发展为目标，明确装备制造业发展规划，“以科技创新为动力，聚焦智能化、高端化、成套化，提升先进装备制造业自主研发、设计、制造及系统集成水平，增强先进装备的自主可控能力、智能制造能力和服务增值能力”。到2030年，辽宁力争成为具有国际竞争力的先进装备制造业基地和重大技术装备战略

基地。

建设先进装备制造业基地，是辽宁省实施“一带五基地”战略的重大举措之一。辽宁计划实施 8 项子工程，包括：做优做强航空装备、海工装备及高技术船舶、节能汽车与新能源汽车、重大成套装备，发展壮大高档数控机床、机器人及智能装备、先进轨道交通装备、集成电路装备。将重点培育 43 个大项目，包括打造特色产业园，发展专业化生产，其中：着重支持浑南、沈北、法库航空产业特色园区建设，发展大飞机制造、公务机整机生产及重要大部件制造，发展喷气和涡桨类通用飞机整机研发制造、零部件专业化生产，发展轻型通用飞机总装、试飞、调试，等等。着重培育机器人及智能装备项目，依托沈阳新松机器人，抓好国家机器人创新中心建设。

到 2020 年，辽宁省装备制造业智能化水平要明显提高，工具数字化普及率达到 75%，关键工序数控化率达到 51%；争取创建 5 个以上国家级研发平台，力求突破 50 项关键核心技术，开发 30 项在全国具有影响力的重大首台（套）装备。发展先进装备制造产业，力争形成以沈阳、大连高端装备为中心，其他地区“专精特新”装备为配套的产业格局。计划推动装备制造产业主营业务收入以年均 9% 以上的速度增长，争取到 2020 年突破 8000 亿元，其中先进装备制造业拉动作用达到 60%。争取到 2030 年，辽宁省装备制造业自主创新能力达到国际先进水平，基本实现智能化、高端化、成套化，现代化产业体系进一步完善，国际竞争能力明显提升，国际化经营能力显著增强。

当前，世界经济下行压力依旧很大。制造业 PMI 跌至荣枯线以下，将导致部分地区和行业发展缓慢。辽宁省将继续攻坚克难，重点调度装备制造业高质量发展项目，将储能装备、新能源汽车等新动能产业作为培育发展的重点，引导重点企业参与国家重大短板装备专项工程。变革蕴藏着产业发展的机遇，制造高端化就是要突破传统思维模式、商业模式，寻求从跟跑到并行，最后实现领跑的新途径。借力“一带一路”建设，推动国际产能和装备制造合作“走出去”。

四　辽宁装备制造业发展的对策建议

新工业革命不仅带来了挑战，更带来了一次难得的机遇。将制造优势与网络化、智能化相结合，中国制造正逐步形成数字时代新供给能力。辽宁装备制造业高端化、智能化、成套化发展，必须始终站在产业创新的最前沿，重视研发、紧盯市场、变革机制，走内涵式发展道路。

1. 加大研发力度、提升产品层次

深化产教研结合，搭建创新研究基地。智能制造是发展的大势所趋，辽宁装备制造业必须顺应潮流，转变相关教研体系，深入推进产教融合。充分发挥企业资金与实践、学校人才与研究技术的优势，合作互补。学校应科学设置课程和实践，根据产业发展的要求，坚持问题导向，围绕核心基础零部件、先进基础工艺、关键基础材料、基础软件、基础研究和产业技术基础的建设，顺应重大工程和重点装备所需，着力培养复合型、应用型、创新型人才。发展智能制造，逐步构建完善的创新研究基地，进一步发挥高层次基地和人才的作用，将研究成果应用到企业，应用到实际生产中。坚持基础强化、创新驱动的理念，着力推动技术自主创新，重点推进高端基础工艺、关键基础材料、关键核心部件的研制与开发应用，着力建设计量检测、质量测试、共性技术研发服务体系。坚持长远目标和阶段性突破相结合，提升产品和技术的核心竞争力。

2. 发展现代智能装备制造服务业

《辽宁省建设具有国际竞争力的先进装备制造业基地工程框架实施方案》强调，坚持智能化，增强先进装备服务增值能力。智能制造，带来全球性工业变革，引发了相关服务业的高端化需求。推进辽宁装备制造产业智能化、高端化、成套化升级改造，就不能忽视对相关高端服务业的需求，必须高度重视智能装备制造服务业的发展，增加先进制造服务业对智能制造的支持。结合辽宁发展实际，推进装备制造服务业高端化、智能化，要从多方面着手。第一，必须打造网络服务智能化平台，促使企业更好地共享信息资源，保证生产配置优化。要不断增加服务要素在装备制造产业升级改造中的比重，大力发展与智能制造相关的服务管理企业，多方位鼓励、引导社会资金投入智能制造的技术升级和系统研发。重视服务要素的投入—产出比，以“制造+服务”“产品+服务”为转型方向，延伸和提升企业价值链。全面推进关键零部件配套体系建设，推动总装产品与关键零部件协同研发，形成产品研发、市场开拓、售后服务等全寿命支持服务共同体。创新服务模式，支持开展大批量定制服务，推进生产制造关键环节柔性化改造及组织调整，加快零件标准化、部件模块化和产品个性化重组。第二，构建相关高端创新人才的培养和培训服务体系。鼓励制造业企业在信息技术、研发设计、能源管理、财务管理、人力资源管理等领域，广泛采用服务外包。制定政策鼓励相关人才培养，做好先进制造服务业的专业性人才输送，做好高端制造服务业科技知识成果的转化服务。

3. 加强工业大数据应用

《21世纪经济报道》通过对西安、上海、苏州、北京、深圳、东莞等地多家优秀智能制造企业进行调研，发布《中国独角兽新经济城市竞争报告》，指出：“云生态赋能传统制造。”阿里云表示，数据已经和传统的石油、土地、水一样，成为整个社会最重要的第四级资源。《数据时代2015》预测，2025年，全球数据量将达到163ZB，其中很大一部分数据是企业数据中心或企业云数据所产生的。在大数据匹配的帮助下，制造业能够快速定制符合用户个性化需求的产品。大力推动传统制造业转型升级。辽宁必须深入推进装备制造产业的智能化升级改造，必须深度融合信息网络技术、数字技术与装备制造。第一，建设数字服务中心。深入研究各种工业数据应用软件、各种相关数据库及数据集成平台，提升对工业大数据基础的运算能力；标准规划工业生产全生命周期的大数据应用，从技术、安全和管理等多个维度，对产品设计、制造、物流、销售、售后服务等方面的大数据应用进行标准梳理，不断健全完善工业大数据标准体系。第二，推进制造过程的智能化和企业信息化改造。构建工业大数据共享平台，促进云计算、物联网、移动互联网技术的进一步融合，推动数字化工厂、数字化车间建设，推动生产过程智能化水平提升，推进定制服务、柔性生产。培养示范型企业，加强数字化基础设施建设，针对重点领域，开展大数据标准验证，提升智能服务水平。

4. 推进装备制造全球化

产业变革时期，也是新的产业模式诞生的机遇期。辽宁装备制造业的升级改造，必须在更大范围、更广领域、更高层次上扩大对外开放，鼓励有条件的优势企业大胆“走出去”，积极参与国际资源配置。牢牢把握工业变革全球化带来的重大战略机遇，开展对外投资和合作，开展对资源的勘探、开发与技术合作，构建全球性资源供应保障、研发、生产和经营体系。加强与美国、日本、德国等制造强国的国际优质产品的质量对标，支持企业瞄准先进标杆实施技术改造。结合辽宁自身比较优势，有针对性地开展与“一带一路”沿线国家的产能合作。

B.9
辽宁省战略性新兴产业发展现状及对策研究

曹颖杰*

摘　要： 2018年辽宁省战略性新兴产业在重点项目、园区建设、政策环境等方面呈现出良好的发展态势，对区域经济发展起到一定的推动作用。但辽宁省战略性新兴产业发展仍然存在科技投入与成果转化不足、融资体系不完善、创新平台和载体不完备、人才队伍缺乏等问题。面对国内外产业发展机遇和挑战，辽宁省应积极提高科技创新能力，加快科技成果转化；创新和拓宽产业融资渠道，提升金融服务能力；创新产业平台建设，提升产业发展空间；加强创新型人才队伍建设，提升产业智力支撑，以推动战略性新兴产业创新发展。

关键词： 战略性新兴产业　科技创新　辽宁

2018年以来，辽宁省全面推动落实“一带五基地”和“五大区域发展战略”，加快推动实体经济高质量发展，实现了经济稳中有进的良好局面，辽宁省战略性新兴产业在宏观经济、科技创新政策推动下，加快培育产业发展的新动能，产业呈现出稳步发展的态势。

---

* 曹颖杰，辽宁社会科学院产业经济研究所副研究员，主要研究方向为产业经济、对外贸易。

一　辽宁省战略性新兴产业发展现状

（一）产业实现稳步增长

2018 年辽宁省战略性新兴产业发展趋势向好，高技术产业增加值增长 19%，其中规模以上高技术制造业增加值同比增长 19.8%，新增高新技术企业超过 1000 家。高新技术产品出口 476 亿元，增长 26.7%，其中，电子技术产品出口 272.2 亿元，增长 76.4%。汽车制造业实现利润总额 319.3 亿元，同比增加 34.9 亿元，其中华晨宝马汽车有限公司利润同比增加 26.05 亿元，新能源汽车产量增长 4.7 倍。医药制造业实现利润总额 83.4 亿元，同比增加 13.7 亿元。计算机、通信和其他电子设备制造业实现利润总额 128.3 亿元，同比增加 53.2 亿元。工业机器人产量增长 18%，城市轨道车辆产量增长 14.1%，光缆产量增长 12.5%。固定资产投资是拉动经济增长的动力之一，辽宁省着力落实国家产业发展的宏观政策，不断加大对战略性新兴产业的投资力度，据统计，2018 年辽宁省高技术制造业投资增长 8.2%，其中计算机及办公设备制造业投资增长 54.8%，航空、航天器及设备制造业投资增长 17.4%。

（二）重大项目建设有序推进

2018 年辽宁省为适应经济发展新常态，采取有效措施积极推进战略性新兴产业重点项目有序平稳运行，增强了区域发展的内生动力。加大对战略性新兴产业发展的财政支持力度，据统计，辽宁省 2018 年对辽宁沿海经济带 12 个战略性新兴产业项目提供 1.4 亿元的资金支持，拉动固定资产投资达到 93.9 亿元。投资 30 亿欧元推进华晨宝马生产基地改扩建项目，位于沈阳中德产业园的华晨宝马铁西新工厂开工建设，华晨宝马 X3 项目竣工投产，这对辽宁产业转型升级具有重大的意义。推进兵器集团与沙特阿美炼化一体化、华晨雷诺轻型商用车、徐大堡核电二期等项目成功签约。京沈高铁辽宁段建成通车，大连英特尔二期、恒力炼化一体化、葫芦岛铝业一期、中石油辽阳石化改造等一批项目正式投产。推进高端装备制造业基地建设，推进100个智能制造及智能服务试点示范项目，沈鼓集团、新松机器人、大连冷冻机公司获批国家高端装备制造业标准化试点，组建国家机器人中心、辽宁燃气轮机创新中心，切实提高高端装备制造业发展的质量和效益。推进沈抚新区华为人工智能产业基地建设，开展智能制造、数字经济、物联网、智慧城市等领域的合作，推动智能产业发展；推动建设大连瑞光非织造环保新材料、辽宁银珠化纺生物基新材料等新材料产业项目，沈阳拓荆半导体薄膜设备产业化基地等电子信息产业项目，总投资50亿元的北方生物医药科技谷等生物医药产业项目。

（三）园区建设亮点纷呈

2018年辽宁省加大力度集聚优势资源，推动沈阳智能制造、大连软件、抚顺石化、鞍山激光、本溪生物医药等特色产业集群发展，打造机器人产业、数控机床产业、汽车产业、集成电路产业、高端航空产业、大数据产业等特色产业，其中大连软件和集成电路、高技术船舶和海洋工程等十余个产业集群达到千亿级规模。整合辽宁省各类创新资源，发挥区域内产业布局优势，新布局建设4个省级高新区，以推动产业创新集群形成和发展。不断壮大双创主体和群体，建设沈阳、大连、抚顺、本溪、盘锦5个国家中小企业双创升级特色园区，支撑和推动区域优化创新创业生态环境。积极推动高新区和沈大国家自主创新示范区建设，在2018年国家高新区评价排名中，辽宁省8个国家高新区排名总体上升，其中大连高新区第16名，同比上升2个名次；沈阳高新区排第39名，同比上升5个名次。据统计，2018年辽宁省高新区和沈大国家自主创新示范区高新技术企业达到1648家，占全省的44%；高技术产业产值达到2800亿元，同比增长20.5%；形成30个特色产业集群，成为区域经济发展的重要力量。

（四）驱动创新成效突出

2018年辽宁省大力推动战略性新兴产业创新发展，科技进步对经济增长的贡献率达到55.5%。积极推进创新平台建设。2018年辽宁省组织建设产业技术创新平台94家、产业技术创新战略联盟22家，推进国家级和省级双创示范基地建设。推进辽宁省产业技术研究院、沈阳材料科学国家研究中心、中科院机器人与智能制造创新研究院建设，着力突破战略性新兴产业相关领域关键核心技术，发展重大专项项目，为推动辽宁省智能制造、产业转型发展提供技术支持。为战略性新兴产业的技术突破提供科技研发和创新支撑，修订并印发《辽宁省重点实验室管理暂行办法》，进一步规范和加强重点实验室建设和管理，新认定省级实验室50家、工程技术研究中心38家。围绕智能制造、新材料等战略性新兴产业发展需求，推动众创空间和孵化器建设，组建由200余家各类科技企业孵化器、众创空间、大学科技园、科技中介等组成的科技创新孵化联盟。加强科技成果转化基地建设，如中国科学院沈阳国家技术转移中心成果转化基地，为打造新一代信息技术、机器人与智能制造等创新集群，提供集研发、转化等功能于一体的创新服务。

（五）产业政策环境逐步优化

辽宁省高度重视战略性新兴产业的发展，加大政策支持力度，增强产业创新发展动力，推动战略性新兴产业高质量发展，良好的政策环境为战略性新兴产业的发展注入新的活力。辽宁省在推动战略性新兴产业发展过程中，加快产业创新方面的政策出台和落实，出台了《关于贯彻新发展理念推动工业经济高质量发展的意见》《关于大力发展实体经济积极稳定和促进就业的实施意见》《关于印发辽宁省强化实施创新驱动发展战略进一步推进大众创业万众创新深入发展的政策措施》《关于印发辽宁省大力推广支持创新相关改革举措实施方案的通知》《关于以培育壮大新动能为重点激发驱动创新内生动力的实施意见》等一系列培育战略性新兴产业和推动其发展的政策措施。为加快推动科技成果转化和应用，出台《辽宁省实施科技成果转移转化三年行动计划（2018～2020年）》《关于推广科技成果转化政策落实试点有关政策措施和沈阳市全面创新改革试验科技创新典型经验的通知》《辽宁省技术转移体系建设实施方案》等政策措施。人才创新创业政策方面，出台了《辽宁人才服务全面振兴三年行动计划（2018～2020年）》，实施双招双引工程、"兴辽英才计划"、自然科学基金、省博士科研启动基金计划等，吸引人才集聚，优化人才创新创业发展环境。

二　辽宁省战略性新兴产业面临的问题

（一）科技投入与成果转化不足

科技投入和科技成果转化是战略性新兴产业发展的持续动力。统计数据显示，2018年辽宁省科技投入不断增加，从科研投入占GDP比重来看，全年科学研究与试验发展（R&D）经费支出438.2亿元，占地区生产总值比重达到1.84%；全年高校、科研院所转化科技成果3774项，省内转化率达到53.75%。但是与北京、上海、广东、江苏等地相比还存在较大差距，R&D经费占GDP的比重比全国平均水平低0.34个百分点，远低于广东的2.65%，江苏的2.64%，研发投入强度整体不高，研发能力不强，产业链条需要进一步延伸，科技成果转化平台或机构不完善，科研机构的科研成果与相关企业缺乏有效的对接和合作渠道，产学研脱节，使得科技成果无法实现及时有效的转化和应用，科技成果产业化不强，尚不能满足战略性新兴产业的发展需求。

（二）融资体系不健全

2018年辽宁省为推动战略性新兴产业发展，制定了《全省金融机构支持民营企业发展奖励办法》等，以提升金融服务能力，拓宽融资渠道。在中小企业发展、首台（套）设备、新能源汽车方面争取国家政策资金11.6亿元。促进融资担保机构开展小微企业融资担保业务，获得中央财政补贴1.28亿元。抚顺、盘锦、大连高新区发展大中小企业融通发展特色载体，在很大程度上增强了企业发展活力，优化了产业发展的金融环境。但是，目前辽宁省在战略性新兴产业培育和发展过程中，融资机制还不够健全，辽宁省战略性新兴产业大多是中小企业，投资规模小，启动资金、创业资金缺乏，企业融资渠道比较窄，直接融资比重小，主要依靠银行贷款，缺乏风险基金和贷款担保基金的支持。融资难、融资体系不健全越来越成为制约辽宁省战略性新兴产业发展的因素之一。

（三）创新平台和载体建设不完备

创新平台和载体建设是有效整合和配置科技资源的重要手段，是发展战略性新兴产业，推动产业技术创新、扩大产业集群的重要支撑，是战略性新兴产业科技创新活动的重要基础设施和条件保障。辽宁省战略性新兴产业创新平台和载体建设虽有不同程度的发展，取得一定的成效，但是与江苏省、广东省等地区相比还存在很大的不足。据统计，截止到2018年，辽宁省国家级高新区达到8个，占全国比重为4.3%；创新型产业集群3个，占全国的比重为6.8%；国家级科技企业孵化器29个，占广东省的比重为26.4%，占江苏省的比重为16.7%，占全国的比重为3%；国家技术转移示范机构16个，占广东省的比重为53%，占江苏省的比重为40%，占全国的比重为3.6%。数据表明，辽宁省创新平台和载体建设存在短板，载体和平台对战略性新兴产业的带动作用尚未充分发挥，缺乏成长企业配套发展的产业化平台，不利于产业的集中布局，难以满足战略性新兴产业发展的需要，不能够对战略性新兴产业发展提供坚实的支撑，在很大程度上制约了辽宁省战略性新兴产业的发展。

（四）高端创新人才队伍缺乏

作为知识密集型产业，战略性新兴产业在结构、数量、质量等方面对科技人才特别是高素质的创新型人才和团队的要求更高。随着战略性新兴产业的发展，辽宁省通过多种方式加大人才培养和引进力度，但是目前，辽宁省高技能人才占技能劳动者的比例位于全国第24位，低于全国平均水平；从事科学研究与试验发展（R&D）人员14.7万人，仅占江苏省的18.8%，高端高层次复合型创新型人才供给不足仍是战略性新兴产业面临的一大瓶颈，

同时战略性新兴产业发展所需的技术研发型人才严重缺乏，辽宁省现有战略性新兴产业人才培育体系不能满足新兴产业日益增长的人才需求，人才外流现象也较为严重，特别是中小型企业很难吸引和留住高端人才。高端创新人才队伍缺乏，创新动力不足，制约了战略性新兴产业的发展，导致产业发展的持续力不足。

三　辽宁省战略性新兴产业发展趋势分析与预测

（一）发展机遇

2019 年辽宁省战略性新兴产业面临着重要的战略机遇。从国际来看，世界新一轮技术革命和产业变革为产业转型升级提供了历史机遇，科技创新带动了全球新兴产业竞争格局的变化，发达国家重视和强化新兴产业的科技创新，智能化、数字化、绿色化发展加快推动新兴产业发展，各国积极抢占经济发展的制高点，这为新兴产业科技创新和转型升级提供了新机遇。从国内来看，我国加快推动经济结构优化升级，大力实施创新驱动战略，推动实体经济高质量发展，推动互联网、大数据、人工智能和实体经济深度融合。为加快培育和壮大新兴产业，辽宁省推动《“十三五”国家战略性新兴产业发展规划》《战略性新兴产业分类（2018）》等一系列重大政策措施相继实施，产业发展创新创业环境持续优化，激发了产业发展动力和市场活力。“一带一路”建设为战略性新兴产业的开放合作、产业布局等扩宽了空间，推动了产业高水平发展。

预计 2019 年辽宁省战略性新兴产业发展整体环境不断趋好，产业发展的良好态势将有望持续，生物医药、新材料等一些重点领域技术有望实现突破，装备制造、新材料、生物医药等产业基地和特色产业集群将保持平稳增长态势，机器人、新能源汽车等产品也将稳步增长，5G、区块链等领域的技术将有望产业化，智能制造及智能服务、数字经济、“互联网 +”、大健康等产业将快速发展，将进一步为经济发展提供支撑和动力。

（二）面临挑战

2019年，辽宁省战略性新兴产业仍将面临诸多复杂和不确定因素，产业发展仍面临诸多挑战。从国际来看，国际环境日益严峻，全球经济增长动能逐步减弱，金融市场振荡增强，全球经济和贸易扩张步伐放缓，主要经济体发展走势进一步分化，大宗商品价格波动等将导致全球经济贸易和投资格局不断变化。随着中美贸易摩擦的持续升温，贸易保护主义、逆全球化等不利因素在一定时期内仍将存在，特别是围绕战略性新兴产业和高技术领域的贸易摩擦可能越来越多，对我国外贸进出口造成不利影响，制造加工产业有向东南亚等地区转移的态势。从国内来看，经济下行压力仍然较大，2018年我国GDP增长率第一季度为6.8%，到第四季度降低到6.4%，消费、投资需求不强，大数据、人工智能等一些关键核心技术仍然受制于人，经济发展和产业转型升级的形势依旧严峻。

预计2019年辽宁省战略性新兴产业整体出口增速可能会持续小幅放缓，对战略性新兴产业出口产品竞争力、国际合作方式、国际化布局等会产生一定的影响，产业“走出去”将面临一些新的挑战；经济发展结构性矛盾依然突出，关键技术仍存在短板，自主知识产权和自主品牌缺乏，在提高自主创新能力、提升产业层次、优化营商环境等方面仍需加大力气。

目前，无论从国际大环境还是国内环境来看，2019年辽宁省战略性新兴产业有望延续2018年的发展态势，面临很多新的发展机遇和挑战，因此辽宁必须认清形势，牢牢把握新的发展机遇，积极应对国际经济环境变化带来的挑战，不断提高科技创新能力，提高产业层次和质量，提高产业的核心竞争力。

四　辽宁省战略性新兴产业发展的对策建议

（一）提高科技创新能力，加快科技成果转化

科技创新是推动战略性新兴产业提速增效的重要抓手和内在推动力。要

汇聚各类创新要素，强化产业技术创新，围绕战略性新兴产业发展的重大科技需求，开展产业链关键技术、核心技术和共性技术攻关，打造全产业链的产业技术创新支撑体系，加快推进新产品、新技术的应用，强化科技对战略性新兴产业发展的引领作用。强化企业创新主体地位，鼓励企业建立研发机构，加大研发投入，特别是加快关键核心技术研发，开发具有自主知识产权的技术和品牌。大力培育战略性新兴产业领军企业，加大扶持力度，打造具有引领作用的科技领军企业。加快产学研对接。产学研相结合是推动科技创新，实现科技成果转化的重要手段。要充分发挥辽宁省科研院所的研发优势、人才优势、技术优势，以辽宁省核心技术的研发和应用为基点，借助重点项目强化科研院所和企业的深度合作，积极推动科技创新和合作、成果转化、创新创业人才培育、科技企业孵化等，引导企业、科研院所、金融机构等参与到科技成果的研发和转化中来，真正实现产、学、研的有效对接，不断强化战略性新兴产业发展的内在动力。

（二）创新和拓宽产业融资渠道，提升金融服务能力

创新融资方式，完善战略性新兴产业直接融资制度，针对战略性新兴产业发展特点和发展规律，推出“绿色债”“可转债”“双创债”等产品。支持天使投资、创业投资创新发展，推出一批战略性新兴产业债券融资支持工具，开发和建立“再贴 e”“小微 e”等央行专属小微企业支持运用模式，搭建“线上供应链融资”“网贷通”等战略性新兴产业融资平台。贯彻落实创投税收政策，加强融资担保和再担保体系建设，推动战略性新兴产业发展基金、创业投资基金等构建，加大对战略性新兴产业的融资力度，特别是中长期融资。实施高新技术企业贷款贴息措施，建立战略性新兴产业贷款风险补偿机制，加大对创新创业企业担保贷款的贴息政策支持。建立战略性新兴产业产学研协同创新融资方式，鼓励科研院所、高等学校与企业相结合，投资建立技术创新平台，加大对产业研发和技术创新的融资扶持，推动产业链发展。政府要充分认识和重视战略性新兴产业在经济发展中的地位和作用，完善科技金融服务体系，推进政银企联合，整合货币、财政、产业、监管等

政策，把改进战略性新兴产业金融服务落到实处，促进科技金融深度融合。运用年审贷款、循环贷款、分期还本等方式降低战略性新兴产业融资成本，提供线上模式信用贷款、跨境互联网金融服务等，提升金融服务能力。

（三）创新产业平台建设，提升产业发展空间

载体和平台建设是战略性新兴产业发展的助推器，强化载体和平台建设能够集聚科技创新资源，提升产业创新能力。不断推进创新平台建设，整合辽宁省科技资源，以改造提升高端装备制造、新一代信息技术、生物医药等战略性新兴产业为目标，为战略性新兴产业发展提供新动能。创新研发平台是增强企业核心竞争力的重要支撑，是促进战略性新兴产业结构优化升级的重要力量。集聚研发技术创新优势资源，引导和推动重点企业、产业园区、产业基地等建设一批技术研究中心、重点实验室、科技创新检测中心等高质量的产业技术创新和研发平台，提升科技创新能力，为产业发展提供科技储备。创新服务平台是要以企业发展和产业升级共性需求为导向，为产业发展提供全方位、多层次的公共服务。推动服务平台建设，优化对战略性新兴产业技术创新的公共服务，强化科技评估、科技咨询、知识产权交易、创业孵化、融资、信息等专业水平高、服务能力强、产业支撑力大的服务平台建设，以服务产业转型、促进产业集群、推动产业技术升级和创新，形成战略性新兴产业发展的有力支撑。

（四）加强创新型人才队伍建设，提升产业智力支撑

人才是战略性新兴产业发展的重要支撑力量，培养、集聚一批高端产业人才能够促进产业高质量、高水平发展。战略性新兴产业人才队伍建设必须要充分尊重产业发展的特点，从产业和企业发展的实际需求出发，使得人才培育和人才质量能够对接和满足产业发展需求。坚持自主培养和招才引智相结合，加快培养和引进战略性新兴产业发展急需的紧缺人才。加强人才培养，整合资源搭建高端人才培养平台，通过举办各类论坛、开展学术交流和专业培训等多种途径加强人才培养，提升人才综合素质；建立校企合作的高

端技能人才培养模式，加快培养电子信息、高端装备制造等战略性新兴产业相关领域的急需紧缺的高精尖科技人才、技能型科技人才、复合型创新人才。创新人才引进方式，聚焦战略性新兴产业发展需求，推动项目对接人才，把招商引资与人才吸纳和引进相结合，通过技术合作、技术入股、产业技术联盟等多种方式引进一批能够突破关键技术、带动新兴产业发展的高端领军人才和创新型团队，以有力地推动产业转型升级和发挥高端人才的引领作用。加强人才集聚的政策环境建设，加快推动创业园、创业基地、高新区等建设，搭建机制灵活、功能齐全、配套完备的创新创业孵化平台、科研平台、服务平台等，扩大人才创新创业发展空间，完善人才发展环境。

参考文献

《“十三五”国家战略性新兴产业发展规划》，2016 年 11 月 29 日。

林念修：《战略性新兴产业已成为区域经济转型升级重要力量》，《中国战略新兴产业》2018 年第 17 期。

陈柳：《提升战略性新兴产业的控制力和安全度》，《中国社会科学报》2018 年 11 月 7 日。

孙志燕：《新技术革命对我国区域经济的影响及政策建议》，《调查研究报告》2018 年第 192 号。

B.10
辽宁民营经济发展现状及态势展望

刘佳杰*

摘　要：　2018年，辽宁省民营经济进一步实现高质量的发展，本文从整体水平、核心竞争力、发展环境等方面叙述了辽宁民营经济运行情况，同时分析了其整体实力落后、融资贵、产业结构不合理等固有问题及产生原因。面对我国不断加大的经济下行压力，结合辽宁省实际，笔者提出进一步优化民营经济发展环境、加快转型升级等对策建议。

关键词：　民营经济　辽宁省

2018年，辽宁省委、省政府高度重视民营经济的改革发展，在深入贯彻落实党的十九大和十九届二中、三中全会精神的同时，进一步为民营企业实现高质量发展提供有力保障和广阔空间。站在新起点上，辽宁省着力深化民营经济在政策、金融、创新、人才等关键领域的改革，坚决消除制约民营经济发展的体制机制障碍，让民营经济放手前行。目前，辽宁省民营经济是支撑老工业基地振兴的重要力量，发挥着稳增长、促转型、保就业等重要作用。可以说，辽宁老工业基地的振兴，就是民营经济的振兴。当然必须看到，民营经济一直是辽宁的短板，民营经济发展的固有问题依然存在。当前，国民经济稳中向好的基本态势明朗，各级政府支持民营经济高质量发展的政策形势向好，辽宁把发展民营经济放在更加突出的位置，民营经济发展的春天已经来临。

* 刘佳杰，辽宁社会科学院经济研究所副研究员，主要研究方向为公共经济。

一　2018年辽宁省民营经济运行情况

为进一步开创新时代辽宁民营经济加快发展的新局面，2018 年，辽宁省着力从优化营商环境入手，积极改善管理模式，努力为民营经济健康发展营造良好环境。在此基础上，辽宁省民营经济适应经济发展新常态，总体规模进一步扩大，产业结构进一步优化，质量效益稳步提升。

（一）民营经济整体水平不断提升

2018 年，辽宁省民营经济不断加快发展，继续保持良好发展态势。统计数据显示，辽宁民营经济增加值占全省 GDP 的比重超过 45%，第二产业增加值占全省的 40%，第三产业增加值占全省的 55%。民营经济税收收入占全省税收收入的 30%，固定资产投资占全省固定资产投资的 61.1%，吸纳全省 63.7% 的城镇就业。沈阳、大连、盘锦、营口等市民营经济改革成效尽显，市场活力进一步迸发。2018 年，沈阳市民营经济增加值占全市 GDP 的 40%，大连市民营经济增加值占全市 GDP 的 52%，营口市民营经济增加值占全市 GDP 的 78.7%，辽宁各地民营经济的规模及总量进一步扩大。

从全省规模以上民营工业企业运行情况看，2018 年，辽宁规模以上民营工业企业增加值占全省工业增加值的比重为 32.5%；民营工业企业有 5058 户，占全部工业企业的 76.4%；从业人数 75.6 万人，占全省工业企业用工人数的 41.3%；实现主营业务收入 9859.8 亿元，占全省工业企业主营业务收入的 37.2%，同比上升 14.1%；实现利税 710.2 亿元，占全省工业企业利税总额的 24.3%，同比增长 12.7%；实现利润 461.3 亿元，占全省工业企业实现利润的 31.6%，同比增长 17.9%。全省规模以上工业企业和高新技术企业中，超过 90% 是民营企业和中小企业。可以说，民营经济发展回暖已成为辽宁经济企稳回升的重要动力。

营商环境的改善有效促进了辽宁民营经济发展。由于辽宁在优化营商环境方面加大投入力度，2018 年，全省全年新登记各类市场主体 62.9 万户。

前三季度，辽沈地区实有各类型市场主体 3330717 户，同比增长 8.7%；注册资本 107285.9 亿元，同比增长 19.1%。截至 2018 年末，大连市民营经济市场主体超过 67 万户，同比增长 8.09%，占全市市场主体总量的 94.8%；营口民营企业总计 19.2 万户，占全市企业总数的 99%；盘锦新注册小微市场主体 21476 户，辽东湾新区亿家小微企业创业基地等 3 家基地成功晋升省级示范基地，辽沈大地民营经济发展潜力和竞争力不断提升。

（二）民营企业核心竞争力进一步增强

作为辽宁经济发展的重要动力，辽宁省民营经济已基本形成体系较为完整的产业集群，特别是装备制造、石化、冶金、原材料、食品加工、农产品加工、军工及其配套、物流等产业具有鲜明的地方特色。忠旺集团是全球铝加工的引导者和创新者，通过实施创新驱动发展战略，企业规模不断扩大，专业化程度不断提高；作为东北地区唯一一家柔性印刷线路板（FPC）研发制造的民营高新技术企业，大连吉星电子股份有限公司销售收入年增 28%，产品被广泛应用于移动通信设备、航天、军事、计算机外部设备和数字相机等领域；大连智云自动化装备股份有限公司在成套智能化装备系统方面掌握多项核心技术；营口金辰机械股份有限公司已经成功转型为光伏设备制造商，2017 年已在上海证券交易所主板上市。2018 年，辽宁省为增强民营企业特色，围绕特色优势进行专业化提升，着重推广一批具备鲜明行业特点、产品技术领先的“专精特新”产品及技术，一批细分领域专业化小巨人企业应运而生。通过梯次培育，按照储备、培育、批示、管理等程序，建立全省“专精特新”中小企业培育库。2018 年，共认定中小企业“专精特新”产品（技术）297 项，“专精特新”中小企业 106 家。截至目前，全省共认定省级中小企业“专精特新”产品（技术）2800 多项。这些企业在获得项目、技术、资金支持的同时，不仅自身进一步做优做强，在全省民营企业高质量发展中充分发挥标杆带动作用；同时也引导其他行业企业专注于“专精特新”发展思路，不断增强核心竞争力。通过大中小企业融通发展，鼓励大中小企业协作配套、协同创新、拉长产业链条，鼓励行业龙头企业搭建特色平台，与中小企业建立开放共享的发展模式，行业专业化程度进一步增强。

创新是企业发展的动力源泉，是企业发展的不竭动力。2018 年，辽宁省坚持创新引领，进一步发挥企业创新主体作用，鼓励并引导“专精特新”企业创新升级。奥克获评国家技术创新示范企业；沈阳东软医疗 5 个项目入选国家“2018 年人工智能与实体经济深度融合创新项目”；营口锻压机床有限责任公司不断改革创新，其 1600 吨铝锻多工位热模锻压力机打破了国外技术垄断，从一个资产负债率近 500% 的特困企业逆袭成为年销售额总量达 1.3 亿元、年增速达 15% 的科技型企业；营口辽河铝材企业销售额达到 2.7 亿元，产品出口英国、荷兰等国家。继续推进抚顺、盘锦两个高新技术开发区技术中心、数字化车间建设，打造特色载体，充分利用国家 5000 万元的政策扶持不断提高研发占比，提升企业核心技术、企业专业化能力和水平。组织企业参加“创客中国”创新创业辽宁区域赛，营造创新创业良好氛围，进一步激发中小企业创新创业潜能。通过积极的产业结构升级优化，目前，辽沈地区高新技术企业中，超过 90% 是民营企业和中小企业，其中民营企业拥有 60% 以上的技术创新成果。

（三）中小企业长足发展

2018 年，辽宁省重点推进“个转企、小升规、规升巨”工作，力争每年使 10000 户个体工商户转型升级为企业，1000 户小微企业升级为规模以上工业企业，100 户规模以上工业企业升级为“超亿元”小巨人企业。通过下发《辽宁省“个转企、小升规、规升巨”培育行动实施方案》，逐步落实各市分解指标任务，建立“小升规”培育企业数据库及省、市、县三级企业培育库和工作联动机制，积极实施“大做强”工程，全年实现新增规模以上工业企业 669 户。通过推动民营企业的融通发展，抚顺、盘锦等实体园区中小企业公共服务体系初具规模，先后持续认定完善 10 ~ 20 家中小企业公共服务平台，5 ~ 10 家中小微企业创新创业示范基地。盘锦市在第三季度就超额完成 2018 年全年新注册小微市场主体目标，涌现出格林凯默、帝诚科技、锦嘉碳新材料等行业领军企业，共建设各级示范基地 12 家，中小企业成长迅速。同时，为满足企业实际需要，辽宁对重点纳税企业开展帮扶活动，使供需、技术等适时对接，帮助企业解决发展难题。

（四）民营企业融资体系进一步完善

2018 年，辽宁省从民营企业生存发展的重要细节和制度环境上为中小微企业提供精准融资服务。通过开展“融资顾问专家团队进企业”活动，与建设银行、邮储银行签订战略合作协议，推进“助保贷”“小额快贷”等融资模式，建立应急转贷、风险补偿机制，有效缓解中小微企业融资贵融资难题。目前，辽宁已有 5 市建立了应急转贷基金（资金），政府出资总额 13.15 亿元，与中国人民银行沈阳分行合作，建立“辽宁省中小微企业信用培育池”，通过中国人民银行对入池企业的融资项目向商业银行推荐，指导商业银行在信用贷款、增加抵押品比例、增加信贷期限等方面提供支持。目前，“信用培育池”企业已达 943 家。沈阳市为解决民营企业资金紧张问题，设立总规模 100 亿元的银河沈阳发展基金，首期规模 15 亿元，直接融资得以大力推进。大连市为确保民营企业享受的金融服务得到切实改善，引进金融机构和融资类机构 113 家，让各类所有制企业在融资方面享受平等待遇。为做到精准对接，大连市中资银行设立小微专业管理部室 27 个，服务团队 400 余个，特色小微专业支行 71 家，让民营企业获得更多的“源头活水”。

（五）企业发展的各种体制机制障碍逐步破解

2018 年，辽宁省全力破除束缚企业发展的体制机制障碍，构建务实高效的政务环境，积极打造健康有序的市场环境，营造公正透明的法治环境，在改善营商环境、深化“放管服”改革上下足功夫，从制度及环境上为民营经济的发展与成长提供最优保障。大连自贸区以制度创新为突破口，针对机关问题相继出台 225 项政策措施、134 项制度创新成果，自创的“保税混矿”监管法被国务院列为试点经验并在全国复制推广。为解决长兴岛恒力石化产业园入驻及开工困难，大连市先后成立安全、环保、消防、天然气、检测 5 个工作组，就地解决企业生产困难，把优化营商环境作为深化改革的突破口。沈抚新区管委会发扬“钉钉子”精神，对内“小政府、大服务”，做到“多规合一”，投资便利化成为新区的服务品牌。东盛集团得益于营口“投资便利化”的服务模式，从多证合一到施工许可证审批，节省了很多时间，企业赢得了时间就是获得了效益。辽阳市通过市县两级“一枚印章管审批”进行行政审批改革，由此带来2018年前三季度辽阳市场主体数量同比增加28.8%，税收同比增长15.6%的“辽阳效益”。盘锦累计推出100多项简政放权举措，盘锦的宝来企业集团有限公司因在审批手续以及市场通道快捷性方面具有明显优势，成为全国第二家获得原油进口权的民营企业，成功掌握市场话语权。中蓝电子科技有限公司依托盘锦市完善稳定的人才扶持政策，广聚贤才，目前已成为全球VCM马达最具竞争力企业十强之一。同时，辽宁省制定下发《辽宁省中小企业公共服务示范平台认定管理办法》，创建和发展了一批以为中小企业行业共性技术服务为主的社会化、开放式的中小企业公共服务平台。截至目前，省级中小企业公共服务平台总数203家，国家级13家。积极推进中小企业公共服务平台网络的有效运行，充分发挥平台网络互联互通、资源共享、服务协同的优势，积极为民营企业提供及时、有效的专业化服务，切实满足中小企业多元化、多层次需求。此外，辽宁省针对规模以上企业配备“项目管家”，“一对一”跟踪协调解决企业项目发展中的困难，企业公共服务建设得到有效推动。一年来，辽宁省建立了公平竞争的市场环境，政务服务进一步优化，企业负担明显减轻，民营企业的准入环境更加公开透明便利。

二　辽宁省民营经济发展存在的问题

尽管辽宁民营经济取得长足的发展，不可否认的是，辽宁省民营企业发展的动力转换障碍依然存在，整体实力落后于东部沿海地区。

（一）民营经济整体实力仍落后于东部发达地区

每年民营企业500强排名都公平客观地反映了当前民营企业中的精英在规模、效率、对区域经济贡献率上的排名。2018年，大商集团有限公司、大连万达集团股份有限公司、盘锦北方沥青燃料有限公司、环嘉集团有限公司、辽宁禾丰牧业股份有限公司、大连金玛商城企业集团有限公司6家民营企业进入全国民企500强，分列第10、17、162、187、267和438位，占500强总量的1.2%；分属于零售业，综合，石油加工、炼焦和核燃料加工业，批发业，农副食品加工业和商务服务业。在500强门槛提升至156.84亿元的背景下，辽宁省民营企业连续五年入围，实属不易。

尽管辽宁民营经济领先于吉林、黑龙江，但是《2018中国民营企业500强榜单》显示，辽宁省的民营经济无论在总量上还是质量上与江浙等东部发达省份相比，差距依然很大。从分地区上榜企业数量看，浙江、江苏、山东分别上榜116家、114家、108家，三省入围企业占500强总量的67.7%；广东省入围68家，河北省入围35家，上海入围24家，天津入围12家。从数量上看，入围500强的民营企业依然高度集中于东部沿海省份，这些省份显示了绝对强大的实力，民营经济发展的“马太效应”十分明显。梳理全国2014年来的民营企业500强榜单可以发现，从2015年开始，计算机、通信和商务服务业、保险等首次进入前十大行业，排名从传统产业向新兴产业调整的趋势十分明显；产业结构的调整及布局从民营企业500强榜单的逐年变化中亦可看出来。第三产业企业入围民营企业500强的数量连续四年增长，建筑、零售、黑色金属冶炼和压延加工等行业企业明显减少。2014年，辽宁省民营企业共有9家入围全国500强，最新入围500强的6家民营企业中，1/3是能源与资源类企业。高耗能、高污染的重化工业特征导致企业发展无法持续，产业调整使得辽宁民企数量减少。高端装备制造业企业优势不足，在产业结构调整明显加快的今天，如何加大力度实现民营企业产业结构的突破性优化提高，仍是辽宁省亟待解决的难题。

（二）民营企业发展仍面临融资难、融资贵的问题

资金问题一直是制约辽宁民营企业发展的瓶颈。尽管绝大多数银行能对小微企业提供贷款融资服务，但由于金融市场改革仍在持续，金融机构还要面临贷款考核、资金监管等问题，各种贷款融资无法避免地具有主观性及倾

向性。从目前的融资方式看，除企业发债、上市公司股权质押外，中小企业主要以银行贷款、承兑汇票为主，无法适用全部融资方式，如债权融资。同时，财务状况满足银行贷款条件的中小企业数量有限。小微企业的贷款融资不是由市场主体遵照市场规则通过竞争获得，而是靠行政地位争取。不少企业宁可去非金融机构借款，也不愿去银行贷款。因为银行贷款程序冗长复杂，门槛高；企业在自有资金较少的情况下还贷准备金必须充足，还要不时为银行拉存款。在融资尚未解决的情况下，企业综合成本已至少上涨10%。民营企业即便获取融资，贷款利率也要高于国企，同时还要被提前抽贷。金融机构在贷款利率中会增加风险追查及补偿，每个步骤、每条通道都有利润，导致企业融资成本明显上涨。一旦企业面临资金链断裂危险，便将殃及金融机构，在这种逆向刺激下金融机构内在激励基本不起作用，由此导致金融机构不敢贷、不愿贷。此外，在漫长的融资过程中，为保障企业正常运转，短期融资贷款利率过高，过桥贷款利率长期居高不下，甚至达到50%，不少企业被迫求助于影子银行，辽南部分地区民间借贷利率基本是四分起，在加重企业负担的同时也加剧了金融风险，极易产生纠纷。

（三）产业结构不合理

与发达地区相比，辽宁民营经济表现出竞争力不强、产业结构层次低的状况。伴随供给侧结构性改革的推进，辽宁民营企业所涉及的行业及领域愈发广泛，但传统的资源型、重化型产业结构直接导致具有影响力和竞争力的企业依然集中分布在产业结构层次低、技术含量低、附加值低、劳动密集型行业，企业间产业链松散，产业间的关联与互动较少，良性发展格局没有构建起来。深加工、科技含量高、资金技术密集、行业壁垒高的企业所占比重非常小，同行业企业间没有形成完整的产业分工体系，新产品与新技术的开发匮乏，集群发展比较松散。产业结构单一使部分企业缺乏技术创新精神，市场供给严重不足，同质化严重。在能源、原材料加工等传统产业产值增长率逐年下降的同时，辽宁民营企业又面临其他地区的高技术产业竞争，毫无优势可言。

（四）软环境障碍未完全破除

2018 年，辽宁省为营造良好的政策环境，先后颁布并修订了《辽宁省中小企业权益保护条例》《辽宁省中小企业公共服务示范平台认定管理办法》《促进大中小企业融通发展三年行动计划》《关于加快民营经济发展的若干意见》等政策法规，并启动成立民营经济（中小企业）促进工作协调机制，为更多中小企业在辽宁落地生根打造优异的发展环境。但由于各市政府服务水平不一，行政干预下的各地标准化程度不够。尽管优惠政策相继出台，但由于政策宣传没及时跟上，或者缺乏配套的具体举措，部分优惠政策无法落实。尽管部分地区市场准入标准有所降低，但部分行业及领域对中小企业并未完全放开。符合准入条件的，前置审批程序烦冗复杂，遇到问题拼关系，“弹簧门”“玻璃门”现象时有发生，“放管服”改革有待进一步深化。同时，与民营企业密切相关的信用担保、中介服务、管理咨询等社会化服务平台服务不到位，不能提供有效的服务支撑，无法真正解决企业面临的实际问题。

三　辽宁省民营经济发展态势展望

伴随老工业基地振兴战略的不断深入推进，辽宁民营经济也经历了由小到大的发展过程。广大民营企业，在促进经济稳步增长、增加就业、稳定民生中发挥着积极作用，是辽宁老工业基地振兴的重要力量。辽宁民营企业的发展壮大离不开市场，市场化的进程又离不开民企的深度参与，因此民营企业的发展壮大过程就是一个长期的历史过程，特别是在国内外形势复杂多变的今天，民营经济的发展既充满机遇又面临挑战。

（一）辽宁民营经济发展面临重大历史机遇

一直以来，支持和鼓励民营企业发展是党中央的一贯方针，特别是党的十八大以来，党中央出台了一系列扶持民营经济发展的改革举措，习近平总书记也反复强调了民营经济的重要地位和重要作用，为民营企业发展注入“强心剂”，让民营企业吃下“定心丸”。鉴于此，辽宁省委、省政府在2018年底召开的加快民营企业发展大会上公布了《关于加快民营经济发展的若干意见》等三个文件，进一步转变思想观念，从六大方面全面细化了加快民营经济发展的23项举措，为辽宁民营企业发展营造健全的法制环境和营商环境，鼓励、支持、引导其在辽沈大地上发展壮大，充分调动并发挥出民营企业在辽宁全面振兴中的推动作用。2019年是新中国成立70周年，也是实施“十三五”规划、决胜全面建成小康社会的关键一年，保持经济稳定增长至关重要。预计全省将继续保持良好发展态势，依然把经济发展作为振兴发展的关键，继续坚持创新驱动扶持可及性民营企业，争取使其在新领域取得新优势。同时，辽宁省继续依托区位、政策优势，在行政审批、企业办事等方面逐一进行改革，把经济发展环境作为破解体制机制障碍的根本来抓，让更多的民营企业大显身手，推动辽宁民营经济做大做强。

（二）辽宁民营经济发展充满挑战

在发展的同时也应清醒地看到，伴随经济资源全球性的流动、配置，国际经济开放度及依存度日趋加深，全球化促进了各国的融合、发展，更使区域经济的无序性、风险性加大。因此，我国经济发展环境将会更加复杂，伴随经济下行压力的不断加大，困难和挑战会叠加。在外有贸易摩擦、内有调结构防风险去杠杆的大背景下，全省经济下行压力的确有所加大。特别是辽宁刚刚扭转负增长态势，重工业及能源、原材料产业比重依然较高，在经济结构升级转型过程中会首先受到冲击；智能制造、集成电路、生物医药等高技术行业、战略性新兴产业发展缓慢，民营经济在体制机制、经济结构上均不占优势，不少民营企业出现了融资压力增大、经营困难、债务风险上升、股票质押风险集中爆发等问题，发展不充分、发展不平衡的问题在某个阶段会很突出，长期积累的风险隐患有所暴露。继“投资不过山海关”之后，“私营经济离场”等论调也使部分民营企业家产生焦虑情绪，民营经济发展受到一定程度的干扰。总体而言，当前民营经济的经营困难是阶段性、周期性及体制性因素共同作用的结果，持续周期具有不确定性、不可控性，特别是辽宁不少民营企业规模较小、处于产业链末端，更容易受到经济下行影响，还要做好应对寒冬的准备。

四　促进辽宁省民营经济发展的对策建议

2018 年，辽宁省把经济发展环境作为破解体制机制障碍的根本来抓，辽宁民营企业面临着千载难逢的发展时机。但是，辽宁民营企业微观主体不强，固有弊端始终存在，竞争力仍然亟待提升。当前，辽宁民营经济发展的关键是促进市场主体和产业要素的有机互动与合作，积极寻找具有前瞻性、针对性的解决方案。

（一）进一步优化民营经济发展环境

为提升民营企业发展动力，首先辽宁省需要在制度上继续予以支持。尊重规律，尊重市场，破除各种体制机制障碍，通过制度创新激发市场活力，杜绝“玻璃门”“弹簧门”“旋转门”现象。解放思想，转变观念，改变旧体制下思维定式，明确政府与市场之间的关系。继续深化“放管服”改革，激发市场主体的活力，努力构建“亲”“清”新型政商关系，为民企营造平等、公平发展的社会氛围，消除打官腔、靠人脉办事等不良行为。继续出台诸多政策，落实国家各项税收优惠政策，进一步清理规范涉企收费，有效降低成本，激发各类市场主体活力，让民营企业轻装上阵。加强政策上的配套支持，废除对非公有制经济各种形式的不合理规定，消除各种隐性壁垒，进一步完善监督和反馈机制。大力推进简政放权，下放行政审批权限，秉承以市场为主导、政府辅助的思想。提高决策执行能力，千方百计为企业解决实际问题。进一步优化营商环境，切实维护民营企业家基本权益。

（二）多措并举解决融资信贷问题

降低民营企业和小微企业的成本，需要专业的手段和创新的思维。政府首先要完善金融机构监管考核机制，提高民营企业、小微企业金融服务在银行考核体系中的权重。金融业要回归本源，多开展融资促进行动，服务好实体经济，加大对民营企业的融资支持，事关建设现代化经济体系大局。优化金融生态环境，搭建政府、商会、银行、企业沟通交流的平台，营造支持民营企业发展的良好社会氛围，促进银企合作。建立多元化的资本市场融资机制，在贷款规模、审批效率、抵押担保等方面加大对民营企业的扶持力度，积极处理民营企业在融资过程中出现的股权质押、PPP 项目融资、大企业应付款回收等方面的问题，助力实现企业低成本资本扩张和发展。根据企业需求，创新金融衍生产品，增加服务内容。通过年审贷、循环贷、银税合作等满足民营企业特有的融资需要，着力破解抵押物不足、信息不对称等难题，积极做好投资债券、置换债券等金融工具。打造民营企业大数据平台，加强银行机构的风险控制。把握好金融机构贷款加权平均利率，保证政府性、政策性融资担保机构年化担保费率处于安全范围之内，提升金融服务实体经济的能力，降低企业杠杆率。优化小微企业贷款期限管理，探索小微企业融资周转“无缝衔接”模式。支持有条件的民企直接融资，拓宽企业多元化融资渠道。破除国有与民营企业之间的体制性障碍，鼓励实力较强的民营企业参与国有企业并购，减少对民营企业的融资限制。要降低税费成本，落实各项对民营企业的减税降费政策，推动实体经济健康发展。

（三）走“专精特新”发展道路

走“专精特新”的发展道路是辽宁民营企业下一步持续发展的关键所在。民营企业要从自身发力，摆脱传统家族企业管理模式，精耕细耘，将主战场放在优势领域上，把从前的“大而全”转换到“小而美”上。按照市场需求及产业优势，依靠技术进步，加强产品技术的领先优势，实现技术和产品升级。鼓励同为龙头的民营企业建立产、学、研、用一体化的协同创新、开放创新机制，全面提升企业创新能力及产品竞争力，保持技术、专利、产品性能、售后、服务的创新及独特性，丰富品牌内涵，提升企业品牌价值。顺应并把握行业发展潮流，使专业技术始终处于领先地位，保证长久竞争力。主动融入区域集群，增强抗风险能力，实现产业资源集聚，保持地区特色产业的长期竞争力。明确人才对于提升企业核心竞争力的重要作用，积极吸引科技创新人才。扩大科研人员在科研管理项目、经费使用上的自主权，完善以增强知识为价值导向的分配机制，为企业发展提供坚实的人力保障。

参考文献

辽宁优化民营企业发展环境调查：《让民营经济创造活力充分迸发》，西藏自治区政府网站，2019 年 1 月 10 日。

《把握东北振兴机遇积极助推辽宁振兴》，全国工商联网站，http：//www.lnsgsl. org/gslgslyw/201707/t20170721_ 2993044. html，2017 年 7 月 21 日。

温继锦、刘瑞：《民营企业融资存在的问题及优化策略》，《财经论坛》2017 年第 4 期。

王海兵、杨蕙馨：《中国民营经济改革与发展 40 年：回顾与展望》，《经济与管理研究》2018 年第 39 期。

B.11 2018年辽宁财政运行态势及2019年展望*

郭 矜 于 漾**

摘 要： 2018年，辽宁省财政运行基本平稳，积极的财政政策聚力增效，减税降费力度不断加大，财政资金使用效益不断提高，支出结构明显优化，民生等重点支出保障有力，财政体制机制建设取得新突破，财政收入超额完成年初确定的增长目标。2019年在国内经济下行压力加大的背景下，伴随着以增值税为主的更大规模减税工作的推进，辽宁省财政工作将继续以供给侧结构性改革为主线，在打好三大攻坚战、保障改善民生、深化财税体制改革、支持区域协调发展等方面不断改革创新，为全面建成小康社会打下坚实基础。

关键词： 财政收入 财政支出 财政政策 供给侧改革 减税

一 2018年辽宁地方财政运行状况

（一）预算收入

2018年全省公共财政收入2616亿元，较2017年增长9.3%，为预算的

* 本文是2017年度辽宁省社会科学基金重点项目（课题编号：L17AJY010）的阶段性研究成果。

** 郭矜，辽宁社会科学院经济研究所副研究员，经济学博士，主要研究方向为财税理论与实务；于漾，中国人民银行辽宁省分行，经济学博士，主要研究方向为财政与金融。

102.8%，超额完成了年初确定的6.5%的增长目标，加之中央财政各项补助收入2456.1亿元、地方政府债务收入1473.5亿元、调入资金624.6亿元、上年结余收入336.1亿元、国债转贷资金上年结余0.1亿元，总收入合计为7506.4亿元。其中，税收1976.0亿元，同比增长9.0%；省本级（不含沈抚新区）一般公共预算收入101亿元，较之上年增长11.3%，完成年度预算的106.9%，其中税收收入16.4亿元，为预算的98.6%，较上年增加了0.9亿元，非税收入84.6亿元，为预算的108.7%，较上年增加了11.9亿元。

2018年辽宁省预算收入实现超预期增长，增幅为五年内最大（见表1）。这主要由于钢铁等行业工业品价格回升、税收贡献度提高，同时房地产行业快速发展也导致税收增长较快，部分高技术产业税收贡献也比较突出。这一年，全省各级财政部门巩固做实财政收入成果，聚力增效实施积极财政政策，强化资金保障，提高财政资金使用效益，避免收入大起大落，促进财政收入稳定增长，为全省经济社会发展提供了财力保障。

表1　2014～2018年辽宁省预算收入情况

单位：亿元，%

类别 \ 年份		2014	2015	2016	2017	2018
辽宁	公共财政收入	3192.8	2125.6	2199.3	2390.2	2616.0
	税收收入	2330.6	1650.5	1687.4	1812.0	1976.0
	公共财政收入占GDP比重	11.15	7.40	9.97	9.98	10.33
	公共财政收入增速	-4.46	-33.42	3.47	8.68	9.45
	政府性基金收入	1580.3	909.3	722.9	711.5	933.7
	国有资本经营预算收入(省本级)	1.5	3.6	15.5	19.9	25.2

资料来源：历年辽宁省统计公报。

由表1可见，2018年辽宁省公共财政收入占GDP比重仍然保持稳定并有所回升，税收收入在落实各项结构性减税和普遍性降费政策的背景下还有提高实属不易。2018年辽宁省政府性基金收入为933.7亿元，比上年增长31.1%，完成预算的126.6%，其中省本级（不含沈抚新区）政府性基金收入20亿元，为预算的113.6%，同比增长0.7%；国有资本经营预算收入由

于部分市2017年国有企业PPP项目一次性收入约38亿元，同比下降36%，为57.9亿元，其中省本级国有资本经营预算收入25.2亿元，同比增长24.2%；此外，2018年辽宁省汇总社会保险基金收入3261.7亿元，同比增长27.4%，省本级社会保险基金收入389.5亿元，同比增长13.4%。

从税收占比来看，2018年辽宁省税收收入达到1976亿元，占一般公共预算收入的比重达75.5%，比2017年增长9%，税收占比连续三年保持在75%以上。这也说明了辽宁省近几年财政收入结构持续优化、收入质量呈现出较好态势。在各项税收中，增值税834.2亿元，同比增长6.8%；企业所得税316.7亿元，同比增长13.7%；个人所得税99.2亿元，同比增长9.7%；资源税41.3亿元，同比下降2.3%；房产税101.8亿元，同比增长6.9%。

（二）预算支出

2018年辽宁省一般公共预算支出5323.6亿元，比上年增长9.1%，加之置换债券和再融资债券的债务还本支出1310.4亿元、结转下年支出450.4亿元、调出资金338.3亿元、上解中央财政支出77.2亿元、待偿债置换一般债券结余6.4亿元、国债转贷资金结余0.1亿元，总支出合计为7506.4亿元；省本级一般公共预算支出759亿元，同比增长0.4%；政府性基金支出890亿元，比上年增长29.2%，其中省本级（不含沈抚新区）政府性基金支出由于国家重大水利工程建设基金收入减少，用其安排的支出也相应减少等因素的影响比上年降低了22.1%，为15.7亿元；全省国有资本经营预算支出90.2亿元，同比增长19.2%，其中省本级国有资本经营预算支出25.7亿元，同比下降4%；全省社会保险基金支出3562.5亿元，同比增长26.2%，省本级社会保险基金支出455.1亿元，同比增长21%。做实数据以来，辽宁省一般公共预算支出首次超过5000亿元大关，有力保障了全省经济社会发展和改善民生等资金需要。

按支出类别划分，社会保障和就业支出1457.7亿元，同比增长8.7%；医疗卫生与计划生育支出350.5亿元，同比增长4.1%；住房保障支出149.3亿元，同比增长19.6%；教育支出651.6亿元，同比增长0.6%；农林水支出462.3亿元，同比增长0.7%；科学技术支出75.3亿元，同比增长31.2%；交通运输支出210.6亿元，同比下降2.1%（见表2）。

表2 2018年辽宁省一般公共预算支出分类情况

单位：亿元，%

分类	支出额	增长率
社会保障和就业支出	1457.7	8.7
教育支出	651.6	0.6
农林水支出	462.3	0.7
医疗卫生与计划生育支出	350.5	4.1
交通运输支出	210.6	-2.1
住房保障支出	149.3	19.6
科学技术支出	75.3	31.2

资料来源：辽宁省财政厅网站。

在已知辽宁省2018年一般公共预算收入和一般公共预算支出的前提下，可以计算出辽宁省2018年的财政自给率，约为49.1%。财政自给率可以较好地反映地方财政对于中央转移支付的依赖程度，同时也可以反映出地方经济活动繁荣度，指标数值越大，地方财政“造血能力”就越强，对于中央财政转移支付的依赖程度也就越低。由此可以初步判断出辽宁省与全国其他省份相比财政自给率仍然较低，“造血功能”不是很突出。

值得说明的是，2018年辽宁省财政在精准发力、促进经济高质量发展方面有很大作为。首先表现在供给侧改革、培育新的经济增长点方面。支持化解煤炭过剩产能、减轻企业和居民税费负担1390亿元；为了支持东北振兴新动能培育平台等基本设施建设和重大水利工程建设筹集专项资金85.9亿元；筹集资金76亿元，支持打好蓝天保卫战、辽河流域综合治理、城市黑臭水体治理、农业农村污染治理以及山水林田湖草生态治理与修复；安排新增政府债券12.8亿元，支持实施重点环保项目；拨付科技资金3.3亿元，用于对全省各类企业研发经费投入奖补；筹措资金4.5亿元，用于“兴辽英才计划”，为辽宁全面振兴提供智力支持；缓解新型农业经营主体融资难问题，农业信贷担保金额达到18.2亿元；筹措资金35亿元，注资组建省担保集团；拨付资金 67.4 亿元支持“三供一业”分离移交和处置“僵尸企业”等国有企业改革工作；设立全面开放专项资金和省旅游发展专项资金 4.1 亿元，增强经济内生增长动力；积极争取中央财政支持，2018 年全年辽宁省共争取中央财政各类转移支付资金 2035.3 亿元，比上年增长 7.6%，其中均衡性转移支付资金 364 亿元，同比增长 15.6%，增幅位居全国第一。

其次是财政资金支持重大战略实施方面。省财政为了促进农业高质量发展、支持乡村振兴战略，筹集资金 500 多亿元，维修改建道路 5207 公里、新改建道路 5819 公里，建设“一事一议”村内道路 6290 公里，改造美丽乡村 448 个，帮助 1211 个行政村发展村集体经济；整合资金 10 亿元，重点支持县域农产品深加工产业，2018 年全省 41 个县（市）一般公共预算收入增长 20%；争取中央新增辽宁沿海经济带补助 10 亿元，拉动固定资产投资 93.9 亿元，加快推进国家战略的实施进程；制定支持沈阳经济区发展三年行动计划的财政政策；为了支持辽西北地区的项目发展筹集资金 10 亿元；争取中央补助资金 50 亿元，用于沈抚改革创新示范区建设。

（三）地方政府债务

据统计，2018 年全省通过盘活资产化解债务 1380 亿元，完成全年任务的 137.7%，及时足额偿还到期债务本息，顺利发行置换债券 1023.1 亿元、新增债券 228 亿元、再融资债券 528.3 亿元，共计 1779.4 亿元政府债券。2018 年国务院批准辽宁省（含大连）政府债务限额 9550.7 亿元，截至年底辽宁省政府债务余额为 8593.5 亿元。为了防范化解隐性债务风险，按照党中央、国务院的有关部署要求，辽宁省不断完善管理制度和管理机制，制定了实施意见、问责细则与化解方案，组织开展摸底排查，强化隐性债务风险预警和动态监测，控制债务风险。

（四）财政与民生

2018 年辽宁省财政支出用于民生的比重高达 74%。努力完善机制保民生，不断增强人民群众幸福感。首先，辽宁省出台统筹整合资金支持打好脱贫攻坚战的意见，缓解贫困地区财政运行压力，安排转移支付资金 8 亿元用来加大对 15 个贫困县的扶持力度。其次，防范养老金支付风险。为了确保企业养老金按时足额发放，拨付补助资金 651.4 亿元，风险基金 145 亿元，并积极研究确保企业养老金发放的长效机制，在分析测算的基础上，对未来几年保证养老金发放工作进行了制度设计。再次，社会保障水平不断提高。其中城乡特困人员供养标准提高 13%，优抚对象抚恤补助标准提高 10%，城乡居民低保标准分别提高 8.5% 和 6.3%。最后，重点领域民生投入政策落实力度加大。落实城乡统一的“两免一补”等教育支出政策，提高高等教育和职业教育办学质量，支持农村义务教育薄弱学校改造，共拨付资金 75.1 亿元，完善扶困助学体系，落实保障困难群众基本生活、基本医疗等社保政策，落实国家和省促进就业创业政策，落实国家农业保险和普惠金融政策，积极筹措资金，支持公共文化服务体系建设，争取中央资金 20 亿元，推动老旧棚改小区维修改造等。

（五）财政体制

2018 年辽宁省在财政体制机制建设方面不断深化改革加强管理，取得很多新成绩，财政体制机制活力不断被激发。首先，积极推进预算管理改革。中央财政在教育、卫生等中央与地方共同财政事权的基本公共服务领域中，将补助比例由 35% 提高到 50%，辽宁省出台基本公共服务领域省与市共同财政事权和支出责任划分改革方案，制定统筹中央转移支付资金工作规程，按照“先生活、后生产”的要求，对各市县 2018 年预算编制进行了全面核查，多次深入市县对 2019 年预算编制开展事前督导，推动各市增加安排刚性支出 52.5 亿元，修订政府购买服务指导性目录，选择重点公共服务领域项目开展第三方绩效评价试点，开展扶贫资金动态监控，在省市及部分县区，开展政府财务报告编制试点工作。其次，预算绩效管理体系进一步完善。2018 年省直各部门项目支出预算绩效目标全部随预算批复，并在执行中开展绩效监控，对 2017 年 1242 个项目支出实施绩效评价，将绩效评价结果作为预算安排的重要依据。积极配合人大贯彻落实《关于人大预算审查监督重点向支出预算和政策拓展的实施意见》，启动人大预算联网系统建设，搭建全省统一的预算联网监督平台。再次，国有金融资本实现归口管理。落实党中央、国务院《关于完善国有金融资本管理的指导意见》，制定了辽宁省具体实施意见，在全国率先实现财政部门对地方国有金融资本的集中统一管理，从制度上实现了国有金融资本由财政部门集中统一管理。最后，积极推进机构改革。为了配合做好省直行政事业单位机构改革相关工作，出台了经费拨付和管理办法，及时办理部门间预算和资产划转手续，科学安排改革后单位预算，确保改革有效衔接、平稳运转。

2018 年辽宁省县乡财政体制改革工作硕果累累。全年县乡财政收入保持了 20% 以上的较大增幅，实现了快速增长。在制度建设方面不断强化工作督导，加大对县乡财政转移支付力度，全省乡镇一般公共预算收入达到 169.2 亿元，比上年同期增长 27.3%，高于全省一般公共预算收入增速 18 个百分点。全省乡镇发展经济社会事业的内生动力不断增强，乡村振兴和县域经济发展战略实施得到有效促进，辽宁省及各市均出台了乡镇三年增量全返等激励政策，部分有条件的地区还将激励政策执行期延长至 5 年，一些地区设立了专项奖补资金，多数地区制定了“飞地经济”税收返还等政策，有效激发了乡镇发展经济社会事业的内生动力和活力。据初步测算，仅兑现乡镇新增财政收入全部留给乡镇的激励政策部分，2018 年省财政就需返还乡镇一级增量收入近 13 亿元。随着改革的深入，辽宁省乡镇全部设立了金库，乡镇一级在财政收支方面比以往有更大的自主权，财政资金支付风险也随之降低，利用“飞地经济”政策吸引项目的积极性更加高涨。

二　2019年辽宁财政改革发展的初步预测

2018 年，在复杂的国际背景和国内艰巨的改革发展任务下，辽宁省财政按照省委部署，坚持稳中求进工作总基调，扎实工作，落实高质量发展要求，财政运行态势基本平稳，减税降费力度进一步加大，财政支出结构持续优化，改善民生取得新成效，财政体制机制建设取得新突破，积极的财政政策聚力增效。

2019 年是我国全面建成小康社会的关键之年，也是新中国成立 70 周年。展望 2019 年，伴随着以增值税为主的更大规模减税工作的推进，收入下行、支出上行的压力将比较突出，国家宏观整体经济增速下行概率加大，保持财政经济平稳运行的难度也相应加大。辽宁省的财政工作应落实新发展理念，以党的十九大和十九届二中、三中全会精神为指导，统筹推进“稳增长、促改革、调结构、惠民生、防风险”工作。

具体来说，2019 年辽宁省将继续以供给侧结构性改革为主线，积极的财政政策要加力提效，坚持市场化改革，激发微观主体活力，降低企业负担，落实更大规模的减税降费政策；严格压缩一般性财政支出，政府要过紧日子，优化支出结构，强化民生支出，让人民群众有更多获得感，提高资金配置效率，增强全省对财政资金的统筹能力和支撑能力；提高预算管理水平，全面实施预算绩效管理，狠抓制度，构建全方位覆盖的预算绩效管理体系；完善中央与地方财政关系，协调好区域间财政关系，加快建立现代财政制度；贯彻好乡村振兴战略，构建支持实施乡村振兴战略的财政体制机制，大力支持乡村建设，深化农村改革，推动农业高质量发展；强化政府债务管理，积极防范化解政府隐性债务风险，坚持问题导向，强化工作举措，促进经济可持续健康发展与社会和谐稳定，以优异成绩庆祝中华人民共和国成立 70 周年，为全面建成小康社会打下坚实基础。

三　2019年辽宁财政运行情况展望

（一）落实“加力提效”积极财政政策

积极的财政政策加力提效，不是政府的大包大揽，也不是“大水漫灌”式的强刺激，而是要实施逆周期调节，在“巩固、增强、提升、畅通”方面多下功夫。

1. 落实好更大规模的减税降费政策

减税降费是2019年我国积极财政政策的头等大事，是减轻企业负担、激发市场活力的重大举措，是财政的“乘法”。要从政治和全局的高度，切实承担起抓落实的主体责任，加强与税务部门的衔接，积极引导预期，密切跟踪政策的落实情况，加强监督检查，确保国家各项减税降费政策迅速落地见效。及时分析测算减收情况，并采取措施加以应对，确保全年财政收支平衡，在努力实现2019年“开门红”的基础上，完成全年收入预期目标任务，狠抓收入质量问题，坚决反对收过头税、乱收费和虚收空转等行为。

2. 做好财政“加减法”

“加法”就是加大财政支出力度，扩大财政支出规模。“减法”就是节用裕民，坚持政府带头过“紧日子”。除刚性和重点支出外，全省一般性支出一律按照5%的幅度压减、三公经费按3%的幅度压减，硬化预算约束，严格控制追加，特别是经费类支出的追加，要严格审核把关，不该花的钱一分也不能乱花，节省的资金用于保障基本民生等重点支出，不断提升老百姓的幸福感、获得感、安全感。

3. 实施预算绩效管理

根据党中央、国务院关于“全面实施预算绩效管理”的意见，制定出台辽宁省贯彻落实的具体意见，这也是财政的“除法”——破除体制机制障碍。将预算绩效管理贯穿预算编制的全过程，更好发挥财政资金作用。可以选择部分省直单位开展整体预算绩效管理试点，对部分重大政策和项目开展绩效评估。

4. 积极争取中央财政专项支持

加强与财政部的沟通衔接，及时汇报反映辽宁省有关工作情况和问题，寻求指导和帮助，建立重点事项专人负责沟通衔接制度，点对点跟踪推动落实，配合业务主管部门扎实做好各项基础工作，努力争取中央财政给予辽宁省更大的倾斜支持。

（二）深化供给侧结构改革

1. 支持“三去一降一补”

对于企业结构性调整，要用好专项奖补资金，加快过剩产能出清。研究制定支持国企改革发展的财政政策措施，加强国有资本运营管理，积极推动国有企业兼并重组和混合所有制改革，加快完成地方国有企业厂办大集体改革，管好用好中央财政补助资金，加快推进“三供一业”工作。落实支持民营经济发展的各项财政政策。

2. 支持创新驱动

加大财政投入力度，强化企业创新主体地位，激发企业创新活力，促进形成科技成果转化机制。综合运用政府投资基金、风险补偿、后补助等手段提升产业链水平。对高水平人才队伍建设加大投入力度。支持沈阳材料科学国家研究中心建设。

3. 支持制造业发展

积极争取先进装备制造业投资基金、国家集成电路产业投资基金、制造业转型升级基金等，与财政部等国家有关部委沟通衔接，组织做好辽宁省项目的申报和推荐工作。支持省级制造业中心建设。用好中央工业转型升级、军民融合发展等专项资金。

4. 进一步释放内需潜力

完善政府购买服务制度，推进收入分配制度改革，激发居民消费潜力。支持商贸流通、养老医疗、教育培训等生活性服务业发展。支持在建工程及补短板项目建设，推动重大投资项目落地。用好产业（创业）投资引导基金，规范推进 PPP 模式，加大引导社会资本投资力度。

（三）持续打好三大攻坚战

1. 化解重大风险

财政要想可持续，控制好债务是重要的问题。扎实做好债务统计监测、化解债务风险措施落实和风险应急处置等工作，努力完成省政府确定的化债任务，确保不发生区域性系统风险。坚决遏制隐性债务增量，严禁以政府购买服务和政府投资基金等名义变相举债，加大财政约束力度，抑制地方不具备还款能力的项目建设，从严整治举债乱象，建立健全日常监控机制、举报奖励机制、跨部门联合惩戒机制，对违法违规举债融资行为要倒查责任、终身问责。做到发现一起、查处一起，问责一起、通报一起，牢牢守住不发生系统性风险的底线。稳妥处置隐性债务存量，谁举债谁负责，做到让债权人和债务人共同承担风险，建立市场化、法治化债务违约处理机制。推动投融资平台公司透明合法运作，逐步推进融资平台公司市场化转型，严禁新设融资平台公司，坚决制止地方政府将公益性事业单位变为融资平台，依照《预算法》对债务进行严格管理。加大财政预算保障力度，严格基金支出管理，确保企业职工基本养老金足额按时发放。

2. 实施精准脱贫

为了实现基层财政平稳运行，必须加大财政扶贫资金的投入力度，力争将财政资金聚集到重点贫困地区和贫困人口，增强财政资金统筹整合能力，打赢脱贫攻坚战，构建脱贫长效机制，增强基层造血功能，努力解决因病返贫、因病致贫问题。为了实现对扶贫资金的有效监管，应加快扶贫资金动态监管机制建设，实施全过程绩效管理和动态监控，以更好发挥财政投入的脱贫绩效。对发现的违规行为发现一起、曝光一起，坚决防止扶贫资金被挤占挪用。

3. 加强污染防治

利用新增债券、财政专项资金继续支持大气、水、土壤污染防治工作，统筹山水林田湖草治理，将辽河流域和渤海辽东湾污染综合治理作为重点工作，支持重大生态修复工程，建立实际治理成效与资金分配挂钩的奖惩机制。优化生态环境，建设美丽辽宁。

（四）着力保障改善民生

1. 完善民生保障机制

积极发挥好财政政策导向作用，落实“先生活、后生产”要求，注重政策的针对性和可持续性，推动财力向民生集中、政策向民生倾斜、服务向民生覆盖。加大财政投入力度，强化政策和资金保障，不折不扣地落实好省政府确定的十件民生实事，保质保量地兑现承诺，建设一事一议村内道路5500公里，加大财政惠农补贴资金“一卡通”发放力度，推动“一卡通”发放由惠农向惠民转变。落实好养老金、医疗卫生、城乡低保等各项社保提标政策；支持普惠性学前教育发展，义务教育均衡发展、职业教育特色发展和高等教育内涵发展；做好退伍军人、下岗职工、高校毕业生、贫困人员、农民工等群体就业创业工作；支持优化城乡医疗资源，推动整合城乡居民医保制度；支持完成农村危房改造；支持文化惠民工程和群众体育事业发展，全方位推进“平安辽宁”建设。

2. 确保基层财政“三保”支出

牢固树立底线思维，把“三保”作为重大政治责任，确保基层财政平稳运行。对于可能出现“三保”不到位的市县，按照国家确定的保障范围和标准，对其“三保”支出预算进行审核，确保“三保”支出得到及时足额安排，充分发挥预算事前审核机制和备案审查机制的作用。视各地区努力情况实施财政倾斜政策，增强基层财政“三保”能力，确保工资发放等基层财政“三保”工作不出问题。

（五）深化财税体制改革

1. 推进预算制度改革

继续完善全口径预算体系，实现四本预算之间有机衔接，推动做实国有金融资本经营预算，进一步明确财政部门与预算单位职责边界，改进和完善年度预算编制方式，完善定额标准体系，继续深化政府采购和政府购买服务等改革。

2. 落实国家税收政策

贯彻落实对科技创新企业与小微企业的税收减免政策，切实减轻企业负担，在国家授权范围内制定辽宁省的减免方案，落实环保税改革政策，制定辽宁省适用税额调整方案。在省、市、县（区）全面推进政府财务报告编制试点，选择部分省直单位及地区开展预算单位差旅电子凭证网上报销改革试点，启动非税收入收缴电子化改革试点和财政电子票据改革试点。对2018年预算执行结果进行全面的绩效评价，为编制2020年预算提供科学依据。

3. 完善省以下财政体制

积极推进省与市事权和财政支出责任划分改革，深化县乡财政管理体制改革，进一步激发县乡发展活力。要不断强化省级财政政策与市县相关政策的上下联动、增强政策之间的叠加效果。

（六）支持区域协调发展

1. 推动实施五大区域发展战略

用好中央财政支持辽宁沿海经济带建设的补助资金，推动辽宁沿海经济带转型与新旧动能转换；推动辽西北地区与沈阳经济区、沿海经济带产业一体化协作；落实支持沈阳经济区发展各项财政政策；实施沈抚新区改革创新示范区建设方案；支持“一县一业”，推进县域产业升级和特色小镇发展。

2. 深入实施乡村振兴战略

构建支持乡村振兴战略的财政政策体系，加大资金统筹整合力度，完善各种惠农富农强农政策，支持农业供给侧结构性改革；不断增加农业保险品种，提高农业保险水平；支持发展适度规模经营，壮大乡村产业，持续安排专项资金支持村集体经济发展；支持农村人居环境整治三年行动，重点推进农村生活垃圾污水处理、厕所革命、村容村貌改善等，建设生态宜居美丽乡村；采取以奖代补方式，夯实乡镇发展基础，破解项目发展瓶颈、推动“飞地经济”发展。

3. 贯彻高水平对外开放

为了实现辽宁省经济全面振兴，应统筹用好全省全面开放专项资金与中央财政外经贸发展专项资金，推进高水平对外开放；积极争取国家港口整合基础设施建设的优惠政策和资金支持，加快东北亚国际航运中心建设，提高港口使用效率；引进优质外资项目、建立招商引资激励机制，培育外贸竞争新优势，支持深度融入“一带一路”建设，支持招才引智工作。

参考文献

杨杰：《经济下行背景下的财政运行及对策研究》，《当代经济》2019 年第 2 期。

杨白冰：《2018 年我国财政运行情况及 2019 年展望》，《中国经贸导刊》2019 年第 1 期。

朱雪梅：《“四个全面”做实财政运行监管工作》，《财政监督》2019 年第 1 期。

徐红妹：《关于基层财政项目资金管理运行的意见和对策》，《财会学习》2018 年第 11 期。

罗建国：《正视财政经济形势，把准财政正确方向》，《中国财经报》2019 年第 1 期。

B.12
2018年辽宁省旅游业发展报告

李晓南　安 娜*

摘　要： 2018年，辽宁旅游业继续保持良好增长势头，以供给侧改革为主线，产业融合、产品优化、全域旅游协调发展，收获显著。但与其他地区相比，总量偏小、实力偏弱、创意不足、文旅融合不深等问题仍存在，未来应通过加强基础设施和公共服务体系建设、发展优质旅游和智慧旅游、挖掘文化IP加深文旅融合等举措，推动辽宁文旅跨越式发展。

关键词： 旅游业　文化旅游　文旅融合　供给侧改革　文化IP

2018年，在省委省政府的领导下，辽宁深入贯彻落实习近平总书记有关东北振兴重要讲话精神和中央关于发展旅游业的决策部署，通过用好存量、扩大增量，丰富产品业态、延长产业链条、深化旅游业供给侧改革等一系列举措，推动全省旅游业转向高质量发展，全省旅游市场更加活跃繁荣，建设旅游强省步伐加快。

一　2018年辽宁省旅游业发展基本态势

（一）旅游业实现持续增长

2018年，辽宁旅游业总体保持了自2015年以来的良好发展势头，全省共

---

* 李晓南，辽宁社会科学院社会学所副研究员，主要研究方向为文化产业；安娜，辽宁省统计局社科文处主任科员，主要研究方向为文化及相关产业统计。

接待国内外游客56499.1万人次，比上年同期增长11.7%。其中，国内旅游市场持续高速增长，接待国内游客56211.4万人次，增长11.7%。入境旅游市场平稳发展，接待入境过夜的游客287.7万人次，增长3.2%。在接待入境过夜游客中，外国人229.8万人次，增长5.9%；港澳台同胞57.9万人次，下降6.3%。全年旅游总收入达到5369.8亿元，比上年增长13.3%，高出全国平均增速2.8个百分点。其中，国内旅游收入5254.8亿元，增长13.7%；旅游外汇收入17.4亿美元，下降2.2%。根据中国旅游研究院和马蜂窝旅游网共同发布的中国省域自由行大数据系列报告，2018年辽宁旅游热度同比增长139%，并呈现由高速增长向高质量发展转变、质与量并重的良好态势。①

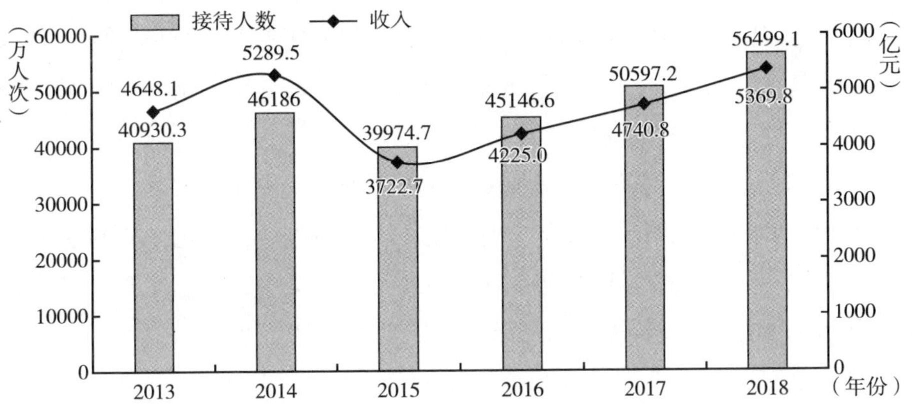

图1　2013～2018年辽宁省接待游客人数与旅游业收入

资料来源：辽宁省统计局。

表1　2010～2017年辽宁省旅游接待基本情况

年份	国际旅游收入（亿美元）	国内旅游收入（亿元）	国内游客（亿人次）	入境游客（万人次）	国内居民出境人数（万人次）
2010	22.6	2533.4	2.8	361.9	146.9
2011	27.1	3159.3	3.3	410.3	132.4

① 中国旅游研究院、马蜂窝旅游网：《冰雪东北：中国省域自由行大数据系列报告之东北地区》。

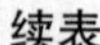

续表

年份	国际旅游收入（亿美元）	国内旅游收入（亿元）	国内游客（亿人次）	入境游客（万人次）	国内居民出境人数(万人次)
2012	32.9	3770	3.6	480	141.6
2013	34.7	4432.5	4	503.1	203.5
2014	16.2	5190.2	4.6	260.7	390
2015	16.4	3622.5	4	264.1	287
2016	17.4	4225	4.5	273.7	336
2017	17.9	4620.7	5	278.9	358

资料来源：辽宁省统计局。

截至2018年末，全省共有星级以上宾馆671家，其中五星级以上宾馆24家，旅行社1489家。至2018年末，全省共有国家A级景区454个，其中5A级旅游景区5个，4A级旅游景区115个，3A级旅游景区254家，2A级旅游景区72个，A级旅游景区8个。

分地区看，大连仍是全省最受欢迎的旅游城市，在省内各种热门旅游目的地排名中经常位列第一，获评“中国最佳旅游城市”，入选“全国首批旅游休闲城市”。多年来，大连接待国内外旅游人数最多，贡献了最多的旅游收入，截至2017年底大连国内旅游收入达到1242.9亿元，且是第二名沈阳市的将近2倍。表现突出的其他旅游城市依次为沈阳、丹东、鞍山、本溪、抚顺等。

表2　2017年全省各地旅游情况

地区	国内旅游接待人数(万人次)	国内旅游收入(亿元)	接待入境旅游人数(人次)	旅游外汇收入（万美元）
沈阳	7164.1	636.2	693821	35127
大连	8410.0	1242.9	1063938	55081
鞍山	4523.2	370.3	206106	15842
抚顺	3458.3	276.3	156235	12799
本溪	3822.4	284.8	76120	12085
丹东	4533.5	402.1	137200	8684
锦州	2620.7	187.2	96000	11557

续表

地区	国内旅游接待人数(万人次)	国内旅游收入(亿元)	接待入境旅游人数(人次)	旅游外汇收入(万美元)
营口	2676.0	230.6	79018	6578
阜新	1309.6	89.4	22346	918
辽阳	2489.7	198.2	40474	2563
盘锦	2642.6	213.2	114315	9978
铁岭	2003.1	146.1	36000	2865
朝阳	2438.2	164.1	20891	1304
葫芦岛	2245.0	179.3	46000	2426

资料来源：《辽宁统计年鉴（2018）》。

总体来说，以深化供给侧改革为主线，以持续推进全域旅游为抓手，近年来全省各地区旅游业发展得如火如荼，旅游产业转型趋势明显，旅游市场愈加繁荣。特别是2018年以来，为贯彻落实党的十九大精神、勾画新形势下文化和旅游融合发展的蓝图，辽宁省在调整旅游规划、优化政策环境、完善产业发展布局等方面积极探索，先后出台了《辽宁省促进乡村旅游发展提质升级实施方案（2018）》、《关于进一步加快旅游业发展的实施意见》以及《推进冰雪经济发展的实施方案》等政策措施，并设立了旅游发展专项资金以支持全省旅游基础设施和公共服务设施建设，保护濒危或遭到严重破坏的人文自然旅游资源。通过整体谋划、统筹推进，坚持项目引领、深化创新，辽宁旅游在立足省情寻找特色上取得显著成绩，旅游业“兴一业旺百业”的引擎带动作用日益明显。辽宁旅游正在经历由“门票经济”向“产业经济”、由“景区旅游”向“全域旅游”、由“观光旅游”向“大众旅游”的转型升级。

（二）旅游业与其他行业融合发展程度不断加深

以“旅游＋”促进产业融合，激发旅游业活力，增强了旅游业发展的新动能。2018年，辽宁省通过继续促进资源优化整合，延伸产业链条，聚集产业要素，丰富旅游业态，将更多的资源优势转化为产业优势，不断活化

存量、做大增量。以大连为例，大连创建了“一体双轮五驱动”综合管理模式，创新推出旅游+游轮、旅游+体育、旅游+医药、旅游+交通等一批休闲度假游项目，新建了玻璃小镇、海盐世界公园等项目，开发出帆船、自行车环岛赛等旅游赛事，通过打通多个行业，有效延伸产业链条，带动全市新增旅游就业1万余人次，旅游业从业人员超32万人次。

从旅游业与农业的融合发展来看，截至2017年底，全省有1200余个乡村已经具备发展乡村旅游的基础条件，全省拥有餐饮类农家乐4581个、农家客栈2660个，年接待游客达到30万人次以上，达到3A级景区标准的旅游特色村有47个，中国乡村旅游模范村30个，中国乡村旅游致富带头人290人。① 可以说，辽宁已经初步形成品类齐全的乡村旅游发展格局。2018年6月，省内出台了《辽宁省促进乡村旅游发展提质升级实施方案（2018）》，及时提出要将乡村旅游向民宿经济转型升级，进一步发挥乡村旅游在乡村振兴、产业扶贫、扩大消费等领域的重要作用。在沈阳，目前已开发了盛京驿站、盗梦空间等休闲农庄项目二十余个，全市休闲农业年收入将近6亿元。全省还有很多地区将农场、牧场改造成休闲农业旅游项目，沿海地区正在开发休闲渔业项目，为游客带来丰富多彩的旅游体验。

从旅游业与工业的融合发展来看，辽宁作为历史悠久的工业大省，工业遗存与工业文化丰厚。十九大后，为贯彻落实保护传承工业文化遗产与工业精神的决策部署，辽宁省积极开拓动态传承工业遗产的新路径，已经在全省遴选出183处工业遗产，并先后三次组织参加国家工业遗产认定申报，目前有鞍山钢铁厂、旅游船坞、本溪湖煤铁厂等多个项目入选头两批国家工业遗产名单。如今，辽宁已将这些老厂房老建筑等开发成6大类44家工业博物馆、观光工厂、创意产业集聚区、工业遗址公园、爱国教育基地等工业旅游景区（点），自2015年以来，参与辽宁工业旅游的人数已超过1000万人次。工业旅游的开发，对老工业城市和资源型城市的产业结构调整和新旧动能转换起到了显著的积极作用。

① 数据来源：辽宁省发改委网站。

表3　全省主要旅游景点构成

单位：个

指标	2013 年	2014 年	2015 年	2016 年	2017 年
红色旅游基地	50	50	50	50	50
农业旅游示范点	45	45	45	45	45
工业旅游示范点	21	21	21	21	21
A 级旅游景点	246	251	317	345	454
总计	362	367	433	461	570

资料来源：辽宁省统计局。

（三）旅游产品结构不断优化

2018 年以来，辽宁通过提高旅游产品和服务供给质量，提升旅游产品附加值，激发游客消费欲望。辽宁旅游产品结构持续优化，并树立起包括温泉旅游、冰雪旅游、购物旅游等在内的多种特色旅游品牌，形成较强的市场影响力。

针对乡村旅游、工业旅游、红色旅游等传统旅游业态，很多地区经过重新设计、挖掘内涵、创新功能实现了景区建设、旅游产品和服务的提质升级。比如，盘锦、本溪等地的乡村旅游由初级农家乐向精品民宿过渡；沈阳、辽阳等地一些传统文化遗产景区开始高质量规划运营文化体验型特色街区、旅游特色小镇等。

辽宁创新运用山水自然资源和人文历史资源，冰雪游、温泉游、海岛游和边境游等特色旅游品牌的市场认可度显著提升。2018 年春节期间，以滑雪、戏冰、穿越林海雪原等为主要内容的辽宁冬季旅游热度大增，沈阳棋盘山、丁香湖冰雪大世界、丹东天桥沟、营口何家沟等地的滑雪场和景区游客爆满。同时，根据马蜂窝等旅游网站数据，自由行游客最关注辽宁的“温泉”和“岛”等关键词。丹东的东汤温泉度假区仅在 2018 年“十一”黄金周期间就接待游客 7.42 万人次，同比增长 48.4%。而渤海湾以及鸭绿江入海口附近的海岛近年来也深受游客欢迎，网络关注度逐步升高。此外，经多年发展，丹东现已利用对朝口岸的便利条件，打造出边境旅游的特色名片。

而随着京沈高铁辽宁段的开通，阜新市果断抓住机遇积极融入高铁沿线城市旅游合作，推出了以购玛瑙、体验蒙古风情等元素为亮点的“高铁游”，为当地经济发展带来新的增长点。

（四）全域旅游蓬勃发展

打造全域旅游产品体系是2018年辽宁旅游业发展的重要抓手。一是体现在旅游产品体系的全域空间结构上。辽宁省委省政府明确提出要在全省范围内培育五条精品线路、十大精品景区、十佳避暑胜地等全域旅游的产业空间布局和特色品牌。沈阳、鞍山、锦州等市纷纷打出“传奇盛京、福运沈阳”“中国玉都、养心名城”“山海福地、锦绣之州”等城市旅游目的地品牌。辽西古文化旅游带等区域旅游品牌日益受到游客青睐；沿海旅游带等区域旅游合作框架也在快速整合中。旅游先进市盘锦已经连续出台多项政策措施，以打造支柱性产业、促进城乡统筹发展和提升城市品质为目标，以红海滩风景廊道为牵引，全力发展全域旅游。

二是体现在旅游活动贯穿全年上。目前，辽宁已经培育形成四季旅游主题产品体系，内容包括春季的“赏花观鸟”、夏季的“避暑消夏”、秋季的“赏枫采摘”和冬季的“冰雪过年”等多种主题活动。2019年春季游，更是推出了200余项主题活动、168条特色线路，展现了辽宁多姿多彩的春旅文化。

二　辽宁省旅游业发展面临的主要问题

（一）旅游业总量规模偏小，竞争优势不明显

2018年，我国国内旅游市场持续火暴，旅游业产值占国内生产总值的11.04%，直接和间接就业人口达到7991万人，占全国就业总人口的10.29%。继广东、江苏之后，山东、四川和浙江的全年旅游总收入也超过了1万亿元，正式培育出“万亿”级产业。相比之下，辽宁省旅游业发展还存在总量规模偏小、竞争实力偏弱等情况。2018年，全省旅游业总收入为5369.8亿元，虽

然增速显著，但在全国排名仅排在第19位左右。无论在产品质量、品牌影响力还是市场美誉度等方面，辽宁与四川、江苏、浙江等旅游强省，均存在较大差距。像九门口水上长城、五女山高句丽山城等世界文化遗产的资源优势还没充分挖掘并转化为产业优势，全省范围内能达到国内一流标准的旅游景区和旅游品牌还不多，与建设“世界知名生态休闲旅游目的地”的目标还有较大差距。

（二）旅游产品缺乏亮点，创新不足

受全省旅游业发展整体水平限制，辽宁省旅游产品普遍缺乏亮点，创意含量不足，创新程度不高，旅游产品体系搭建与项目策划经营均处于初级阶段，在品牌化、多元化、精准化等方面尚有较大提升空间。全省范围内，无论是特色鲜明、知名度高、规模较大的龙头旅游项目，还是小巧精致、品位高级的精品项目，都不多见。以工业旅游为例，位于沈阳铁西区的中国工业博物馆，作为辽宁工业旅游的拳头产品，主要的旅游内容即陈列一些机床、工具等工业遗存，更多停留在静态展览方式，缺乏内涵式发展、互动式体验。而作为辽宁工业旅游代表性项目的鞍钢集团展览馆，在旅游商品开发、产业融合、文化IP挖掘等方面也还存在较大空白。

同时，旅游基础设施、配套设施和公共服务的建设水平，也在一定程度上制约了辽宁旅游的发展。以沈阳为例，目前全市仅丁香湖、蒲河、浑河等周边地区建有少量骑行慢道，建设水平、周边生态环境状况也参差不齐。全市特别是中心城区还没有形成以运河水系为依托的完整的优美的绿道系统，这就不利于开展全域旅游及旅游业与餐饮、时尚、休闲等行业的深度融合。此外，在棋盘山、丁香湖、浑河、蒲河等旅游景区，由于没有充足的自驾车营地、房车营地、复合型旅游服务中心等配套设施，像组团游、自驾游、房车游等新型旅游方式就难以普及。

（三）文化与旅游融合程度还不高

2018年，“文旅融合”在全国范围内成为热词。在辽宁，原文化厅和原

旅发委整合成立了省文化和旅游厅，这意味着文化和旅游的深度融合将为发展辽宁旅游业开启新篇章。经过一年的探索尝试，文旅融合路径初显，成效初现。但总体来说，文化与旅游的融合发展程度还不够高，体现在：一是对辽宁本土文化资源和内涵挖掘不到位，对辽宁文化本身缺乏认同感和归属感。仍以工业旅游为例，由于对辽宁工业文化和工业精神理解得不够全面、深入，旅游产品开发者自然无法精准地从其内涵中提炼出能够与当代社会主流价值观和审美品位对接的元素，如此一来，设计的旅游产品就很难达到让人耳目一新、产生兴趣与共鸣的效果，影响旅游业纵深发展。二是综合运用多种策略设计开发文旅融合旅游产品的水平不高。例如，辽宁虽有丰厚的历史文化、民俗文化、民族文化、民国文化等文化资源与底蕴，但至今仍没有开发出具有市场影响力和美誉度的文化旅游演艺作品，这不得不说是一种遗憾。此外，旅游产品的设计开发也存在较大缺陷。利用省内数量庞大的非物质文化遗产资源设计出方便携带、符合市场消费口味的旅游商品和纪念品等，将是补齐辽宁省旅游经济短板的重要一环。

三　推进辽宁省旅游业发展的对策建议

（一）加快发展优质旅游

一是继续建设优质景区。2018 年，为推动景区可持续发展，全国很多地区都将景区的提档升级列为重点工作任务。比如，近年来旅游业井喷式发展的贵州省就提出要继续高标准、高品质开发山地旅游、温泉康养、森林康养等旅游项目，山东、陕西、甘肃等省也提出要积极创建 5A 级景区和国家级旅游度假区。当前，旅游已成为我国人民群众的生活刚需，旅游消费还在不断升级，高等级景区的数量也在不断增加，全国各地旅游业竞争激烈。相比之下，辽宁旅游景区的提质升档工作就显得十分迫切。

二是继续完善旅游基础和附属设施建设。目前，全省旅游在道路交通、游客集散中心、景区停车场、旅游公厕等基础设施和附属设施建设等方面仍存在短板，甚至一些城市近郊景区周围吃住行娱购等服务体系尚不完善，旅游便利度和目的地可达度较低，严重影响了游客旅游体验。因此，应尽快优化省内全域旅游交通体系，加快开辟旅游专线，特别是旅游休闲乡村之间的公交和旅游专线、骑行慢道网络，提高运输、组织游客的能力，加强旅游集散功能。尽快改善全省旅游硬件建设，在公路及旅游线路沿线配套建设旅游服务区、观景台、驿站等设施，并向复合型服务区升级；根据旅游产品规划配套建设停车场，自驾车、房车、骑行营地，构建个性化、现代化、多层级的旅游集散体系；继续推进“厕所革命”，普及指向清晰、舒适便捷的旅游标识系统、休闲游憩系统。

（二）加快发展智慧旅游

2018 年，“一部手机游云南”活动不但带动了云南旅游，而且引起甘肃、江西等多省效仿，也提醒了人们，旅游产业的供给侧改革离不开数字化升级、信息化发展。目前，在辽宁省，智慧旅游在景区服务应用上虽然屡见不鲜，但还处于碎片化发展状态，没有形成完整成熟的智慧服务系统；政府管理和行业运营，还处于初级阶段，决策更依赖经验模式而不是大数据，运营方式和提供服务也以人工为主。当前，智能技术已经成为引领文化旅游行业发展的新引擎，随着智能社会的来临，新技术将极大地增强旅游产品与服务的供给能力，引领行业新变化。因此，辽宁应高度重视智慧旅游建设，加强云计算、物联网、5G、人工智能和大数据等技术在旅游业中的应用，通过全面提升旅游公共服务、旅游管理、旅游营销等水平，满足人们日益高涨的个性化、信息化、数字化的消费新需求。

（三）加快促进文旅深度融合

一是积极促进旅游演艺发展。旅游演艺是实现文化和旅游融合发展的重要载体之一，也是辽宁省目前旅游业发展的短板之一。目前，辽宁省旅游演艺存在的问题主要表现为，与辽宁省丰富的人文资源相比，辽宁省旅游演艺的类型还不够多；与文化旅游整体的蓬勃发展势头相比，旅游演艺的潜力还有待挖掘；与人民群众日益旺盛的文化旅游消费需求相比，现有旅游演艺水平还需进一步提高，演出内容缺乏个性，缺乏整体规划设计，且收入模式单一，产业链有待延长，总体来说亟须转型升级。未来，辽宁省应充分开发利用历史故事、民间传说、民族歌舞等多种文化资源，积极发展中小型、主题类、特色类、定制类旅游演艺项目，积极鼓励支持省内各类艺术团体、专业演出制作机构等以多种形式参与其中，使旅游演艺不断呈现专业化、品牌化发展。

二是做精做强文化旅游 IP。文化旅游的精髓在于旅游目的地的文化价值通过旅游的形式得以被体验、被传播、被感知。文化是旅游的灵魂，发展文化旅游应注重通过打造多元而独特的文化旅游 IP，避免景区的同质化。首先应对 IP 进行全面准确的解读，并在把握游客需求的基础上打造能够被消费的文化 IP 系统。一个优秀的文化 IP 必然有多重解读空间，来自不同时空背景的游客对其理解也各有不同。以乌镇旅游为例，游客来乌镇就是想看烟雨蒙蒙的枕水江南，乌镇就将“江南”这一文化概念以古镇为统一载体进行了系统构建与充分表达。辽宁旅游近年来打出了节庆牌，特别是春节期间推出“嬉冰雪泡温泉到辽宁过大年”的传统中国年活动，除冰雪、温泉以外，还应更加深入地挖掘民俗民族与历史文化的内涵与特点，如满族风味、宋辽文化等，同时将这些文化内涵融入、体现在可以被消费的旅游商品、旅游项目中，通过各种文化展演、主题民宿酒店、节庆活动、博物馆和文旅小镇，以及缤纷的旅游商品等形成立体的 IP 生态网络，使“辽宁年”能够显著有别于“北京年”“西安年”。

参考文献

中国旅游研究院、马蜂窝旅游网：《冰雪东北：中国省域自由行大数据系列报告之东北地区》。

品橙旅游：《各省 2018 旅游数据出炉：“万亿”俱乐部添新丁，2019 年谁能做大事》。

胡浩：《2018 年中国公民出境旅游人次近 1.5 亿》，新华网，2019 年 2 月 14 日。

杨晓明：《辽宁省旅游热度同比增长 139%》，《华商晨报》2018 年 12 月 17 日。

包晗：《黄金周辽宁接待游客 4826 万人次实现旅游收入 283.4 亿增长》，《沈阳日报》2018 年 10 月 9 日。

郑阳：《深化文旅融合辽宁全面推进旅游强省建设》，东北新闻网，2018 年 11 月 22 日。

B.13

辽宁省对外贸易发展现状及对策研究

陈 岩　禹颖子　周延丽*

摘 要： 2018年辽宁省对外贸易稳中有进，进出口总额、进口总额、出口总额均呈现增长态势，进出口商品结构有所优化，“一带一路”建设成果显著。但辽宁对外贸易发展仍存在着外贸依存度低、外贸结构有待优化、服务贸易有待加强、高层次人才缺乏等问题。针对这些问题，本文提出了大力培育外贸竞争新优势、深耕日韩俄市场、深度融入“一带一路”、营造国际化营商环境、加大高层次人才引进和培养等对策建议。

关键词： 对外贸易　贸易结构　自贸区　辽宁

一　辽宁省对外贸易发展的基本情况

为贯彻落实党的十九大重大战略部署，推动形成全面开放的新格局，2018年辽宁省政府召开了全省对外开放会议，出台了《关于推动形成全面开放新格局以全面开放引领全面振兴的意见》，明确了辽宁省全面对外开放的指导思想、目标定位和保障措施。在辽宁省委、省政府的全力领导下，2018年辽宁省对外贸易稳中有进，对外贸易规模创历史新高，对外开放全面扩大。

---

* 陈岩，辽宁社会科学院产业经济研究所副研究员，主要研究方向为对外贸易、比较经济；禹颖子，辽宁社会科学院外事办公室主任，研究员，主要研究方向为世界经济；周延丽，辽宁社会科学院产业经济研究所研究员，主要研究方向为东北亚经济合作、中俄关系。

（一）对外贸易稳中有进

2018 年辽宁省进出口总额 7545.9 亿元，占全国进出口总值的 2.5%，与上年相比，进出口总额增加 808.5 亿元，增长 11.8%，增速高于全国 2.1 个百分点。其中，出口总额 3214.9 亿元，较上年增加 173.2 亿元，增长 5.7%；进口总额 4331.0 亿元，较上年增加 635.3 亿元，增长 16.8%。[①] 根据 2015～2018 年辽宁省对外贸易进出口情况，近两年辽宁省对外贸易稳中有进，进口额、出口额均稳步增长（见图 1）。

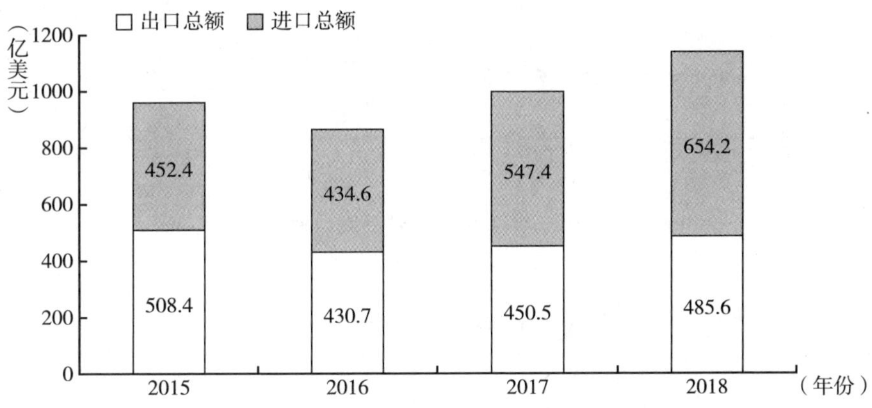

图 1　2015～2018 年辽宁省对外贸易进出口情况

（二）进出口商品结构有所优化

根据 2015～2018 年辽宁省进出口商品情况分析，2018 年在辽宁省出口总额中，机电产品所占比例较大，出口 1433.6 亿元，增长 18.2%，占同期辽宁省出口总值的 44.6%，较 2015 年增加了 21 亿美元；高新技术产品出口增幅较大，2018 年高新技术产品出口 476 亿元，增长 26.7%，较 2015 年增加了 25.8 亿美元。在进口总额中，2018 年辽宁省机电产品进口 1167.0 亿

① 本文使用数据资料根据《辽宁统计年鉴》、国家统计局网站、辽宁统计信息网资料整理。

元，比上年增长24.4%；高新技术产品进口533.2亿元，增长43.7%。[①] 可见，近年来辽宁进出口商品结构有所优化，机电产品、高新技术产品进出口呈增长趋势（见图2）。

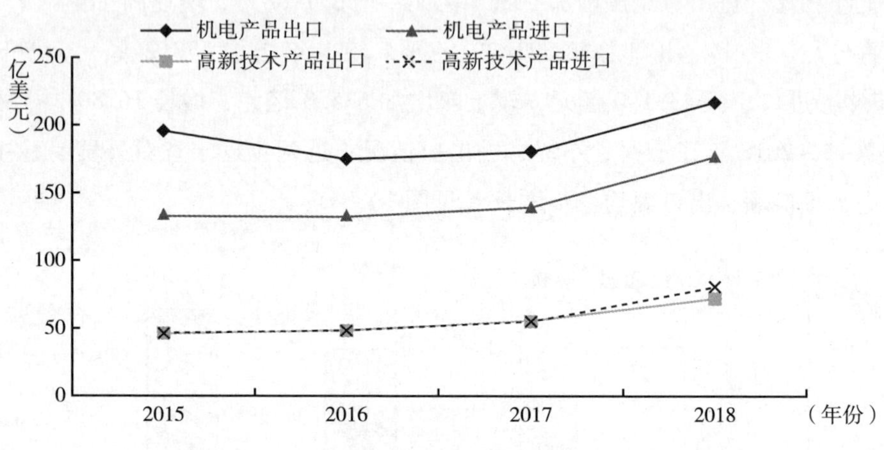

图2　2015～2018年辽宁省进出口商品情况

（三）“一带一路”建设积极推进

在“一带一路”倡议实施五周年之际，辽宁省出台了《关于深度融入共建“一带一路”建设开放合作新高地的实施意见》，制定了7个方面共24条措施。2018年8月，辽宁省委、省政府发布了《辽宁“一带一路”综合试验区建设总体方案》（辽委发〔2018〕42号），该《方案》成为全国首个在省域范围内探索创建“一带一路”综合试验区的建设方案。该《方案》是辽宁省主动融入和参与“一带一路”建设的切实体现。2018年10月，辽宁省接任成为中国—中东欧国家地方省州长联合会中方主席省。目前，辽宁正在积极推进中国—中东欧“16+1”经贸合作示范区建设，探索中国与中东欧国家间在产业园区、工业园区、文化与旅游、农业等方面的合作开放平台和机制的建设。不断推进辽宁与“一带一路”沿线国家在国际产能、装备制造等领

① 《2018年辽宁省国民经济和社会发展统计公报》，辽宁省统计局，2019年2月25日。

域的合作，加大辽宁优势产业“走出去”的步伐。2018 年辽宁省对外承包工程新签合同 131 份，新签合同额 20.6 亿美元，完成营业额 13.7 亿美元。全年共核准对外直接投资企业 203 家，对外劳务合作派出人数 1.4 万人。①

（四）自贸区建设成果丰硕

自 2017 年 4 月辽宁自贸试验区成立以来，辽宁深化“放管服”改革、深入试点负面清单管理模式、开放创新金融领域、出台促进贸易便利化等举措，自贸区建设取得了丰硕成果。截至 2018 年末，辽宁自贸试验区实有企业 4.7 万家，其中内资企业 4.6 万家，注册资本 6438 亿元；外商投资企业 1300 余家，实际使用外资累计 36 亿美元。② 国家赋予辽宁自贸试验区 123 项改革试点任务，截至 2019 年 1 月末，辽宁省已经落地 111 项，落地率达 90%。涉及政府职能转变、贸易投资便利化等领域的 45 项改革创新经验已向全省推广。③ 随着辽宁自贸区建设的创新发展，辽宁省内逐步形成了高效、便捷、低成本的贸易投资环境。

（五）对外开放不断扩大

2018 年辽宁省开展了一系列重大招商引资活动，签约重大项目 259 个，签约金额 8588 亿元。2018 年 6 月，恒力炼化一体化项目在大连竣工；9 月，英特尔二期项目在大连投入生产；10 月，华晨宝马沈阳铁西新工厂开工；12 月，华晨雷诺轻型商用车项目在沈阳签约。其中华晨宝马沈阳铁西新工厂项目是中德两国深化合作的示范性项目，是国家重点推进的七个利用外资重大项目之一，是辽宁省新一轮扩大对外开放、推动全面振兴发展的具体体现。

2018 年辽宁省实际利用外资 49.0 亿美元。其中，第一产业实际利用外资 0.1 亿美元，约占辽宁省实际利用外资的 0.2%；第二产业实际利用外资

---

① 《2018 年辽宁省国民经济和社会发展统计公报》，辽宁省统计局，2019 年 2 月 25 日。

② 《辽宁自贸试验区建设成果丰硕》，中国商务新闻网，2019 年 4 月 9 日。

③ 《辽宁自贸试验区 3 项创新经验　将在全国复制推广》，搜狐焦点（沈阳），2019 年 2 月 15 日。

33.9 亿美元，约占辽宁省实际利用外资的 69.2%；第三产业实际利用外资 15.0 亿美元，约占辽宁省实际利用外资的 30.6%（见图 3）。在装备制造业中的交通运输设备、通信电子行业，外资企业做出了重要贡献，外资企业占主营业务收入的 40% 以上、利税占 50% 以上。

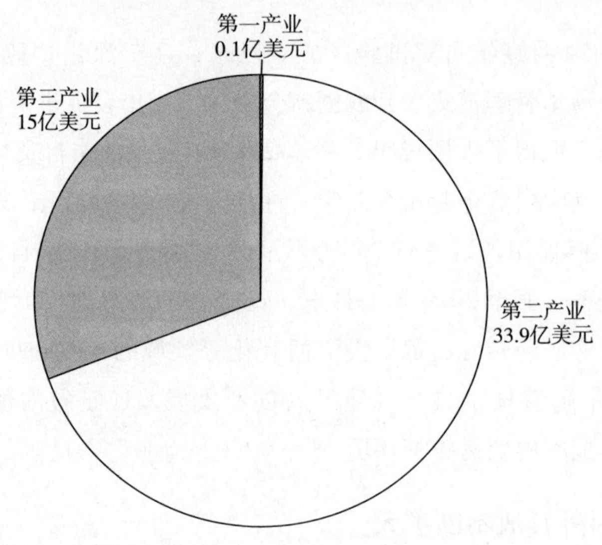

图 3　2018 年辽宁省实际利用外资分布情况

二　辽宁省对外贸易发展中存在的主要问题

（一）外贸依存度低

近年来，随着辽宁对外贸易进出口总额不断增长，进出口总额占国内生产总值的比重不断上升，但仍低于全国平均水平。2018 年全国外贸依存度为 33.9%，辽宁省仅为 29.8%，低于全国总体水平 4.1 个百分点（见图 4）。相比之下，国内沿海发达地区省份外贸进出口总额和外贸依存度都较高。2018 年广东外贸进出口总额为 71618.3 亿元，同比增长 5.1%，约占全国外贸总值的 23.5%，外贸依存度为 73.6%；江苏省外贸进出口总额为

43802.4亿元，同比增长9.5%，约占全国外贸总值的14.4%，外贸依存度为51%；浙江省外贸进出口总额为28500亿元，较上年增长11.4%，约占全国外贸总值的9.3%，外贸依存度为51%。可见，沿海发达地区对外贸易对经济增长的拉动作用较大，外贸依存度较高，均为50%以上。辽宁省外贸总量和外贸依存度与沿海发达地区省份差距明显，外贸对经济增长的促进作用，未来还有较大的潜力空间。

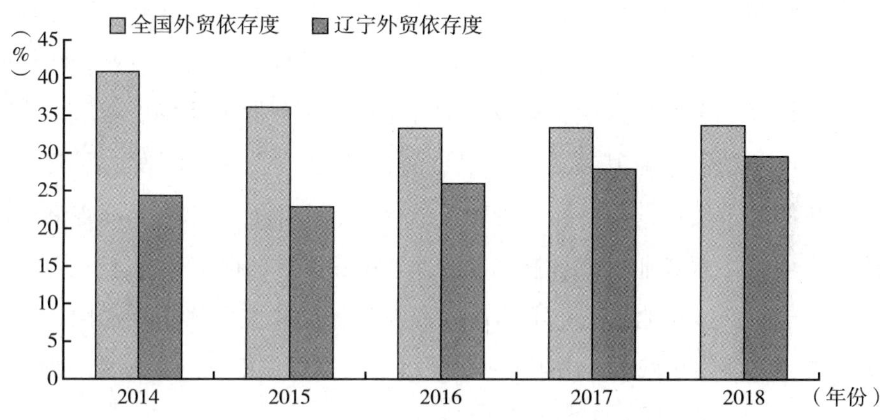

图4　2014～2018年辽宁省与全国外贸依存度对比分析

（二）外贸结构有待进一步优化

其一，出口商品结构层次较低，缺乏核心竞争力。2018年在辽宁出口商品结构中，机电产品和高新技术产品占据较大比重，约占辽宁总出口的59.4%，但出口的产品大多数为劳动密集型产品，产品附加值不高，缺乏核心竞争力。钢材是辽宁出口的重要商品，目前辽宁出口的钢材以粗钢产品为主，产品层次较低。农产品出口方面，辽宁出口的水产品、谷物产品和水果等，大多数存在保质期短、农药残留等问题，出口产品深加工不够、价格低、附加值不高。

其二，在经营进出口贸易的企业中，外资企业占据较大比重。2018年，辽宁外资企业进出口总额约占辽宁外贸总额的43.4%，占据主要地位，国有企业和民营企业分别占25.7%和30.9%。可见，辽宁对外贸易的发展大多数依靠外资企业的贡献，本地企业在对外贸易中的效益较低、国际竞争力较弱。

（三）服务贸易有待进一步加强

近年来，辽宁服务贸易发展较快，但与发达地区省份相比，辽宁在贸易规模和贸易竞争力方面与北京、上海、广东存在很大差距。省内大连市软件出口服务外包优势更被杭州、南京、无锡等城市所赶超。[①] 目前，辽宁省服务业主要集中在餐饮、酒店、商贸等传统服务业方面，现代物流业、法律服务、研发设计、金融保险业、科技咨询等生产性现代服务业发展滞后。作为中国重要的装备制造业基地之一，辽宁省制造业产业链的研发、配套、品牌、销售等环节发展薄弱，相关的物流、保险、金融、法律、工程咨询、信息服务等生产性服务业发展缓慢。制造业与第三产业的衔接有待进一步加强。此外，辽宁服务贸易地区分布不均衡。省内服务产业主要集中在沈阳、大连等大城市，其他中小城市，由于资源、人才、交通设施等缺乏，发展缓慢。

（四）高层次人才缺乏

近年来，受体制性和结构性矛盾影响，辽宁经济低迷，企业的竞争力下降，一些工业企业处于生存线的边缘，大量高层次人才纷纷出走。从人口经济学角度分析，一个地区人才的流失与经济下滑有着密切的关系，并且相互作用。[②] 根据第五次和第六次人口普查的结果分析，东北地区近十年来累计流出人口100多万。在流失的100多万人口中，高层的、管理层的和生产线的骨干力量占了多数。[③] 《中国就业市场景气报告》显示，2018年第四季度，东部、中部、西部以及东北地区的就业景气指数分别为2.12、1.61、

---

① 宋璨、王桂敏、谭佳：《培育辽宁开放型经济新优势：基于服务贸易视角》，《辽宁经济管理干部学院学报》2013年第4期。

② 张国勇、娄成武、李兴超：《论东北老工业基地全面振兴中的软环境建设与优化策略》，《当代经济管理》2016年第11期。

③ 《发改委：东北人口10年流失100万　高层次人才居多》，观察者网，2016年11月27日。

1.41 和 1.02。其中东北地区的工作机会最少。在薪酬方面，沈阳、长春和哈尔滨在全国 34 个主要城市中处于倒数位次，其薪酬远低于全国平均水平。如何吸引人才、留住人才，营造人才成长和发展的环境是辽宁振兴发展的关键因素。

三 辽宁省对外贸易发展展望

（一）国际形势

从国际环境来看，受美国加息、收缩资产负债表和减税政策的影响，国际资本市场动荡，贸易市场发展不稳定。特朗普上台后，美国推行贸易保护主义、单边主义和霸权主义，致使全球贸易摩擦加剧，经济环境恶化。2018 年 2 月，美国商务部宣布“对中国铝箔产品厂商征收 48.64% 至 106.09% 的反倾销税，以及 17.14% 至 80.97% 的反补贴税”。2018 年 3 月 23 日，特朗普总统在白宫正式签署对华贸易备忘录，宣布对从中国进口的 600 亿美元商品加征关税，并限制中国企业对美投资并购。宣布美国对中国航空航天、信息通信技术、机械等产品加收 25% 的关税。由此，中美贸易摩擦不断升级。中美贸易摩擦增加了国际贸易往来的不确定性，外商投资面临严峻的发展局面。此外，受朝鲜半岛未来发展局势不确定、东北亚国家政经体制迥异、地缘政治复杂等因素影响，辽宁省对外贸易发展面临诸多挑战和不确定因素。

（二）国内形势

从国内环境来看，目前国内对外贸易发展面临着结构转型升级，涉及质量和效益、进出口平衡和企业竞争力变化等一系列问题。传统以量取胜的竞争优势不再，无法继续支撑高质量贸易强国的发展。2019 年，中国针对对外贸易提出了“稳中提质”的要求。商务部就贯彻落实中央经济工作会议精神提出了“拓展 30 个左右重点市场，提升发达国家市场，拓展发展中国家市场”的目标。①

新形势下，辽宁省对外贸易发展离不开优化营商环境、降低外贸企业制度性经营成本、促进贸易便利化、切实减轻企业税负等的政策支持。辽宁要切实做好外贸转型升级基地、国际营销服务网络等贸易促进平台的建设，企业需要尽快培育出以技术、品牌、质量、服务为核心的新的竞争优势，以推动辽宁对外贸易持续高质量发展。

四　促进辽宁省对外贸易发展的对策建议

（一）大力培育外贸竞争新优势

其一，优化升级外贸结构。在巩固装备制造、石化、冶金、农产品等商品出口的同时，推动优质钢材、特种化工材料、鞋帽、特色农产品等商品的出口。注重自主创新研发，提高高新技术企业产品的科技含量，扩大出口。其二，加快培育发展新业态新模式。省财政加大对外贸新业态新模式的资金扶持力度，鼓励省内各地出台优惠政策支持外贸发展。积极推动省内36家省级外贸综合服务企业创新发展，提高外贸综合服务企业的通关、物流、保险、退税、融资等服务能力。同时，积极推动省内跨境电子商务平台的建设，加大辽宁与国际国内知名跨境电商平台战略合作的力度。其三，积极推动服务贸易发展。充分发挥沈阳、大连服务贸易的示范作用，带动省内其他地区服务外包产业的转型升级。积极培育省内物流、金融、教育、创意设计、信息咨询等生产性服务业创新发展。

（二）深耕日韩俄等周边市场

随着朝鲜半岛局势的改善，中日、中韩关系的逐渐转暖，辽宁应把握机

① 《2018年中国对外贸易行业发展现状及趋势分析　预测2019年发展机遇与挑战并存》，前瞻产业研究院，2019年1月17日。

遇，深耕日韩俄等周边市场，积极构建东北亚经济合作圈，提升对外开放水平。其一，加大对日韩俄的招商引资力度。在吸引一些重大项目、大公司落地的同时，根据辽宁经济发展实际，注重吸引周边国家的中小企业到辽宁投资发展，进而完善上下游产业链，配套发展。其二，积极搭建进出口企业平台，组织办好辽宁出口商品（日本大阪）展览会等境内外展会、品牌推介会，宣传展示辽宁优势，开拓国际市场。其三，积极开展中日韩自贸区先行先试示范区的申报工作，力争更多的自由贸易政策。加强国际物流通道的建设，完善港口服务体系；加强金融机构对外合作的服务功能，推进重点口岸贸易结算工作，完善现代金融服务。

（三）深度融入“一带一路”建设

将融入“一带一路”建设作为辽宁全面对外开放的着力点，加快辽宁“一带一路”综合试验区和中国—中东欧“16＋1”经贸合作示范区的建设，实施多元化的市场战略。在加深辽宁与周边国家日本、韩国经贸合作的同时，不断扩大与“一带一路”沿线国家的合作领域与规模。其一，大力拓展与第三方市场的合作，合理利用第三方市场合作基金。将辽宁装备制造业的产业基础优势与发达国家的技术优势、“一带一路”沿域发展中国家的发展需求进行有效结合，实现共赢。其二，加强金融保障平台建设。通过成立专业的金融服务机构，为辽宁“走出去”企业提供贷款、担保、保险等金融服务。同时注重与国外金融机构的交流合作，不断提升企业的国际竞争力。其三，建立境外安全保障体系。为“走出去”企业提供风险评估、风险防控、监测预警、应急处理等服务。同时，积极引导企业遵守当地法律，了解当地社会习俗，履行社会责任。

（四）营造良好的国际化营商环境

良好的国际化营商环境是招商引资的关键。其一，积极构建服务型诚信政府。认真履行对外招商引资时所做的承诺，确保政策的连续性、法治性，努力构建“亲”“清”型政商关系。合理规范减免涉企行政性事业收费，切实降低企业经营成本。其二，推进“放管服”改革。精简优化项目审批流程，加快推进“证照分离”等改革试点工作，建立新型市场监管机制。其三，提高贸易便利化水平。加快国际贸易“单一窗口”建设，拓展“单一窗口”功能。推进一次性联合检查，优化通关流程，合理压缩货物通关时间，降低通关成本。

（五）加大高层次人才引进和培养力度

加强高层次人才队伍的引进和培养是推动辽宁经济社会发展的关键因素。其一，完善高层次人才政策体系。建立人才政策效能评估机制，完善人才综合保障体系。注重政府投资、重大项目与人才作用的互动评估，建立过程与绩效相结合的动态评估机制。同时，政府不断完善拓展配套保障体系。在资金奖励的基础上，注重人才落户、配偶就业、子女入学、医疗、住房补贴、税收、保险等方面的配套服务。其二，政府加强高层次人才发展平台建设。通过组建院士专家工作站、博士后科研流动站、重点实验室、企业技术研发中心、创新实践基地、产业孵化基地等平台，促进人才、产业与创新的融合发展。其三，注重高层次人才的引进与自主培养。目前政府出台的引进高层次人才的政策较多，但人才自主培养方面的政策较少。省内应加强高校、科研机构、技术研发中心等软硬件的配套建设，提高省内高校知名度，吸引和留住人才在辽宁学习、工作和生活，防止高层次人才外流。同时注重对正处于成长阶段、具有发展潜力的高层次人才的培养，营造良好的文化氛围，保障辽宁人才资源长期发展。

参考文献

《加快构建开放新格局　以全面开放引领全面振兴的意见》，《辽宁日报》2018 年 6 月 2 日。

《2019 辽宁省政府工作报告》，《辽宁日报》2019 年 1 月 21 日。

苗泉：《经济欠发达地区高层次人才开发政策效能提升策略》，《淮海工学院学报》（人文社会科学版）2017 年第 15 卷第 11 期。

民生改善篇

Livelihood Improvement Articles

B.14
新产业新业态新模式对辽宁就业的影响分析

王 磊　姚明明*

摘　要： 新产业新业态新模式对辽宁就业的影响是持久而深远的。新产业新业态新模式对就业的积极影响在于，高新技术产业因技术进步，催生了大量正规就业和灵活性高的就业或新兴职业；共享经济、互联网经济、“平台+个人”、智慧物流等基于“互联网+”的新业态新模式，在改造传统产业、增加就业机会的同时，也极大地扩大了灵活就业规模。但是，新产业所带来的新动能使得传统行业特别是传统制造业，用工需

* 王磊，辽宁社会科学院社会学研究所所长，研究员，主要研究方向为社会保障、就业等；姚明明，辽宁社会科学院社会学研究所助理研究员，博士，主要研究方向为城镇化、收入分配、就业等。

求下降；“互联网+”在传统行业或商业模式的广泛应用与融合造成劳动关系的复杂化、隐蔽性，管理的难度增加。因此，辽宁省就业形势依然严峻，要把稳就业放在更加突出的位置，坚持实施就业优先战略，充分发挥“三新”经济带动就业的积极作用，多措并举化解消极影响，筑牢民生之基。

关键词： 新产业 新业态 新模式 就业

近年来，辽宁省深入推进供给侧结构性改革，不断推动产业结构优化调整升级，加大了互联网、人工智能、大数据等新一代信息技术的终端应用及信息化与工业化的“两化”融合，大力推动创新创业，新产业、新业态、新模式蓬勃发展。生产性服务业、信息软件、现代物流等现代服务业发展加速，作为新动能的高技术行业、新商业模式和新产品增长较快，新产业新业态新模式已经成为影响辽宁就业的重要因素。

一 辽宁新产业新业态新模式及就业现状分析

（一）辽宁新产业新业态新模式发展情况

在新一代信息技术的带动下，辽宁省先进制造业、战略性新兴产业比重不断提高，电子信息制造、交通装备、机械装备等主导产业在全国具有较强的竞争优势。

1. 新产业蓬勃孕育

随着辽宁产业结构的不断优化、国有企业改革的扎实推进及新旧动能转换加快，规模以上工业战略性新兴产业增加值占地区生产总值的比重不断提升，传统产业改造提升效果明显。2018 年前三季度，全省规模以上高技术制造业增加值同比增长 16.9%，高技术制造业投资增长 6.6%。

2. 新业态雏形初现

辽宁省以工业4.0、共享经济、创意经济、“双创”平台、智能制造、网络经济等为重点，大力发展“互联网+”“农业+”“旅游+”“文化+”等“新业态”，产业发展动能正由资源要素驱动向跨界融合、产业协作转变，电子商务、现代物流、连锁经营、现代会展等新兴业态雏形初现。从企业业态看，企业为满足消费者多元化、多样化、个性化的产品或服务需求，借助智能手机、平板电脑等智能终端和4G网络的广覆盖，提升网络经济效益。通过电子商务交易平台销售商品和服务的“四上”企业占比不断提高①，对经济发展的贡献不断增强。

3. 新模式不断涌现

自2016年1月《辽宁省人民政府关于加快构建大众创业万众创新支撑平台的实施意见》颁布以来，共享型行业增长模式不断渗透到全省生产、生活的各个领域，催生众多新兴产业及细分领域，新商业模式不断涌现。比如鞍山市西柳义乌中国小商品城、辽宁西柳电子商务产业园双创基地、“四众”服务、创客空间、电商孵化器及二期“网红”商学校等项目已开工建设。以中国（大连）跨境电子商务综合试验区建设为突破口，鼓励商贸流通企业利用跨境电子商务平台，扩大出口销售规模。

网络经济促进了零售业的商业模式创新。阿里巴巴农村淘宝、新零售联盟基地、各类投融资平台、各大快递公司的物流分拨中心、大数据中心及跨境商贸物流园等项目在辽宁各市不断涌现。线上消费发展异常迅猛、网上销售额逐年暴增，已经对商业模式产生巨大影响，催生众多商业新模式。

（二）辽宁新产业新业态新模式就业现状分析

1. 用工需求的行业分布，以制造业、批发和零售、居民服务及住宿餐饮等为主

根据辽宁省就业网提供的2017年和2018年前三季度用工需求的调查数

① “四上”企业是指规模以上工业企业、资质等级建筑业企业、限额以上批发零售住宿餐饮企业、规模以上服务业企业。

据，辽宁省用工需求主要集中在制造业、批发和零售业、居民服务和其他服务业、住宿和餐饮业四大行业（见图1），2018 年第三季度四大行业用工需求分别占用工总需求的 25.29%、17.15%、14% 和 11.73%，合计占总需求的 68.17%。

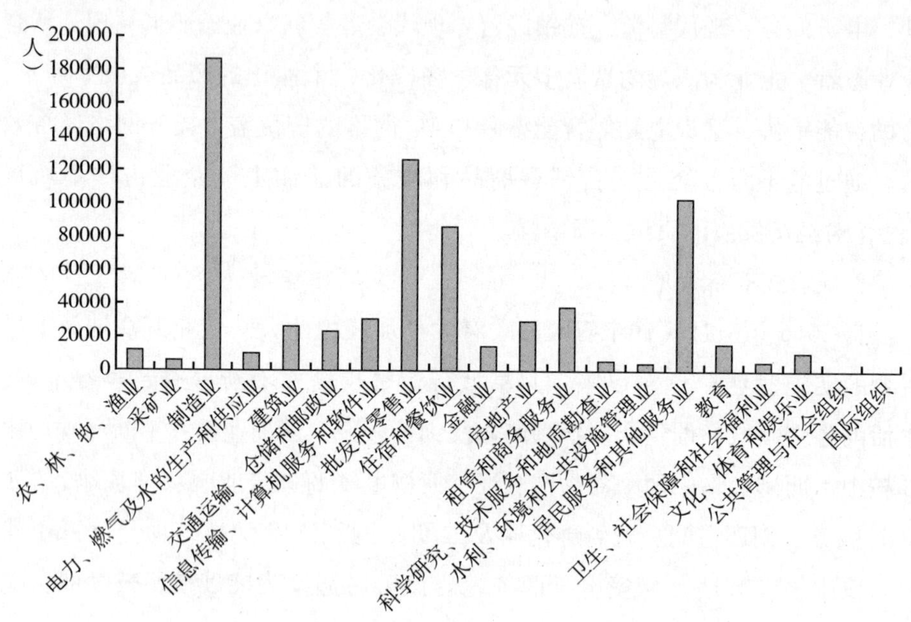

图1　2018 年第三季度辽宁省用工需求行业分布

资料来源：辽宁省就业网。

2. 产业工人在新产业新业态新模式中的分布状况

从就业总量看，辽宁省产业工人数量在十年间出现了先增后减的抛物线走势，自 2007 年到 2013 年，辽宁省产业工人规模呈上升趋势，从 473 万人增长到 648.1 万人，增加 175.1 万人，随后呈逐年下降趋势，到 2018 年末，全省产业工人就业规模为 526.6 万人，与波峰值 648.1 万人相比，下降 121.5 万人。

从细分行业看，辽宁省仍以制造业吸纳就业规模最大，居民服务、修理和其他服务业就业规模较小。从趋势上看，交通运输、仓储及邮政业，批发和零售业，信息传输、计算机服务和软件业，租赁和商务服务业及科学研究和技术服务业等行业的就业规模，均有明显的增长趋势。

二　新产业新业态新模式对就业的影响分析

（一）新产业新业态新模式对就业的积极影响

1. 新产业对就业的影响

（1）高新技术产业对技术人才的就业促进作用

从全国看，自2018年以来，新产业呈现较快增长势头。5月，高技术产业增加值同比增长12.3%，增速比规模以上工业快5.5个百分点。新产业迅猛发展，既创造了更多适合大学生等人才的就业岗位，也催生了大量灵活性高的新兴职业。

通过对辽宁省就业网及大连壹淘科技有限公司、洛克斯诺网络科技有限公司、骑酷科技公司、大连中联银河科技等企业开展的调研及相关数据材料的分析，本研究得出辽宁高新技术产业人才需求旺盛，求人倍率有所增大，技能人才特别是高技能人才持续短缺的结论，这充分说明了高新技术产业的就业效应是明显的。

技术人才求人倍率增大反映出高新技术产业提供的就业机会是持续增长的，高级技能人才处于持续短缺状态。从技术等级构成看，求职者中无技术等级或职称人员约为15.1万人，同比增长约3.2万人，增幅为26.9%，求人倍率仅为0.56，供求双方不平衡；而拥有技术等级或职称人员的求人倍率同比有所提升，求人倍率接近于1或大于1（见表1）。沈阳、鞍山的高级技术等级人才求人倍率均大于2，求人倍率分别为2.01和2.25；从全省14个市的岗位需求和求职者排行榜来看，沈阳、鞍山等9个城市缺口最大的前三个职位均为技能人才岗位，且求人倍率均大于1，其中沈阳市技能人才求人倍率高达2.84（见图2）。这些数据表明，技能人才供不应求的情况具有普遍性，且高技能人才缺口较大，将长期处于短缺状态。

表1　按技术等级分组的供求人数

技术等级	劳动力供求人数比较				
	需求人数（人）	需求比重（%）	求职人数（人）	求职比重（%）	求人倍率
职业资格五级（初级技能）	25421	8.80	26496	12.25	0.96
职业资格四级（中级技能）	15203	5.26	11555	5.34	1.32
职业资格三级（高级技能）	8112	2.81	3923	1.81	2.07
职业资格二级（技师）	3045	1.05	1863	0.86	1.63
职业资格一级（高级技师）	1676	0.58	770	0.36	2.18
初级专业技术职务	15775	5.46	13185	6.10	1.20
中级专业技术职务	7724	2.67	6019	2.78	1.28
高级专业技术职务	1941	0.67	1182	0.55	1.64
无技术等级或职称	84568	29.27	151252	69.94	0.56
无要求	125447	43.42	/	/	/
总计	288912	100.00	216245	100.00	/

资料来源：辽宁省就业网调研报告。

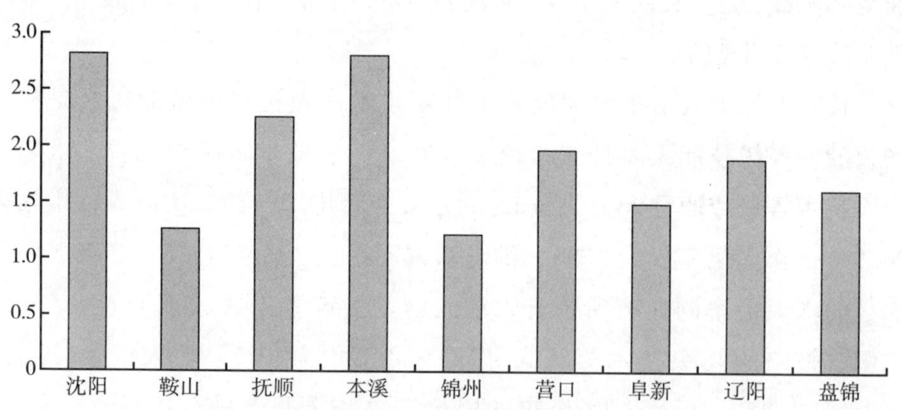

图2　2018年辽宁部分城市技能人才求人倍率

资料来源：辽宁省就业网调研报告。

（2）战略性新兴产业对就业规模扩大具有促进作用

随着《中国制造2025辽宁行动纲要》和《辽宁省壮大战略性新兴产业

实施方案》等规划的推进，关系国计民生长远发展的新兴产业，正在给辽宁创造新的职业分工和就业机会。以软件与电子信息产业为例，辽宁省吸纳就业规模稳步提升。新一代信息技术革命，带动了软件程序员、软件开发、编程等专业技术人员的大规模需求，吸纳就业规模呈增长的趋势。数据显示，2007 年辽宁省软件与电子信息产业就业规模为 5.4 万人，到 2018 年扩大为 16.2 万人，增长了 2 倍多；仅 2018 年上半年，辽宁省信息传输、计算机服务和软件业新增就业同比上升 20.2%。

2. 新业态对就业的影响

（1）共享经济对就业的积极影响

虽然到目前为止，辽宁省并未公布共享经济促进就业规模增长的权威数据，但毫无疑问，共享经济促进了辽宁就业，因为从共享经济新业态的就业效应产生基本理论看，随着“互联网 +”对传统交通运输服务的渗透，共享交通出行、代驾、快车服务、试驾服务、异地租车服务等层出不穷，以互联网为基础搭建的新型就业平台，体现了“非典型雇佣”劳动关系，充分带动了当地就业。

（2）“互联网 +”新业态推动就业增长

“互联网 +”新业态的快速发展不仅重塑了就业格局，而且使得中国经济向中高端迈进的势头更加明显。以“互联网 +”为技术支撑和平台，传统行业或新产业得以快速发展，造就了电子商务、网络安全、电子竞技等诸多新领域的就业岗位。其中，在电子商务方面，根据辽宁省就业网 2016 年针对互联网电子商务的调研，统计企业数量共计 2661 个，电子商务需求人数共计 7823 人。从平均数值看，每个企业需求电子商务员工 3 人，即每增加一个电子商务企业，无论是微商、淘宝经营店还是中大型电子商务公司，就能够带动就业 3 人。从职位类别来看，互联网电子商务行业招聘中居前三位的岗位分别为互联网产品经理/主管、销售代表及软件工程师。

（3）“平台 + 个人”新业态推动灵活就业规模增长

研究发现，在“平台 + 个人”的模式下，网络直播、网络写手、网上设计师、网络砍价师、微店店主等职业不断涌现，灵活就业、创新创业正在成为大学生的新就业方式。“平台+个人”的新业态带来新的就业机会。目前，辽宁省仅在阿里平台上实现直接就业的就有21万人。“平台+个人”的新型就业业态颠覆了传统就业形式。通过对铁岭市农村“淘宝村”进行调研，我们了解到已经有大量行政村实现淘宝网店覆盖，农民收入新增部分的70%来自网络经济。现在，阿里巴巴、京东、苏宁、新益农、邮农丰和乐村淘等二十余家省内外知名平台和电商企业正在辽宁加快布局。在乡村振兴战略及互联网经济带动下，很多低收入劳动者成为网店店主，参与网络经济，出售山参、榛子、蘑菇等特色农产品，并从电商发展中受益。

3. 新模式带动了就业增长

基于“互联网+”的共享经济，既是对传统商业模式的一种延伸，甚至替代，又是应对结构性失业或摩擦性失业的重要途径。基于互联网的新商业模式，提供了新的就业机会，而且很多就业机会是面向低端劳动力市场的，更多地以体力劳动为主。新模式创造的就业机会，在社会化分工中，将就业结构性机会更加显性化、公开化和便捷化，为需要平衡家庭和工作的人员提供了更多就业选择。以快餐配送业为例，外卖行业成为餐饮配送的新模式，带动了大量就业，求人倍率不断提高。

（二）新产业新业态新模式对就业的消极影响

1. 传统制造业用工需求呈缩减趋势

根据2017年和2018年《辽宁统计年鉴》数据，2017年辽宁制造业就业人数为117.78万人，2016年制造业就业人数为131.73万人，同比下降10.59%。制造业仍然是辽宁省重要的支柱产业，其就业规模虽然仍居三大产业首位，但年度就业增量下滑趋势明显。不仅如此，受供给侧结构性调整与“三去一降一补”的实施，以及产业结构持续优化调整影响，辽宁省钢铁、能源、煤炭等产能过剩，高污染部门，特别是面临着淘汰部分过剩产能、技术落后、缺乏竞争力的企业，用工需求持续下降，就业形势相对严峻。

2. 新业态就业增大政府管理难度

（1）平台活动主体间的权责关系确定困难

互联网平台具有聚合性特征，对相同类别的就业双方起到了强匹配的作用，同时也包容多元化的就业活动供需主体，势必造成劳动供需主体之间关系的复杂化。平台为用工需求方提供了信息发布机会，同时也为求职者提供了岗位信息，二者的雇佣关系是因平台构建的，权责关系无明确的界定，责权利不清晰，一旦发生纠纷，消费者、劳动者的权益便难以保障。

（2）对传统劳动关系认定标准提出挑战

随着新业态的发展，新型用工形式不断出现，“主体适格、合意、从属性”这三个劳动关系认定要素，显然已经不能完整定义劳动关系整体灵活化的状态。与传统的合同化、正规化的劳动不同，新产业新业态新模式下的劳动关系的认定难点主要有以下两个：一是合意含糊不清。在新业态下，劳动形式多样，创新驱动下的用工模式更加低成本化和高效化，但是导致参与其中的求职者与企业用工方的劳动关系含糊不清。二是从属关系似有似无。在新业态企业中，从业人员接受平台企业规章制度的管理，但是参与其中的就业者又没有固定的上下班时间或工作时间，从业人员依靠提成或绩效工资，而非传统的固定工资。这些难点也给司法实践带来裁判和认定的困难。

（3）新产业新业态新模式对完善社会保障体系提出新要求

在“互联网+”发展引擎的不断引领带动下，新兴产业发展迅猛，相关服务类岗位人员，如快递人员、送餐员等增长较快。对中小微企业的调研发现，部分新兴服务类行业企业没有建立稳定的工资增长机制，部分企业不重视文化建设，缺乏持久的用工吸引力，大多数岗位采取计件工资，个别企业受季节性和订单等因素影响，在用工方面主要以临时工的形式招聘一些城镇灵活就业人员、农村富余劳动力，并未将其纳入社会保障体系，或是规定入职满几年后，才可以正式被纳入社会保障体系中，致使这部分人员对企业缺乏忠诚度和归属感，不愿长期为企业服务，造成企业人员流失、反复招聘等现象。

3. 新零售模式发展会带来摩擦性失业

麦肯锡的最新报告指出，到2030年，将有4亿~8亿人会被自动化代替。而新零售模式就是零售行业自动化的发展趋势，无人货架和无人超市就是新零售的早期雏形。新零售模式是新技术与传统电商相互结合的产物，通过将无人机、智能配货、无人售货等新技术应用到传统电商领域当中，能够找到破解传统电商痛点和问题的方式和方法，并为新技术的应用找到场景和试验田。在传统零售向新零售转变的过程中以及新零售彻底实现时，线上线下将同款同价，因此消费者线下体验、线上购物，由无人机配送，无人商店将几乎成为常态，这势必会降低对传统收银员、零售员、配货员的需求量，会有大量导购员、柜员、收银员、仓储员、配送员等转业、转岗或失业。

三 新产业新业态新模式对辽宁未来就业影响的预测

虽然新产业新业态新模式对就业的影响既有积极的方面，也有消极的方向，但从辽宁省的统计数据及实地调研看，新产业新业态新模式对就业的积极作用大于消极影响。在未来三到五年，信息产业对专业技术人才的需求将持续旺盛；新业态新模式创造的就业机会或就业岗位将大量出现，由此引起高级专业人才短缺与传统产业工人过剩的结构性矛盾，这种矛盾将持续存在。

（一）信息产业发展迅速，专业技术人才需求仍将旺盛

随着信息化发展水平的提高，辽宁省信息传输类行业迅速发展，信息类人才将出现整体供给过剩与结构性短缺并存的局面。电子信息科技发展日新月异，人才培养跟不上市场需求，低端电子类人才出现“过剩”的局面。随着数码、动漫、游戏竞技等新兴产业发展迅速，能够与时俱进的高新科技人才供不应求。同时，随着辽宁省振兴东北老工业基地战略的推进和辽宁沿海经济区产业集群化发展，传统优势产业将强势增长，用工需求将增加，尤

其是信息传输类行业将快速增长，专业技术类人才将越来越受到市场青睐，工资待遇优厚，发展前景良好。

（二）全省供求总量有望保持稳中有升，劳动力短缺问题仍将持续

从 2018 年第四季度劳动市场供需缺口看，规模为 85155 人，2018 年第一季度和第二季度缺口分别为 97045 人和 62284 人，劳动岗位需求人数分别为 562843 人、737687 人，而求职者数量分别为 465798 人和 675403 人，即新产业新业态新模式创造了更多的就业需求，虽然求职者也在增长，但求职者（劳动供给）增长的幅度小于岗位创造（劳动需求）增长的幅度，随着新产业新业态新模式的持续演进，劳动力短缺的趋势仍将持续。

（三）高级技工持续短缺，结构性矛盾短期内不会缓解

根据辽宁省就业网数据，无技术等级或职称者求职较困难，同时，高技术人才短缺现象十分突出。未来技工人才就业将出现：一方面是企业对中高级技术工人需求很大，而中高级技工人才稀缺；另一方面则是大量无技术等级或职称者求职困难，从而形成供给和需求不匹配的结构性矛盾，在辽宁省这种就业矛盾将集中体现在高端制造业，航空航天、汽车及零部件制造业，机床及零部件制造业等行业中。

四 对策建议

（一）着力加强技能型人才培养

新产业新业态新模式的出现对辽宁省劳动者的职业技能提出了更高要求。应根据新产业新业态新模式下辽宁省劳动力市场需求变化，创新人才培养模式，培养更多高素质技能型人才。调研过程中发现，东软集团通过在全国范围内开展校企合作的方式为企业储备和招收合适的人才，其做法是在高校设置人才基地，着手与学校大学二年级、大学三年级内部课程对接，增加企业

需要的专业知识课程，进行针对性培训。东软集团开展的校企合作模式取得较好效果，值得借鉴和推广。要健全长短期双向结合的终身培训体系，着力培养高技能人才。推动新兴技术与产业发展相融合，以此来整体提升产业工人队伍的职业技能，提高劳动者对新产业新业态新模式发展的适应性，积极应对产业升级和技术进步过程中出现的就业“替代效应”和“挤出效应”。

（二）加大灵活就业管理工作投入，消除管理“盲区”

在实地调研中发现，尽管新产业新业态新模式发展带来的新增就业量不断加大，但在辽宁省政府有关部门的劳动保障统计指标中，没有相关的统计数据。甚至目前对于灵活就业或非正规就业的界定还不十分明确，大量灵活就业人员尚未被纳入统计范围。建议将灵活就业发展水平作为考核辽宁省政府部门经济发展与就业工作绩效的一项重要指标。同时，加强灵活就业的统计工作机制建设，包括数据采集的定期化、规范化和制度化，就业数据分析的专业化、科学化和公开化，以及就业促进政策的针对性、长期性和有效性。

（三）加强对“非标准”劳动关系的规范与管理

新产业新业态新模式催生的企业，其经营模式和用工模式表现出很强的跨界性和灵活性，工作时间、工作形式、报酬支付、管理规则也往往与传统企业不同，企业与劳动者之间实际上形成一种有别于现行标准劳动关系的“非标准”劳动关系。因此，要加强正面引导，促使新产业新业态新模式相关企业依法依规“用工”，并根据社会发展的进程和水平适时提高劳动基准，有效保障从业者在工时、工资和劳动保护等方面的权益。

（四）建立健全公共就业信息化服务体系

加强公共就业信息化服务体系建设，既可以降低求职中信息不对称的发生率，为摩擦性失业者提供准确、充足的信息，又能从整体上提高公共就业服务的效率和水平，促进新产业新业态新模式就业与创业。首先，构建一体化管理系统，实现就业、培训、创业各项工作全程信息化管理。其次，夯实劳动力台账配置系统，通过开展入户个人信息调查建立人员基本信息大数据库。再次，开展线上与线下就业服务，开办就业网站，实现便捷高效的线上操作，实现精准的线下就业服务，实现由移动终端提供“零距离”服务，做好就业服务最后一公里。

（五）完善从业者基本权益保障体系

新产业新业态新模式下的就业稳定性差，劳动关系复杂化，从业者往往处于相对弱势地位，基本权益往往得不到有效保障。为此，建议从维护社会底线公平角度出发，逐步为辽宁新产业新业态新模式从业者解决职业伤害、基本医疗和养老保障等相关问题，努力平衡眼前收入与长远养老、医疗保障之间的矛盾。

（六）建立健全“三新”经济就业数据监测体系

进一步完善辽宁省在新产业新业态新商业模式各个领域的综合运行情况监测体系，包括新兴现代农业、战略性新兴产业、新服务、互联网平台、电子商务、互联网金融、高技术产业等“三新”经济领域的运行情况、就业情况及投资情况的监测预警，重点掌握各个领域对就业的吸纳能力或排挤效应，并形成月度、季度、年度数据报告制度，以便为制定就业政策提供参考。

参考文献

张车伟：《新经济为就业增长注入新动力》，《教育经济评论》2017 年第 2 期。

赖德胜：《新经济：就业结构转型升级的新动能》，《劳动保障世界》2018 年第 10 期。

杨利春：《新经济发展背景下的新就业》，《中国人口报》2017 年 12 月 28 日，第 3 版。

梁达：《新经济有效拓展就业新空间》，《金融与经济》2017 年第 7 期。

卞文志：《蓬勃发展的新经济创造大量就业机会》，《时代金融》2017 年第13 期。

B.15

辽宁健康扶贫实践路径研究

李晓萌*

摘　要： 2019年是全面建成小康社会、打赢脱贫攻坚战的关键一年，但因病致贫、返贫现象仍然比较突出。相关数据显示，我国因病致贫人口占现在农村贫困人口的40%左右，偏远山区更是远远超过这个比例。因此，健康扶贫是打赢农村脱贫攻坚战的重中之重。

关键词： 辽宁　健康扶贫　脱贫攻坚战

党的十九大将脱贫攻坚战作为决胜全面建成小康社会必须打赢的三大攻坚战之一。脱贫攻坚涉及我国3000万贫困人口进入小康社会、过上美好生活，各地各部门已全面实施精准扶贫、脱贫，目前已对贫困户状态和脱贫进展实施量化考核，确保到村到户到人取得实效。但我国因病致贫返贫现象依然普遍存在，官方数据显示，2013年我国因病致贫、因病返贫的人口占建档立卡贫困户总数的42.4%，到2015年提高到44.1%，到2018年，辽宁省因病致贫占比仍达到43.9%，在部分地区占比甚至高达80%。在笔者调研走访的贫困户中，几乎每家都有病人，各地农村所剩贫困户大多是因病致贫，这是当前我国贫困户的最大实际，也是我国脱贫攻坚面临的最大国情。精准扶贫、脱贫在基层更多以产业扶贫为主，单纯依靠产业扶贫无法改变因病致贫、因病返贫、贫困遗传甚至跨代贫困等情况。为此本文建议，脱贫攻

---

* 李晓萌，辽宁社会科学院副研究员，主要研究方向为社会经济学。

坚阶段除了用产业扶贫解决贫困户的致富来源问题，同时还应将健康扶贫作为主要扶贫脱贫的精准方法，解决贫困户致贫问题。特别是应根据每个健康扶贫对象的病情，制定社保和医保脱贫双兜底方案或制度保障，确保他们进入小康社会，不再因病返贫，确保因病致贫群体得到小康社会的可持续保障。

一　辽宁省健康扶贫存在的问题

（一）疾病导致贫困增量

调研情况表明，目前辽宁省 49 万贫困人口中，因病致贫的有 21.5 万人，占比达到43.9%，个别地区甚至高达 80%；在入户调研的新宾县响水河子乡，因病致贫的人口占到 90% 以上。据统计，因病致贫户中因长期慢性病致贫约占 35%；家庭原本经济中等或富裕，因一般或重大疾病致贫返贫的约占 58%；还有部分因残疾丧失劳动能力或因精神障碍致贫的家庭。

从上述可见，全国贫困户因病致贫占比大，且逐年增加，因病致贫存量有增无减。

（二）因病致贫困境缓解难

调研结果表明，目前我国对普惠性新农合政策进行了大幅调整，各省份也提高了报销比例，有的地区报销比例高达 90%。截至 2018 年，辽宁省累计救治 8300 余人，医疗费用补偿支出 7400 余万元，患者实际报销比例能够达到 80%，但新农合制度局限于基本用药、基本医疗和基本支付，还有一大部分医疗费用和老百姓需要的用药不在报销范围内。据了解，高血压、糖尿病等慢性病患者出院后维持治疗的费用人均每月在 2000～4000 元，恶性肿瘤、慢性肾功能衰竭、肾肝移植等重特大特殊疾病门诊透析、化疗和术后抗排斥治疗费用在 1 万～10 万元。县域外就诊的贫困患者，患者治疗期间其家属陪护、生活、住宿等费用开支根据住院时间为 2000 元（7 天）～10000 元（30 天）。农村基层医疗条件有限，一旦村民得了大病就需要到医疗条件较好的市级定点医疗机构或者市外医疗机构就医，而按照新农合标准，报销补偿比例会从乡镇卫生院、县医院的八九成降到五六成，因此村民一旦生病就将面临巨额医疗费支出及病后维持护理费。可见，提高新农合报销比例并未带来预期的惠民效果，难以缓解因病致贫家庭的贫困。

（三）因病返贫现象仍时有发生

目前，辽宁省医疗救助虽然有门诊救助、住院救助、重特大疾病医疗救助等，但贫困地区财政资金有限，救助资金严重不足。一些地方的临时救助全年累计最高额仅为1万元甚至更少，这对于贫困户的沉重医疗负担来说微不足道。近年来，通过产业扶贫等多项政策，辽宁省已经有很多贫困村实现全部脱贫，但由于有的家庭成有员患重病或者慢性病，不仅患病者自身没有能力经营产业，而且他们还需要家人照顾，整个家庭负担不起医疗费因而又重新返贫。据辽宁省抚顺县汤图镇龙风村村书记反映，该村早在几年前已实现全部脱贫，但近期又有两户家庭因有人患重病，需要专人照料陪护，整个家庭没有办法再经营产业，家庭收入得不到保障而再度陷入贫困。因病返贫已经成为我国脱贫路上的“拦路虎”，贫困人口即使脱了贫也难以稳定，往往因患病又回到贫困人口行列。以上案例表明，医疗救助保障体系不到位，没有制度性医疗保障安排，往往是导致因病返贫的主要原因。

（四）贫困群众仍表担忧

调研中发现，辽宁省贫困地区群众对实现小康社会的期盼是共同的，但很多因病致贫户表示取消最低保障将直接影响医疗费用支出，因此很多贫困户不愿意脱贫。他们表示，一旦脱贫进入小康社会取消最低保障，他们便将失去支撑其过上小康生活的保障，特别是医疗保障。据辽宁省响水河子乡一名贫困户介绍，自己知道患有高血压、糖尿病等慢性病，目前能享受到的健康扶贫政策勉强可以维持治疗，但是他们担心脱贫后没有这些优惠政策，生活难以维持现状，对未来生活表示迷茫担忧。因病致贫者的这些忧虑表明，应加快建设后小康社会医疗保障体系，从制度上保障脱贫者不再因病返贫，避免跨代贫困和贫困遗传。

二 路径研究

（一）加强费用控制

一是应当根据病人治疗方案及病种收费标准和兜底原则建立健全定点医疗机构，规范贫困人口就诊地点和医疗机构诊疗行为，加强对贫困人口就医费用的控制以及兜底保障补贴，让贫困人口看得起病，将贫困人口看病治病费用控制在可承担范围内。二是应当积极落实对贫困人口的医保补贴政策，以保障贫困人口就医。针对大病保险，应当在最低支付限额、报销比例等方面对贫困人口施行政策优惠，扩大补助病种范围，确保贫困人口都能够被纳入救助范围。三是建立兜底保障制度。贫困人口在规定医疗机构诊疗后，对其自付费用应给予兜底保障。应对建档立卡贫困户实施先诊疗后结算政策，逐步减少甚至取消住院预付款制度，贫困人口只需在出院时进行最后结算。

（二）提升医疗机构诊治能力

应该逐步提升贫困地区医疗机构诊疗水平。目前，很多贫困人口反映有就医需求时，由于离最近的诊疗机构路途也比较遥远，往往便贻误了最佳就诊时机。因此，应该增加基层医疗机构和妇幼保健院数量，着重培养基层医疗机构全科医生，并通过培训学习、交流转岗等多种途径为基层医生提供学习提升机会和条件。对于在偏远地区工作的基层医生，可以在工资待遇、职称评定等方面给予政策倾斜。应借助医联体资源，积极向大医院学习借鉴先进经验，定期邀请大型医院专家前来指导开展讲座。此外，还应发展远程医疗，实施互联网医疗，为贫困人口就医提供更便捷的方式。

（三）实施精准救治

一方面应建立大病救助数据管理，定期为贫困人口提供大病筛查、体检服务，并及时更新病例数据，对大病患者进行集中救治；另一方面，应当对贫困人口进行慢性病管理。应为贫困人口定期提供咨询、检查等服务，在就医、服药等方面给予适当监督和指导，实现对贫困人口慢性病管理全覆盖。

（四）加强综合防控

应定期对传染病进行筛查治疗。应免费提供艾滋病筛查治疗并采取母婴阻断措施；加强肺病筛查并为贫困患者提供预防和治疗药品，提高贫困人口服药率和治愈率。在流行病发病率较高地区，应做好随访记录和药物监督管理。

三　对策建议

（一）应实施有针对性的医疗脱贫

精准健康扶贫，应针对性地开展健康扶贫，由常规核查向动态掌握转变。一是应加强病情核查的机制，精准识别因病致贫的贫困人口，采用多种方式进行因病致贫的排查，摸清患病人数、种类及医疗支出数额等，建立因病致贫人员的动态管理机制，随时记录进入、退出情况，并将相关入户调查、健康管理、资金扶持等法定化，形成一套衔接完整、运转有效、系统化的有效机制。二是针对不同类型的因病致贫户实施具有针对性的帮扶。对无人照料的贫困病人，实行集中医疗养老脱贫。建议建立统一的医疗养老脱贫中心，将养老院升级，在养老基础上进行改造，增加医疗保健功能，确保贫困户也能够享受到健康扶贫政策。三是根据区域需要，建立公益性健康养老院，并使养老院在全省形成辐射，实现全覆盖。对于很多无法进入养老院的老人或不想离开家的老病残人员，政府应该根据实际需要实行人本化社会救援和医疗援助。因为对于病重人员，给再多钱医治意义也不大，应当建立公益制度，组织专人入户入室对这些人进行精准照料，确保善始善终。

（二）应高度重视精准健康扶贫

中共中央、国务院《关于打赢脱贫攻坚战的决定》明确提出，要开展医疗保险和医疗救助脱贫，实施健康扶贫工程，保障农村贫困人口享有基本医疗卫生服务，努力防止因病致贫、因病返贫。进入脱贫攻坚阶段，在强调产业、金融、生态等扶贫的同时，应按照中央要求，实事求是、因地制宜开展多种多样的精准扶贫。尽快从顶层设计上调整攻坚脱贫政策，种种情况表明，脱贫攻坚阶段因病致贫户占精准扶贫对象的大部分，他们大多因疾病丧失劳动能力，无法进行产业经营，因此单纯依靠产业扶贫难以解决他们的困境。目前我国因病致贫户中，患大病、重病的约有 330 万人，患长期慢性病的约有 400 万人，其中 15 ~59 岁劳动年龄段的患者占 41%。青壮年是家里的顶梁柱，他们上有老人下有年幼的子女，如果他们因病丧失劳动能力，不仅自身痛苦，还会给家庭造成巨大医疗费用负担，迫使两代甚至三代人长期欠债，压得他们“直不起腰”，导致贫困遗传。

（三）应尽快实行社保医保双兜底保障机制

目前，我国贫困人口中有很大一部分人是因为丧失劳动能力或罹患大病慢性病，而无法通过就业实现脱贫，需要社会保障兜底。为此，一是应建立“基本医保 + 大病医保 + 补充医保”的多层次医保体系，并与社会救助紧密衔接。努力确保既保基本又保大病，既保范围内又保范围外，提高了重特大疾病的保障水平。二是应进一步完善健康扶贫政策，明确健康扶贫内涵和范围。对因病致贫人口实行动态管理，及时增加或减少。对经检查确定患有疾病的患者，根据病情确定能提供医疗扶持的责任医院、责任医生，制定针对性治疗方案。三是进一步扩大大病集中救治病种范围，组织医疗专业人士对贫困人口因病致贫情况进行筛查、分类，保证致贫原因真实，疾病种类明确，实行分类救助。对县级医院不能诊治的疑难危重病人，按照分级诊疗的要求，将其转至市级、省级医院进行诊治；对一次性能治愈的患者，由政府出资集中治疗；对需要维持治疗的患者，以县为单位建立抚慰中心或安排定点医院长期治疗。可以借鉴辽宁省辽阳市设立“新农合精准健康扶贫专项基金”的经验。从2016年开始，该市从新农合历年节余的1.5亿元资金中先后提取5000万元，用于给予建档立卡贫困患者政策补偿之外的救助，确保贫困患者治病零负担或低负担，并设置6家精准健康扶贫定点医疗机构，每个定点医院设置精准健康扶贫窗口。

（四）应实施全民医疗保障前移制度

为进一步织牢织密医疗保障网，应由注重疾病救治向预防救治并重转变。实行医疗保障前移，即对全体公民实行健康保障，提前进行健康监护，减少大病及医疗成本。我国贫困地区群众普遍缺乏疾病预防保健常识，卫生生活习惯较差，加之地区交通不便，患者往往小病拖成大病，急性病拖成慢性病，慢性病又不积极治疗，导致大病后沉重的医疗负担。以某因病返贫户为例，该贫困户因肠息肉发生癌变，需要进行切除手术，术后还需进行放疗化疗，至少需要花费五万元，造成巨大医疗开支。但该类病症如果早期进行健康检查时能被发现，及早切除息肉，医疗花费大概在5000元，既避免了巨大医疗支出，又保障了身体健康。因此，一方面应在农村加大健康卫生知识宣传力度，提高健康教育水平，引导群众养成良好的生活习惯和饮食习惯，增强健康防病意识，降低发病率；另一方面，建议对建档立卡贫困人口定期进行免费健康检查、实行健康全过程管理。对儿童、老年人、妇女慢性病患者加强健康管理和慢性病的规范治疗；对有重病患者的家庭实行定期监管；对于疾病，及早发现，大病变小病，小病变无病。辽宁省辽阳市为慢性病免费投药。据统计，2018年该市共收治精准健康扶贫患者9731人，慢性病免费投药2.1万人次，共为扶贫对象节省费用9763.25万元。

B.16

辽宁省城镇职工基本养老保险发展研究*

闫琳琳　秦 燊**

摘　要： 经过多年的改革与发展，辽宁省城镇职工基本养老保险制度改革与完善成效显著。本报告依据辽宁省城镇职工基本养老保险制度的覆盖范围、养老保险制度抚养比、养老保险基金收支等指标对辽宁省城镇职工基本养老保险制度的发展现状进行测算分析，研究辽宁省城镇职工基本养老保险制度发展情况，并在此基础上提出依据时间表扎实推进全国统筹、将全国统筹纳入社会保障法律轨道等对策建议。

关键词： 城镇职工　养老保险　全国统筹　辽宁省

在人口老龄化的背景下，养老保险制度建设和完善问题，关系着东北老工业基地振兴大计、关系着辽宁省积极应对人口老龄化挑战，关系着全面建成小康社会重任，具有极为关键的地位和意义。

一　辽宁城镇职工基本养老保险发展历程

回溯辽宁省城镇职工基本养老保险制度发展历史可知，1997 年国家基

* 本文是国家社会科学基金项目“基于收入再分配的养老保险全国统筹实现路径研究”（项目编号：15CRK001）、辽宁省社科联课题“东北振兴背景下辽宁省养老服务产业转型升级研究”（项目编号：20191slktqn－041）部分研究成果。

** 闫琳琳，辽宁社会科学院社会学研究所博士，副研究员，主要研究方向为人口与社会保障；秦燊，辽宁省社会保险管理事业服务中心，副教授，高级讲师，主要研究方向为经济学（社会经济学、贸易经济）。

本养老保险制度改革开启了辽宁省城镇职工基本养老保险制度的新篇章。1997年出台的《国务院关于建立统一的企业职工基本养老保险制度的决定》，引导辽宁省城镇职工基本养老保险制度由完全的现收现付制向社会统筹和个人账户相结合的部分积累制转轨。到2000年底，中共中央、国务院批准了《关于完善城镇社会保障体系试点方案》，辽宁省作为城镇社会保障体系改革的试点省份，开始开展全省范围内的社会保障体系改革试点。2001年7月，辽宁省人民政府又印发了《关于〈辽宁省完善城镇企业职工基本养老保险制度实施办法（试行）〉的通知》，规定了辽宁省试点的城镇职工基本养老保险运行模式和改革方案。

2006年，辽宁省人民政府颁布了《关于完善企业职工基本养老保险制度的意见》，进一步调整了辽宁省基本养老金的计发办法。同时，辽宁省对城镇个体工商户业主、自由职业者和灵活就业人员参加基本养老保险做了相关规定，个人养老保险缴费率统一调整为20%，其中8%计入个人账户，12%纳入社会统筹。辽宁不断完善养老保险制度，制度覆盖面逐步扩大，多层次的养老保障体系逐步建立起来。

2015年，辽宁省社会保障事业在省委省政府的高度重视和全省社保部门的共同努力下取得了显著成就，一些重要的改革方案和举措相继出台。辽宁省出台了《关于机关事业单位工作人员养老保险制度改革的实施意见》，机关事业单位工作人员将与企业职工一样实行社会统筹与个人账户相结合的基本养老保险制度。这一制度设立10年的过渡期，以保证改革之前参加工作但改革之后退休的部分人（所谓“中人”）的待遇水平不降低，实行保低限高原则。机关事业单位养老保险制度改革是对长期以来存在的养老金“双轨制”的重要改革，充分体现了公民权利与义务对等的基本原则，切实维护了社会的公平与效率，解决社会矛盾、促进公平，实现经济社会可持续发展。

2019年4月，辽宁省为贯彻落实《国务院办公厅关于印发降低社会保险费率综合方案的通知》（国办发〔2019〕13号）精神，改革完善了辽宁省社会保险制度，确保辽宁省企业社保缴费实际负担有实质性下降，结合辽宁省实际，制定了《辽宁省降低社会保险费率综合实施方案》。社会保险费率下降，特别是养老保险缴费率下降具有一定的普惠性质，是一种长期性制度安排，是减轻辽宁省内企业，特别是小微企业社保缴费负担的重要途径。也同时展示了辽宁省委、省政府减轻企业社保缴费负担鲜明的态度和坚定的决心。该《方案》执行之后，辽宁省企业社保缴费率将与全国一致，有利于形成公平的市场环境。在辽宁省养老保险费率降低后，养老保险参保缴费“门槛”将下降，有利于提高辽宁省内企业的城镇职工基本养老保险参保积极性，将更多的城镇职工纳入城镇职工基本养老保险制度中，形成辽宁省企业与城镇职工基本养老保险制度共同发展的良性循环。

这些养老保险制度和改革措施不仅切实保障了辽宁省人民群众的基本物质生活，而且在维护社会公正、促进经济社会可持续发展等方面发挥了重要的作用，也使辽宁省人民的安全感和幸福感得到有效提升，巩固和提高了辽宁省全方位多角度的养老保障综合体系。

二　辽宁城镇职工基本养老保险发展现状

辽宁省城镇职工基本养老保险经过多年的改革，取得了一定的效果。对于其现状的考察，要围绕辽宁省城镇职工基本养老保险覆盖范围、辽宁省城镇职工基本养老保险制度抚养比、辽宁省城镇职工基本养老保险基金收支等统计指标进行衡量，重点考察辽宁省城镇职工养老保险制度的可负担性和可持续性。

（一）城镇职工基本养老保险覆盖面不断扩大

从2008年到2018年，辽宁省城镇职工基本养老保险覆盖范围不断扩大，相关待遇水平不断提升，有效保障了人民群众共享发展成果。随着城镇职工基本养老保险制度的覆盖范围不断扩大，灵活就业人员参保率不断攀升。截至2018年末，辽宁省参加城镇职工基本养老保险的人数达到1994.8万人，其中，参加企业职工基本养老保险的在职职工有1080.4万人，离退休人员699万人。

逐步扩大城镇职工基本养老保险覆盖面，能更大范围地为人民群众提供保障，尽可能地为从事正规就业和非正规就业的各种经济活动的人员提供养老保障。2018 年辽宁省城镇职工基本养老保险的覆盖面不断扩大，达到 67.19%（见表 1）。

表 1　辽宁省城镇职工基本养老保险参保人数及覆盖面分析

单位：万人，%

年份	城镇职工参保人数	#在职职工人数	#离退休人数	城镇人口数	覆盖面
2008	1406.24	976.37	429.87	2591	54.27
2009	1457.4	1008.01	449.38	2620	55.63
2010	1496.9	1024.2	472.7	2717	55.09
2011	1556.61	1070.14	486.48	2807	55.45
2012	1609.24	1098.85	510.4	2881	55.86
2013	1729.47	1171.7	557.77	2917	59.29
2014	1769.18	1167.28	601.9	2944	60.09
2015	1780.16	1139.71	640.45	2952	60.30
2016	1800.3	1120.55	679.75	2949	61.05
2017	1949.81	1195.46	754.35	2949	66.12
2018	1994.8	1080.4	699	2968.7	67.19

资料来源：根据国家统计局网站统计数据库中相关数据整理计算；2006～2018 年《辽宁统计年鉴》。

注：城镇职工养老保险覆盖面 = 城镇职工养老保险参保人数/城镇人口数。

（二）制度抚养比持续攀升，财务可持续性不容乐观

截至 2018 年末，辽宁省城镇职工基本养老保险参保人数为 1994.8 万人，其中，参加企业职工基本养老保险的在职职工 1080.4 万人，离退休人员 699 万人，制度抚养比（离退休人员人数与在职职工人数比值）为 1∶1.55。

从近年离退休人员与在职职工人数比值的发展趋势来看，养老保险制度抚养比扩大的问题较为突出，其中，辽宁省城镇职工基本养老保险制度抚养比由 2010 年的 46.15∶100 上升到 2018 年的 64.70∶100。离退休人员与在职

职工人数比值不断攀升，代表着辽宁省城镇职工基本养老保险制度的财务可持续性不容乐观。

（三）基金收支累计结余逐年下降

2018 年城镇职工基本养老保险基金收入 1927. 1 亿元，基金支出 2182. 9 亿元，累计结余 320 亿元。与 2010 年相比分别变动了 1093 亿元、1427. 1 亿元、-419. 3 亿元（见表 3）。根据课题组的预测，2019 年辽宁省城镇职工基本养老保险基金结余将出现赤字。

表 2　辽宁省城镇职工基本养老保险基金收支状况

单位：亿元

年份	基金收入	基金支出	累计结余
2001	191. 8	179. 3	41. 1
2002	249. 7	200. 7	110. 0
2003	262. 3	217. 4	155. 8
2004	292. 1	245. 6	202. 3
2005	353. 9	287. 2	277. 5
2006	424. 5	351. 6	350. 4
2007	510. 4	428. 3	433. 7
2008	661. 6	526. 7	568. 9
2009	735. 9	644. 1	660. 8
2010	834. 1	755. 8	739. 3
2011	1039. 0	883. 1	895. 1
2012	1212. 3	1052. 6	1054. 9
2013	1422. 2	1251. 1	1226. 6
2014	1534. 2	1477. 9	1283. 8
2015	1630. 2	1743. 2	1170. 8
2016	1676. 1	1930. 3	916. 6
2017	1863. 2	2207. 0	572. 8
2018	1927. 1	2182. 9	320

资料来源：根据 2006 ~ 2018 年《辽宁统计年鉴》、国家统计局统计数据库中相关数据整理计算。

三　城镇职工基本养老保险发展困境

辽宁省城镇职工基本养老保险在基本的制度设计、管理体制、基金运营、保险费率费基“双降”等方面，形成了规范的制度体系和方案。辽宁省城镇职工基本养老保险制度发展良好，但从目前辽宁省城镇职工基本养老保险发展现状看，还存在着一些发展困境。

（1）实现养老保险的“全覆盖、保基本、多层次、可持续”目标有一定难度。辽宁省城镇职工基本养老保险的制度覆盖率，与人人享有社会保障的目标还有一定距离。多层次养老保险体系建设也存在一定短板，可持续发展还需进一步完善和实现。辽宁实现城镇职工基本养老保险的“全覆盖、保基本、多层次、可持续”目标，还存在一定的压力和困难。

（2）制度改革任务艰巨。在辽宁省老工业基地经济体制改革和社会保险制度改革进程中，关闭破产企业职工安置与并轨历史遗留问题，机关事业单位与企业职工养老保险制度并轨带来的空账问题，不同行业、企业职工之间养老保险待遇差别问题，仍等待妥善解决，改革任务依然十分艰巨。

（3）制度赡养率提高。辽宁省的离退休职工参保人数和在职职工参保人数之间的差距逐年减小，制度赡养率连年攀升。辽宁省国有重工业企业数量众多，传统的资源型产业人员数量过多，历史负担沉重，给养老保险带来巨大负担，养老保险面临的矛盾较为突出。而且，有一部分灵活就业人员尚未参保。这也可能导致未来制度赡养率进一步提高。

（4）养老保险基金支付压力大。辽宁省在养老保险试点中逐步做实个人账户，尝试解决个人账户空账问题。但由于辽宁省人口老龄化不断加剧，辽宁省城镇职工养老保险基金支付压力增大，养老保险个人账户完全做实压力较大，使得城镇职工养老保险基金“增支”压力巨大。据预测，辽宁省在2019年将出现城镇职工养老保险基金当期收不抵支，累计结余出现赤字。

（5）人口问题复杂交织。从人口结构上看，辽宁省庞大的青壮年人口带来的人口红利正在逐渐消退。从生育率来看，辽宁省长期保持稳定的低生育水平，在放开单独二孩生育政策之后，生育水平将有所提高，社会保险支出压力也将随之增加。从劳动力供给来看，由于人口自然增长率下降、劳动力外流等因素影响，辽宁出现劳动力短缺的情况。从就业情况来看，技术工人缺乏、高素质人才短缺，出现劳动力结构性失业。这些复杂的人口问题，会影响养老保险事业发展的进程。

（6）费率费基双降带来风险挑战。国务院出台的降费综合改革方案，降低了社保缴费基数；同时，又将城镇职工基本养老保险单位缴费率降至16%。在大幅度降低费率和费基之后，辽宁省财务风险将加剧。因此，养老保险制度改革还需要进一步出台改革方案，扩大制度覆盖面，增强企业活力，标本兼治，提升养老保险制度的财务可持续性。

四　城镇职工基本养老保险制度的建议

（一）将养老保险纳入社会保障法律轨道

养老保险关系到每个人的切身利益，完善的养老保险法律制度是新型社会保障制度定性发展的必备，也是人民对养老保险制度不失去信心的重要保证。养老保险的法制规范就是对社会保障制度的可靠性、安全性的一种担保责任。因此，应尽快推动将养老保险纳入社会保障法律轨道。

（二）进一步扩大养老保险制度覆盖面

养老保险覆盖面扩大，在更大的范围内实现了互助共济、保障公平、收入再分配功能。城镇职工基本养老保险制度为在职职工及退休人员提供了基本的保障，体现了公平的原则。因此，养老保险制度覆盖面要不断扩大，将更多的人群纳入城镇职工基本养老保险制度框架，为更多群体提供更大范围的养老保障，实现更广泛的养老保险收入再分配。

（三）建立合理的推迟退休年龄方案

制定合理、有序的政策机制，保障推迟退休年龄方案顺利实施。在退休

年龄调整之前，必须确保严格执行现有的退休年龄标准。对于男女退休年龄调整采用分阶段、循序渐进式的延迟退休方式。在推迟退休年龄的过程中，要考虑到行业的不同和劳动者的职业特点，根据退休人员特征，采取灵活的弹性退休制度，允许退休人员在弹性区间内做出自由选择。建立退休人员退休年龄和养老金水平的挂钩制度，制定养老保险有效的激励约束机制。

（四）建立科学完善的管理和服务体系

通过综合配套的管理和服务体系来推动城镇职工基本养老保险制度发展，尽快建立起全国联网的结算中心，由其负责流动人口社保的汇集、累加，并最终将资金转移到流动人口退休时的定居地由基层社保机构管理。建立由政府统一管理，劳动和社会保障部门管理政策、财政部门管理社保基金、税务部门管理社会保险费征收、社会保险经办机构管理社会保险业务办理、基层平台负责退休人员社会化管理的新的城镇职工基本养老保险管理体制。

参考文献

董登新：《近五年中国养老金制度八大改革分析》，《中国劳动保障报》2018 年 12 月 4 日，第 3 版。

薛惠元、郭文尧：《城镇职工基本养老保险基金收支状况、面临风险及应对策略》，《经济纵横》2017 年第 12 期。

林毓铭：《体制改革：从养老保险省级统筹到基础养老金全国统筹》，《经济学家》2013 年第 12 期。

李晔：《中国城镇企业职工基本养老保险制度全国统筹问题研究》，内蒙古大学硕士学位论文，2011。

王晓军、任文东：《我国养老保险的财务可持续性研究》，《保险研究》2013 年第 4 期。

张士斌、杨黎源、张天龙：《养老金替代率的国际比较与中国改革路径》，《浙江学刊》2012 年第 4 期。

B.17
辽宁省人口老龄化发展状况研究

田　雨*

摘　要： 我国已成为世界上人口老龄化程度较高的国家之一，而辽宁省人口老龄化相比全国而言更为严重。本文根据辽宁省人口老龄化发展现状，分析辽宁省人口老龄化发展原因，剖析人口老龄化带给辽宁的影响，阐述中央与地方出台的各种应对老龄化的政策及成效。同时本文针对辽宁省人口老龄化提出相应的对策建议。

关键词： 老龄化　人口结构　辽宁省

进入21世纪后，我国已发展为人口老龄化程度较高的国家之一。据我国在2010年的第六次全国人口普查数据资料：全国60岁及以上人口为1.78亿人，占总人口的比例为13.3%，65岁及以上人口为1.19亿人，占总人口比例为8.9%。对此习近平总书记明确指出，满足数量庞大的老年群众多方面需求、妥善解决人口老龄化所带来的社会问题，“事关国家发展全局，事关百姓福祉”。“十三五”规划纲要明确提出，要对此加强顶层设计，“构建以人口战略、生育政策、就业制度、养老服务、社保体系、健康保障、人才培养、环境支持、社会参与等为支撑的人口老龄化应对体系”。而辽宁省人口老龄化现状比照全国而言，形势更加严峻，其老龄化进程加速，并率先变成未富先老的省份之一，因此辽宁省更有必要贯彻落实习近平总书记关于

---

* 田雨，辽宁社会科学院文化学研究所助理研究员，博士。

“人口老龄化”的重要讲话精神，在此基础上充分认识辽宁省人口老龄化演进的规律和特征，进行科学的制度设计、提出合理的政策措施，从而推动辽宁省老龄事业全面协调可持续发展。

一　辽宁省人口老龄化现状

自20世纪90年代辽宁进入老年型社会以来，人口老龄化、高龄化形势不断加剧。人口老龄化、高龄化程度持续加深已成为辽宁一个重大基本省情。同时老年人口健康状况得到一定程度的改善，但家庭空巢化趋势仍十分明显。

（一）老年人口基数庞大与高龄化趋势加剧

据相关户籍资料统计，截至2017年末，辽宁省在籍人口为4232.57万，60周岁及以上在籍老年人口数为958.74万、占全省在籍总人口数的22.65%，65周岁及以上在籍老年人口数为608.17万、占全省在籍总人口数的14.37%。与上年相比，老年在籍人口数增加了33.48万，增长率高达3.62%；与全国老年在籍人口数2.4亿、占在籍总人口数的17.3%相对比，辽宁省在籍老年人口数占比比全国高出5.35个百分点。显然辽宁省低龄老年人口正在急速膨胀。再从在籍老年人口的年龄结构分析，截至2017年，辽宁60~69岁年龄段的在籍老年人口数为578.79万，占全省在籍老年人口数的60.37%，相较上年净增29.84万，上升趋势明显。70~79岁年龄段在籍老年人口数为255.36万，占全省在籍老年人口数的26.63%，比上年增加了2.23万。80~89岁年龄段的在籍老年人口数为111.39万，占全省在籍老年人口数的11.62%，比上年减少0.13万人。90~99岁年龄段的在籍老年人口数为13.02万，占全省在籍老年人口数的1.36%，相比增加1.53万人。100周岁及以上在籍老年人口数为1820，占全省在籍老年人口数的0.02%，同样也增加了131人。然而辽宁省的少儿人口数在全国省份中处于较低水平。2017年末辽宁0~15岁（含不满16周岁）在籍人口数为484.3

万，仅占常住人口总数的11.09%，与全国平均水平（17.8%）相差较大。此外，从在籍老年人口性别数量看，男性在籍老年人口数为455.97万，占老年在籍人口数的47.56%，女性在籍老年人口502.77万，占在籍老年人口的52.44%，即男性老年人口数比女性要少近50万人，这也说明辽宁省男性寿命总体不及女性。

（二）城乡分布比例相对均衡但地区差异较大

结合城乡老年人口布局分析，城镇在籍老年人口518.25万，占在籍老年人口数的54.06%；农村在籍老年人口440.49万，占在籍老年人口数的45.94%。沈阳市和大连市老年人口最多，分别达到178.91万人和148.66万人。沈阳、大连、鞍山、抚顺、本溪、盘锦等6个市农村在籍老年人口数要少于城镇在籍老年人口数。从人口老龄化程度来看，全省14个市老年人口的占比均超过全国平均水平，沈阳、大连、鞍山、抚顺、本溪、丹东、营口、阜新、辽阳、铁岭、盘锦、葫芦岛12个市均超过20.00%。大连、丹东、本溪、沈阳4个市老龄化程度仍较高，分别为24.99%、24.96%、24.55%、24.29%；朝阳市老龄化程度较低，为18.64%。

（三）老年人口健康状况稳定与老人空巢化趋向明显

辽宁省老年健康人口数为502.51万，占在籍老年人口数的52.42%；患有老年慢性病人数为276.53万，占在籍老年人口数的28.84%；失能老年人口数为43.66万，占在籍老年人口数的4.55%；半失能老人数为66.51万，占在籍老年人口数的6.94%；失智（认知功能有退化表现）老年人数为17.68万，占在籍老年人口数的1.84%。此外，辽宁省尚有179.70万患其他疾病的老年人，占在籍老年人口数的18.74%。2017年辽宁省有超过半数的老人是健康的，相比于上年全省健康老人数量增长21.71万人。显然，这是目前医疗保健水平提高，而老年人生活品质明显改善的结果。同时，代际关系变化使得家庭规模不断缩小且数量大幅增加，与子女分别居住的老年人数量明显增多。随着辽宁省第一代独生子女父母陆续老龄化，全省空巢老年人口已达390.72万，占在籍老年人口数的40.75%，家庭空巢化趋向已不可逆转。其中，城镇在籍空巢老人数量较多，有200.42万，农村在籍空巢老人数量相对较少，有190.30万。由于受辽宁省经济回暖、外出打工人员返乡等因素的影响，与上年相比辽宁省在籍空巢老年人口数量减少近3万。此外，全省共有76669名失独老人，占在籍老年人口数的0.80%。

二　辽宁省人口老龄化严重的原因

（一）人口自然增长率呈负值

国企众多，使得辽宁始终紧跟国家政策，而计划生育政策对辽宁省的影响早已渗透每个角落，加上育儿成本越来越高，使得辽宁人原有的生育观念发生了严重的变化。即使二孩政策放开，辽宁省人口的生育意愿也很低。而随着我国经济社会的快速发展、我国医疗卫生条件的完善，辽宁省的人口平均寿命却不断地延长。根据辽宁统计局的数据，自2015年以来辽宁省人口自然增长率皆为负值，即每年出生的人口还不如死亡的人口多。而辽宁省也成为全国首个人口负增长的省份（见表1）。

表1　辽宁省人口出生和死亡数据

单位：万人，‰

年份	出生人口	出生率	死亡人口	死亡率	自然增长率
2017	28.4	6.49	30.3	6.93	-0.44
2016	28.89	6.60	29.68	6.78	-0.18
2015	27.04	6.17	28.88	6.59	-0.42
2014	28.5	6.49	27.36	6.23	0.26

按照目前通行的标准，一地区的总和生育率应至少为2.1，才能达到世代平均更替水平，即每个妇女平均生育2.1个孩子，才能保持人口

与上一代持平。但据全国第六次人口普查的结果，辽宁省生育率仅为0.74，还不及全国的一半。如此低迷的生育意愿难以拉高日渐走低的生育率。

（二）人口流失加剧

人口的迁移总是随着经济重心走。新中国成立初期，辽宁曾一度是人口净流入地区。自20世纪80年代的改革开放和经济体制改革之后，更具经济活力的地带开始将辽宁省的人口一点点吸引出去。2016年2月辽宁社会科学院公布的《辽宁蓝皮书：2016年辽宁经济社会形势分析与预测》，对比第五、第六次人口普查的数据，指出“辽宁省人口聚集能力明显减弱”。从2014年流动人口动态监测数据来看，北京、广东、上海、天津四地带走了本省流出人口的近70%。大量青壮年劳动力选择外出南下务工或者经营生意，促使辽宁省人口持续外流，净流出数量呈增加的趋势。而经济相对不活跃的地区，更难吸引人才，辽宁省流出人口平均年龄不断降低，受教育程度却有所提高，使得本省面临的不仅是人口流出的困境，还有人才流失的问题。

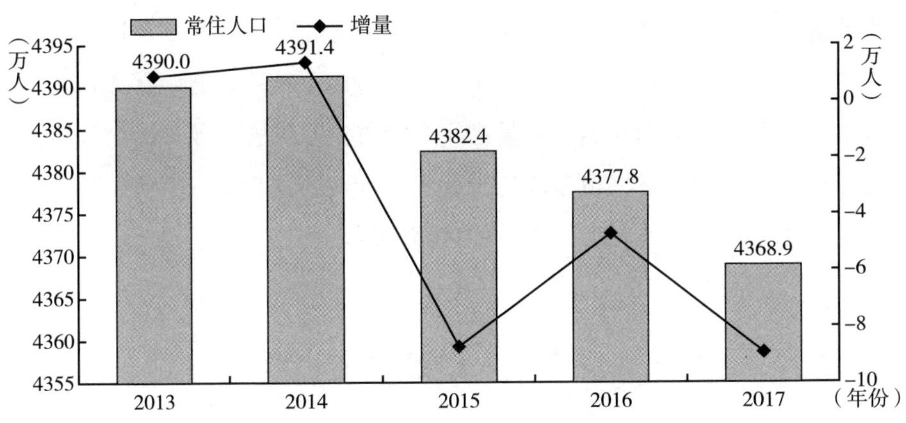

图1　2013～2017年辽宁常住人口及其增量走势

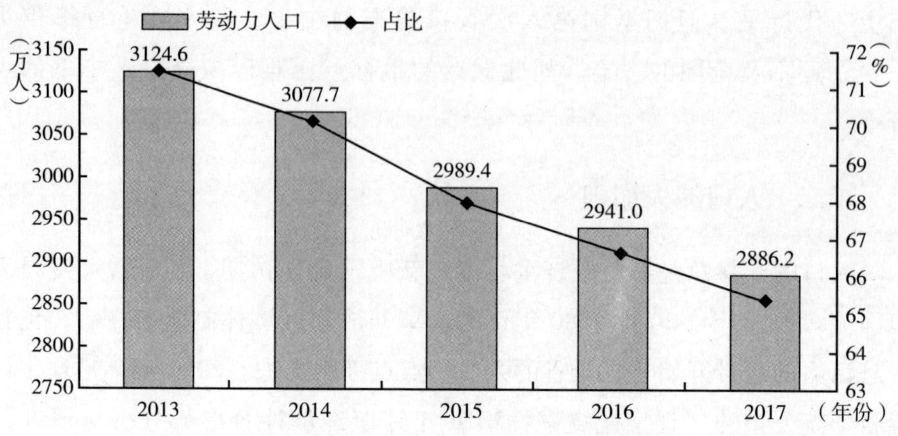

图 2　2013～2017 年辽宁劳动力人口及其占比走势

（三）高水平城市化的拉动与政策利导

辽宁作为全国最大的重工业基地，是全国城市化水平较高的地区之一。从新中国成立以来，辽宁省城市化水平一直高于全国的平均水平，概而论之，城市化水平越高，少子化情况越明显，人口老龄化趋势也越明显。这一定律已被世界各地的事实所印证，这也是辽宁省老年人口比例始终居于高位的重要因素。20 世纪 50 年代，在重工业优先战略的诱导下，大批人口向辽宁城市迅速集中，客观地造成了城市人口数量比重较高、青壮年人口规模比较大。而随着时间流逝，当时大量进入辽宁省城市的青壮年如今已经全部迈入老年行列，促使全省城市老龄化进程不断加速。这也是辽宁省主要工业城市城镇老年人口多于农村老年人口的重要原因之一。

三　辽宁省人口老龄化的影响

（一）人口老龄化改变社会消费结构

衰减性人口问题会改变当前居民的整体消费习惯，进而影响当前的消费结构，对社会经济结构造成不可逆转的后果。辽宁省老年人维系生活主要依靠四个方面：一是城镇居民的养老金或退休金；二是部分劳动者依赖从国家所得到的低保收入或是国家对困难户的物质救助；三是农村老人从事农业生产劳动经营所得；四是靠子女供养或以前收入的累积。不过随着通货膨胀与自身状况等因素的影响，他们的生活质量将面临不可预估的隐患，且辽宁省居民消费结构也会相应地发生改变，即医疗保健支出的增加最为明显。这是因为在当今社会生活品质不断提升的前提下，人们尤其是老年人越来越注重自己的身体健康，势必也对养生保健更加重视，他们的消费便会逐渐向医疗保健类产品与服务倾斜。然而老年人受传统观念影响较深，秉持勤劳简朴的思想，日常消费多为理性消费和生活基本消费，且对于交易投资并无过高的追求，主要为保本理财或医疗养老保险。可是老年人口增加会导致医疗保障及社会福利性开销的增长。因此作为纯消费群体的老年人口虽能通过对医疗保健的渴望释放一定的消费需求，但是对经济整体影响作用不大。换句话说，随着老龄化变得严重，辽宁省的社会消费结构势必会发生重大变化，而为了适应老年人的消费需求，整体社会产业结构也会被迫调整，与老年人相关的服务型产业会有上升趋势。

（二）人口老龄化影响家庭结构变化

“低出生率—低死亡率”的模式加剧了人口老龄化，也悄然改变着几世同堂式的家庭结构，进而加重了家庭的养老经济负担。在第六次全国人口普查中，辽宁家庭户数共有 14994046 户，人口数共有 41755874 人，与第五次全国人口普查数据相比平均每户人口减少 0. 37 人。家庭户数不断增加反映出辽宁省家庭规模持续缩小，赡养老人的能力不断被削弱。但是家庭规模与经济发展具有一定的负相关关系，从某种角度理解，家庭规模不断缩小对中国经济是利好的，最明显的现象就是家庭结构的转变扩大了对住房的需求。早年是几代人同处一室，现在却是大家庭被拆分后的小微家庭，这样难免会产生购房需求。而面对飞速上涨的房价和不断强化的住房的其他社会属性，越来越多的人未雨绸缪，为子孙提前准备住房，这使得房地产业对经济的促进效果异常明显。不过在经济发展的同时，一些社会问题也在凸显。由于家庭规模逐年缩小，空巢老人越来越多。这些老年人社会交往和感情交流正变得愈发稀少，他们愈发不适应当前的生活环境，反之这些情况又进一步加剧了他们心理层面的失落感与疏离感。因此，老年人口空虚寂寞的精神生活也需要引起社会的普遍重视。

（三）人口老龄化加重地方财政压力

辽宁省经济尚未发展而老龄化时代已翩然而至，“未富先老”使得地方政府财政面临着巨大的挑战。地方财政在发放在职人员的正常薪酬的同时，还要提供庞大的劳动保险、公费医疗、社会救济、退休金等一系列职工福利费用，而且这些费用又呈现出递增的趋势。据辽宁大学人口研究所研究员金刚测算，2010 年，辽宁省基本养老保险制度的赡养率为 46%，相当于 2.17 个年轻人供养 1 个老年人，到 2016 年这一比率已提高至 61%，相当于 1.65 个年轻人供养 1 个老年人。相比之下，广东省的年轻人就轻松许多，同样是 2016 年，广东供养一个老人的负担由 9.2 个年轻人来分担。据《新京报》援引的辽宁省前政府官员王金笛的分析，2016 年辽宁省养老保险当年缺口已有 337 亿元，2017 年缺口 412 亿元，2018 年预计将达到 501 亿元，2019 年将攀升至 598 亿元，2020 年会达到 698 亿元。巨大的支付缺口不得不“压榨”个人账户和地方财政，根据国家统计局的数据，2015 年辽宁基本养老保险征缴收入减总支出的规模占地方财政收入的比重已经接近 1/3。据金刚测算，相比于 2016 年广东有 55 个月的养老金可发放，辽宁已降至不到 6 个月。

有些单位的离退休职工或已接近在岗工作人员的人数，这使劳动人口不断减少，被赡养人员不断增长，制约了这些单位扩大再生产和盈利，同时还加重了在岗工作人员的负担，影响其实际所得和工作积极性。根据 2010 年全省人口抽样调查数据，辽宁 16～29 岁的青壮年劳动者所占比例仅为 20.55%，低于全国水平约 5 个百分点，青壮年劳动者不仅偏少且数量有进一步下滑趋势。显然年轻人远离的地方老龄化会加剧，地方财政要承担的养老保险费负担也会相应加重，进而无法吸引投资建设。同时经济会失去活力，人口进一步外流，进而拖累该地区社会的正常发展。

表2　2015～2016年全国及各地区社会保险基金（养老）累计结余及增速

单位：亿元，%

地区	2015年	2016年	增速
全　国	59532.54	66349.70	11
广　东	6532.75	7652.66	17
北　京	2796.57	3566.23	28
江　苏	3163.71	3402.65	8
浙　江	3070.39	3293.47	7
山　东	2233.39	2385.68	7
四　川	2166.36	2226.31	3
上　海	1450.97	1872.50	29
山　西	1264.40	1305.55	3
安　徽	1042.39	1185.23	14
河　南	997.50	1050.48	5
湖　南	939.27	1006.98	7
新　疆	861.36	979.45	14
辽　宁	1170.79	916.62	-22
重　庆	755.42	834.81	11
湖　北	850.44	822.31	-3
云　南	650.51	813.67	25
河　北	755.80	707.63	-6
福　建	676.24	701.14	22
贵　州	480.42	527.83	10
江　西	498.93	526.69	6
陕　西	453.33	474.48	5
广　西	456.54	460.38	1
内蒙古	474.18	458.88	-3
天　津	396.42	397.73	0
甘　肃	365.79	375.99	3
吉　林	383.14	342.83	-11
宁　夏	172.20	196.07	14
海　南	114.18	134.35	18
西　藏	49.77	77.53	56
青　海	76.41	63.03	-18
黑龙江	130.91	-196.09	-250

（四）人口老龄化增添就业新困难

随着本科及以上学历毕业生数量逐年增长，辽宁每年都会有众多高学历人才汇聚至劳动力市场，而各用人单位却因辽宁省减员增效的机制，减少了对毕业生的录取率，使得劳动力供给与需求呈现出不对称的状态。在此背景下，用人单位下岗人员也相对增加，而失业职工多数由于年龄偏大，学历较低，再度就业难度高，且在职在岗也不够稳定，但他们为维持生计会有不少人寻求再就业。虽然政府帮助失业职工的再就业政策早已开展，但收效不够显著。同时，老龄化与人口流失对地区经济创新的影响更为严重。相对于年轻人，老年人由于已经过了劳动的黄金时段，思维固化并安于现状。他们缺少创新动力，也没有创新诉求，对于新技术、新思想以及新产品等新鲜事物的接受，也不是抱有积极的态度，而多是抵触。如果企业或政府部门的高层职位均被年长者占据，他们的固有思想往往会抑制底层年轻群体的创新思维。因此，从长远考虑，老年人占比大会对整个社会经济发展的创新造成较大抑制，使地区经济错失发展良机。当前辽宁省老龄化非常严重，同时大量生产工作者也逐渐大龄化，这将严重影响该地区劳动人群的创新能力。在失去创新动力以后，地区的经济发展也将失去活力，造成发展停滞不前。不同于老龄化造成的创新动力低下，人口流失将导致地区失去创新源泉。劳动力作为经济发展创新的源泉，尤其是当高水平学术科技人才大量流失后，当地创新驱动力将更加难以为继。根据相关研究，辽宁省人口外流主要是科技人员流失，同时也有大量高校毕业生流失，众多人才选择到一线城市或东南沿海等发达地区工作，致使辽宁省面临人才青黄不接的窘境。这显然会对辽宁国企改革创新与经济复苏造成阻碍，对东北全面振兴也十分不利。

四　辽宁省人口老龄化的各级应对策略

（一）中央调剂金制度的实施

2018 年 7 月，我国正式建立中央调剂金制度，其主要目的是在省际进行养老保险金余缺的调节，使其平衡。它并非对省际养老保险金的简单“劫富济贫”，而是在中央统筹下根据各省份退休职工的实际情况来确定。可见，中央调剂金的实质是养老保险金的收支在省际进行一定比例的再分配，同时这也符合十九大报告提出的“尽快实现养老保险全国统筹”的改革大方向。这一着力于在不同省份之间调节养老金余缺的制度，被广泛认为是走向养老金全国统筹的第一步。办法是各个省份按照比例上缴一部分基金，中央再根据各个地方退休人员的数量下拨一部分基金。中央调剂金制度的出台，一方面是对我国养老保险基金制度的切实思考。我国各省份之间发展不平衡不充分，省际养老保险抚养比相差悬殊，养老待遇与政策之间也是两极分化现象严重。另一方面，体现出社会保障制度的公平性和互助性的回归。运用社会保险“大数法则”的中央调剂金制度就是力争在全国之间协力互助。显然中央调剂金制度某种程度上就是为了解决像辽宁这样的老工业基地的养老问题，由之前富裕起来的省份向难以为继的省份反哺，可以缓解辽宁省养老保险基金不足的窘境。

（二）《辽宁省人口发展规划（2016～2030年）》的出台

同样为了应对人口老龄化的加剧，2018 年 6 月 25 日辽宁省政府发布《辽宁省人口发展规划（2016～2030 年）》（以下简称《规划》），对人口问题的重视上升到空前高度。在此之前辽宁省也出台过一系列政策应对老龄化，如 2015 年，省卫计委下发《关于简化下放生育手续的通知》，要求放宽生育登记、审批时间，下放登记审核权限，简化生育手段。次年，省人大常委会对《辽宁省人口与计划生育条例》做出修订，免去了生二孩的审批环节，放宽准生资格，流动人口也可以在现居住地办理二孩生育登记，但收效均不大。

在《规划》中，省政府将辽宁省人口实际置于“全省经济社会发展面临的长期性、全局性和战略性问题”的高度。同时改变的力度也超出以往。为了实现提升生育率、改善人口结构、加强人口集聚能力的主要目标，《规划》不仅提出要探索鼓励生育的配套政策，还在鼓励大龄劳动力重新进入劳动力市场、人才引进、放宽户籍准入、延迟退休、完善养老机构与养老体系等方方面面做出了努力改变的姿态。具体内容主要有以下方面。

在生育阶段：辽宁省提出的二孩配套政策中包含了税收、住房、社会保障、教育、妇幼医疗保健福利等一系列部署，并探索给予生育二孩的家庭更多优惠政策，希望以此扭转辽宁省人口不断减少的趋势，争取到2030年，将生育率提升到1.8，总人口增加至4500万。在壮年阶段：对内，辽宁省提出，要提升新增劳动力质量。包括以产业发展对人才的需求为根本导向，持续有效推进教育供给侧结构性改革等；对外，再次强调引进和留住人才至关重要。通过实行《辽宁省人才服务全面振兴三年行动计划（2018～2020年）》，以“兴辽英才计划”这项重大人才工程推动辽宁省“逐步成为人才净流入省”，从而有效地保障劳动力有效供给。在老年阶段：《规划》单列“大龄劳动力人力资本开发行动”专栏，提出一系列旨在鼓励老年人重返创业就业市场的政策，如逐步完善职工退休年龄政策，施行渐进式延迟退休制度，有效整合挖掘老年人力资源，同时建立完善老年人才信息库。辽宁省在鼓励生育的同时，也提出要充分调动老龄人口的人力资源价值，大力开展老年培训教育，支持老年人才自主创业，倡导专业技术人才延长工作年限等，并充分发挥老年人“参与经济社会活动的主观能动性和积极作用”。辽宁的奖励政策显然符合本省实际，且具有一定示范意义。但奖励政策应当明确细节，如假期、补贴等措施应尽早公示，这样才能在全省范围内得到积极响应。

（三）辽宁省老龄事业积极稳步开展推进

随着经济发展科技进步，辽宁省城乡居民医疗保障体系日趋完善。至2017年末，辽宁省有525家二级及以上医院参加医养结合，809家医疗机构与养老机构建立合作关系。家庭医生是提高医养结合覆盖率的新途径，辽宁省有签约家庭医生千余万。在辽宁省农村中，参加新农合人员住院医疗费用实际报销比例达到50.72%，切实缓解了农村老年人看病负担。与此同时，老年人基本公共卫生服务水平不断提高，有67%的老年人可以实现健康管理。养老服务体系的完善可以从数据上得到证实，至2017年末，辽宁省有各类养老机构1842家，较上年新增45家，其中民办养老机构1109家，较上年增加89家。全省已有249个区域性居家养老服务中心，以及3606个城乡社区居家养老服务站、日间照料站。民办养老机构逐渐成为养老服务的主力。同时社会保障逐步健全，至2015年末，全省已有1780.2万人参加城镇职工基本养老保险，在岗人员有1079.3万人参加企业基本养老保险，企业离退休人员养老金月人均2178元。在保证按时足额发放的前提下，辽宁省企业退休人员基本养老金连续增长13年，至2017年末，参加城镇职工基本养老保险的人口总计有1949.8万人，其中，参保离退休人数为754.4万人。由此可见辽宁省老龄事业正在积极稳步开展推进。

五　辽宁省应对人口老龄化的策略建议

（一）短期办法：开发老年劳动力，健全老年保障医疗体系

当前应当转变思路来应对辽宁省青壮年劳动人口不足的问题，将老年人口视为重要的劳动力资源。与其他省份相比，辽宁省老年人口具有规模大、数量多、受教育程度高、多为体制内退休等特点，故老年人力资源利用的前景较为乐观。同时建设实行政策引导与服务保障相结合的政策。首先，建议在辽宁省试点开展延迟退休，补充辽宁省因为青壮年人口外流所造成的劳动力不足。其次，为解决老年人口劳动技能不足的问题，政府和相关部门可适当用政策扶持老年人群体教育培训机构的兴办和发展，为积极参与就业的老年人口提供就业扩展渠道，利用老年人力资源为辽宁省的经济复苏注入力量。老年人口参与就业的重要前提是保障老年人口的健康。为此应继续完善社会养老保障制度，加强社会养老服务体系建设。而辽宁省一些落后县市的医院、卫生机构的建设需要加强，医疗技术水平也要提高，同时提高对老年人的医疗保健问题的重视程度。

（二）中期之策：发展经济创造就业，实现老年服务产业化

首先，将辽宁省建设成为经济活跃的省份，吸引更多的人口和劳动力。建议政府牵头招商引资，为辽宁省的社会生产力发展提供优良空间。尤其应该多引进劳动力需求大的企业，以促进辽宁省的经济发展，带动人口的迁入和聚集。其次，重视大学生等高素质人口在辽宁省的居留和发展，鼓励引导辽宁省毕业的大学生在本省就业。政府、银行等机构应加强对大学生创业的扶持力度，为辽宁省多创造就业机会，并以此为基础留住高素质的人才，换取更多的经济效益。再次，积极发展“夕阳经济”产业链。在传统的家庭养老模式已不能满足日益庞大的老年群体供养的现实状况下，辽宁省应将新兴养老产业作为新的经济增长点，同时发展切合辽宁省实际，惠及全省老年人口的完整养老产业链。此外，老年服务业面向全体老年人口，有着广阔的市场空间，老年服务业的产业化、规模化、集中化，可以增加辽宁省的就业岗位。为此应利用个人、社会、政府的资金共同推动老年服务业的繁荣。还可通过“微信”等高新传播手段实现“互联网+老年服务业”。在平台加资本的助力下，分层次分阶段分地区逐步推广老年服务业。

（三）长期之道：调整生育政策，完善社会福利机制建设

为改变辽宁省低生育率的现状，政府应调整现有的生育政策。在国家全面开放二孩政策的有利因素下，辽宁省应更加积极地执行二孩政策，适当减少甚至免除三孩罚款，以提高人口出生比例、增加青少年人口比重，改善当前人口年龄结构，缓解人口老龄化。此外，政府在充分了解民情的基础上，从群众亟须解决的医教等问题着手，解决居民抚育二孩的实际困难，如延长二孩生育产假，试行男性育儿假，让产后妇女能有充足时间恢复身体精力、抚育后代，为优生优育提供保障。二孩出生率的提高会带来妇幼消费市场的繁荣，从而拉动消费促进经济增长。在宣传全面开放二孩政策的同时，还应完善社会福利机制建设，切实降低医疗、教育成本，着力规范医院、学校等公共事业的收费标准，为二孩家庭降低抚养成本。生育政策的转变短期内尚

无法阻止人口老龄化的趋势，然而从长期效益来看可以有效地减缓人口老龄化的速度。

参考文献

宁玲：《辽宁人口老龄化形势：老年人口一年增加 33.48 万人》，《沈阳晚报》2018 年 6 月 30 日。

赵英明：《老年人口中女性多低龄多健康人多》，《辽宁日报》2018 年 7 月4 日。

梁强：《辽宁省人口老龄化对经济发展的影响及对策》，《辽宁经济》2017 年第6 期。

常瑞、黄蔚：《人口结构对辽宁省经济增长影响的时间序列分析》，《时代金融》2018 年第 8 期。

龚婧：《东北地区人口衰减因素及其对经济发展的影响》，《河北企业》2018 年第 10 期。

董可馨：《变老的辽宁》，《南风窗》2018 年第 17 期。

B.18

辽宁生态环境治理的现状、问题与预期

齐默达　沈忻昕*

摘　要： 在新一轮推进东北振兴与促进经济高质量发展的背景下，辽宁省深入落实“习近平新时代中国特色生态文明建设的发展理念”，重点推进中央生态环保督察和国家海洋督察反馈意见提出的整改工作。针对新时代全省范围内生态环境发展存在的新问题与现实困境，做出精准的战略定位，制定合理的发展规划，对生态环境建设工程开展全方位、有秩序的整治工作，力求在“生态环境建设”与“新一轮振兴东北老工业基地建设”两者之间，找到平衡发展的最优路径。

关键词： 生态文明　环保督察　海洋督察　环境治理

2018年以来，辽宁在生态环境治理与环保督察方面都取得显著进步，尤其是在水污染治理、土壤污染治理和大气污染治理工作中都积累了新的成功经验。但是，生态环境治理工作是一项长期而艰巨的任务，针对现阶段生态环境治理方面客观存在的一些现实问题，应该从降低成本、化解风险、把握机遇等几个方面出发，进一步优化资源与能源的消费结构。特别是在促进经济高质量发展转型的时代背景下，辽宁应更加关注生态与经济的协调性，从而补齐环境发展的短板。

---

* 齐默达，东北财经大学博士研究生；沈忻昕，辽宁社会科学院城市发展研究所副所长，副研究员。

一　辽宁环保督察和海洋督察的整改状况

（一）深入推进中央生态环保督察整改工作

2018 年 7 月 25 日，辽宁环境保护督察以及环保督察整改情况“回头看”动员大会在沈阳召开。会议要求对包括抚顺、本溪、丹东、锦州、阜新、辽阳、铁岭、朝阳、盘锦、葫芦岛在内的 10 个地级市开展省级环保督察，并且对沈阳、大连、鞍山、营口 4 个地级市进行环保督察整改“回头看”工作[①]。为积极推进中央环保督察整改工作，促使整改工作有序、高效、顺利地展开，辽宁高度重视此次整改，在省委省政府的统一领导部署与合理安排之下，调动专门人员到省内各市进行具体的整改工作，各市也都将会议精神与行动指南付诸实践，具体落实情况详见表 1。

表 1　辽宁 14 个市对中央环境整改工作意见采取的实际行动

地区	实际行动
沈阳市	注重全方位的生态建设，对环境问题采取多部门联动的机制，进行有效治理
大连市	主要从污水处理厂建设与提标改造、燃煤小锅炉整改、饮用水源一级保护区居民搬迁、非正规垃圾堆放点整治、地下水治理修复等方面进行治理与改善
鞍山市	通过快速地查明问题原因、及时地解决问题，最终将居民举报的案件在最短时间内采取合理方式落实。提升环境治理工作效率、优化工作方式，得到广大人民群众的认可
抚顺市	主要对新宾满族自治县南杂木工业园区内的实际情况进行核实，并迅速制定整改方案，对园区内的企业提出整改要求
本溪市	环境治理工作聚焦在水源地保护方面，对正在使用的老官砬子水源地、小市镇太子河水源地进行关闭。并且出台观音阁水源地的保护条例，从而以科学化、法治化和规范化的方式，加强对全市饮用水源地的保护
丹东市	市委组织全市各级党组织和广大党员干部坚持实事求是的原则，严格把整改工作的“进度关”“质量关”，全面落实责任，着力完善大环保的工作格局
锦州市	聚焦生态环境改善问题，秉承“重实干、强制性、抓落实”的工作原则，以生态环境问题整改为工作契机，大力推进生态文明建设工作

① http：//www. ln. gov. cn/qmzx/hbzg/。

续表

地区	实际行动
营口市	市政府通过提高产业标准、强化督察工作等方式,在全市范围内关停130家镁制品企业,完成整治的企业数量为293个,占企业总数的56.02%,同时重点推进对南楼工业区的关停与改建工作
阜新市	市委领导主持召开学习中央环保督察与国家海洋督察反馈意见整改会议,在全市上下进一步提高认识、统一思想,以扎实的工作作风与坚定不移的工作信念坚持抓好中央环保督察整改工作
辽阳市	按照"一案一策"的方式对具体的生态问题进行分析,推进生态环境治理工作。辽宁环保厅发布的公告显示,辽阳市环保督察组进驻灯塔市白塔区、文圣区、宏伟区开展督察。本着以问题为导向的工作原则,透视整改工作。对辽阳市内水污染治理工作、土壤污染治理与防治工作和控制污染物排放工作进行全面的部署,明确整改的对象、落实整改的责任主体
铁岭市	市生态环境委员会办公室制定了《铁岭市中央环保督察整改反馈问题督导工作方案》,确立了中央环保督察整改反馈问题督导工作推进机构,负责全市中央环保督察整改工作推进的组织领导和统筹协调,并设立专项工作调查组对环境重点问题分头解决
朝阳市	坚持落实中央环保督察反馈的意见,着力开展对环境污染问题的解决。朝阳市委市政府领导表示,"将生态治理作为一项政治任务去攻克",从而全面提升朝阳在新一轮振兴东北老工业基地建设发展中的信心
盘锦市	重点关注信访工程建设,以重点的信访案件、未完成整改工作的案件、不属实案件、重复信访案件为主要的工作检查事项,对整改信访案件进行追踪与核实
葫芦岛市	组织专门人员实施,全力推进整改工作。在具体的实践过程中,对污染的企业实施坚决整改。2018年先后对连山区钢屯镇、建昌县八家子镇、兰家沟河、兰家沟矿山、青山水库八家子河拦河导流环保工程等进行整改

资料来源：辽宁省人民政府官网公布的新闻资讯；辽宁省人民政府官网公布的数据。

（二）坚决落实国家海洋督察反馈意见

2018年5月11日发布的《2017年辽宁省海洋生态环境状况公报》表明，辽宁省环保厅依据相关文件下达的指令①，以及辽宁省人民政府赋予的职责与权力，组织省内沿海各级海洋环境监测机构，先后对省辖海域海洋生

① 文件来源：《中华人民共和国海洋环境保护法》和《辽宁省海洋环境保护办法》。

态环境、陆源入海污染源、海洋功能区、主要开发海域、海洋垃圾和海洋生态环境灾害等方面开展监测工作①，并对监测数据进行追踪关注与有效分析，然后对调查结果给出合理的解释与评价。截止到2018年上半年，辽宁省总共布设监测站位达到670余个，全年出海调查共计200余航次，获取监测数据约6万个②，这为进一步监测与治理辽宁省辖海洋生态与海洋污染工作奠定坚实的基础。

辽宁加强对源头污染物的监测。2018年，为坚决贯彻与彻底落实党中央、国务院关于打好渤海综合治理攻坚战的决策部署，按照国家生态环保部《关于印送渤海地区入海排污口排查整治专项行动方案的函》（环办执法函〔2019〕145号）有关要求，加强辽宁省入海排污口排查整治工作，减少陆源污染物入海③。辽宁省环保厅在深入学习中央传达的文件精神后，便以最有效的方式采取了积极行动。省环保厅向省内沿海的6市政府印发了《关于开展辽宁省入海排污口排查整治专项行动的函》（辽环函〔2019〕47号）④，该文件的出台代表着辽宁省全域入海排污口排查整治专项工作正式启动。辽宁本次排查整治专项工作，总体的基调与定位是紧紧围绕“打好渤海污染防治攻坚战”的战略目标任务，倡导“陆海统筹，以海定陆”的基本工作原则，同时坚持“改善海洋生态环境质量”为核心的工作理念⑤。在此背景之下，辽宁省委省政府初步决定将利用两年左右的时间，要全面摸清辽宁入海排污口底数，并由口及源，追溯污染物排放主体，按照“一口一策”的具体工作原则，分类推进入海排污口规范化整治，有效管控入海排污量，实现入海排污口可视、可测、可控、可治，从而为辽宁海域生态环境质量的改善工作进行有益的探索。参与此次排查整治工作的沿海城市，包括大连、丹东、锦州、营口、盘锦、葫芦岛等6市，它们要对大陆、岛屿海

① http：//www. ln. gov. cn/qmzx/hbzg/。

② 数据来源：辽宁省人民政府环保厅官网公布的数据。

③ 资料来源：辽宁省人民政府官网公布的新闻资讯。

④ 资料来源：辽宁省人民政府环保厅官网。

⑤ 资料来源：辽宁省人民政府官网公布的新闻资讯。

岸带区域，包括所有人工岸线和自然岸线实施全方位的监测与排查[①]。排查整治对象为辽宁 6 个沿海市的各类入海排污口，包括所有通过管道、沟、渠、涵洞等直接向海洋排放的，或通过河流、滩涂、湿地等水体间接向海洋排放的入海排污口，做到应查尽查，“只要有口子”就“一个不漏”地排查[②]。除此之外，开展入海排污口监测工作，有利于进一步掌握污染物入海情况，进而才能在此基础之上进行溯源治理。为基本查清污水来源，根据排入海域的海洋功能倒逼陆上污染源的整治，从而全方位有效管控入海排污口，做到杜绝所有污染物的排放。

辽宁还十分重视省辖海域的综合治理工作。主要从两个方面开展工作，一是针对海水养殖方面进行有效管理，主要通过对辽东湾顶部海域、普兰店湾海域的水产养殖生产进行全面的布局，清理规范滩涂养殖和近海海水养殖；二是对港口船舶治理方面进行关注，以船舶污染物接收处置为重点，主要做好船、港、城设施之间的衔接工作，从而推动海洋垃圾清理日常化，不给海洋垃圾存放留有空间，尽可能地将垃圾清理与转运的时间缩短[③]。国家海洋监察反馈的意见，曾经多次强调要注重对海洋生态的修复。对于该项要求，辽宁省委省政府责成省环保厅和其他相关部门积极落实与加紧推进，其中省委领导已经认识到“实施好生态保护，全面提升海洋生态环境服务功能”工作对于辽宁沿海经济带发展的重要性。2018 年，省委领导多次强调“要严守已经规划设定好的海洋生态保护红线”。在具体的实践中，辽宁坚决依法拆除红线区域内违规的工程和设施，强化渤海（辽宁段）海岸线的管控工作，加强滨海湿地、自然海岸线的整体治理与全面修复工作；并且持续推进减船转产，严格执行伏季休渔封海制度，逐步恢复渤海渔业资源[④]。

从 2018 年的整体情况来看，在海洋生态领域，不论是对海洋污染物的源头监测与治理方面，还是在省辖海域生态综合治理与全面修复过程中，

---

① 资料来源：辽宁省人民政府环保厅公布的新闻资讯。

② http：//www. ln. gov. cn/qmzx/hbzg/。

③ http：//www. ln. gov. cn/qmzx/hbzg/。

④ 资料来源：辽宁省人民政府环保厅公布的新闻资讯。

辽宁都与国家海洋监察工作所传递出的精神与战略要求保持一致，在积极推进与落实国家海洋监察反馈意见的基础之上，有效地开展海洋生态建设与污染治理工作，为探索辽宁海洋生态的可持续发展迈出更加坚实有力的一步。

二　辽宁重点环境问题治理的进展

（一）水污染治理继续全面展开

辽宁河流水质总体稳定。辽宁在2017年治理17条支流河基础上，2018年继续对27条支流河开展重污染治理攻坚战。集中式水源地环境问题整改取得重要进展，地市级集中式水源地共179个问题被列入国家整改清单，截止到2018年11月底，已完成整治177个，整治的比例已经超过98%①。2018年，辽宁省内各市都依托辽宁省人民政府办公厅颁布的相关文件②，结合本市的情况积极开展污水整治与河流保护工作。其中，文件规定：对列入国控、省控考核的117个地表水断面涉及的27条重污染河流，建立销号制度，并且严格要求限期达标。辽宁各市开展的有针对性的治理措施见表2。

表2　辽宁14个市在水源治理方面采取的具体措施

地区	具体措施
沈阳市	对蒲河、左小河、八家子河、北沙河沈阳段、细河进行治理
大连市	对登沙河进行治理，主要对普兰店太平街道污水处理厂改造工程进行推进，完成普兰店区太平街道主、支管网改造工程，在2018年底，登沙河断面达到地表水Ⅳ类水体标准
鞍山市	对运粮河鞍山段、南沙河鞍山段、杨柳河鞍山段和五道河的生态环境进行综合治理，其中对运粮河鞍山段实施鞍山市经济开发区化工园区污水处理工程，完成铁西工业区、千山西路至人民路管网截流工程，采取控源截污、垃圾清理、清淤疏浚等措施

① 数据来源：辽宁省人民政府环保厅官网公布的数据。

② 资料来源：《辽宁省重污染河流治理攻坚战实施方案的通知》（辽政办发〔2018〕40号）。

续表

地区	具体措施
抚顺市	对欧家河(抚西河)进行治理,要求对会元河砖台村、黄旗河四家子村管网截污工程进行推进,强化沿岸污染源管控,清运河道垃圾,明确规定畜禽养殖禁养区
本溪市	对北沙河本溪段进行监管治理,实施沈本新城污水处理厂扩建工程,新建滨河工业区、桥子老镇、花岭社区污水处理设施,推进北沙河小流域截污管网工程建设,实施农村垃圾收集工程,新增污水处理能力 1.07 万吨,新建管网长度 5.95 公里
丹东市	对沿边海域进行综合治理,利用休渔期对海域垃圾进行全方位的清理
锦州市	对沙子河锦州段、庞家河进行污水处理监测,加快推进北镇污水厂、沟帮子污水厂、黑山县污水处理厂、大虎山镇污水处理厂提标改造工程,强化沿岸污染源管控,实现污水处理设施稳定运行,清运河道垃圾,整治畜禽养殖污染,依法关停或搬迁沿河禁养区内有排放污染物的畜禽养殖场(小区)
营口市	对大旱河、沙河、熊岳河、大清河进行全方位的监管,对南楼污水处理厂、永安污水处理厂、盖州双台镇污水处理厂以及各厂配套管网工程、流域水源涵养林工程进行管控
阜新市	对西细河的污染情况进行全面治理,完成阜新氟产业开发区内"一企一管"改造工程,新增污水处理能力 2.5 万吨/日,提标污水处理能力 2.5 万吨/日,2018 年底,西细河高台子断面达到地表水 V 类水体标准
辽阳市	完成对北沙河辽阳段、运粮河辽阳段、南沙河辽阳段柳壕河的治污工作①。责成铁岭市政府对招苏台河、马仲河、万泉河、亮子河以及周边的农村生态环境进行全方位的治理
铁岭市	对乡村灌溉水源质量进行排查与治理
朝阳市	建立与完善灌溉系统的维修工程
盘锦市	开展对绕阳河盘锦段、沙子河盘锦段的污水治理工作
葫芦岛市	对五里河进行治理

资料来源：辽宁省人民政府官网公布的新闻资讯；辽宁省人民政府官网、辽宁省环保局官网公布的数据。

辽宁河流水污染程度在降低。辽宁对 14 个市辖范围内的河流污染进行专项整治，加之对河流周边地区的水污染环境进行综合治理，使水域周围的生态环境得到明显改善，根据市民反映，沿海水域较之以前更加清澈，海域污染物减少；由于对河流进行综合治理，河堤两岸的生态环境发生巨大变化，一些河流由原来的河底淤泥遍布、臭气熏天转变为现如今的河水清澈见底，河堤两岸草长莺飞、鸟语花香。

① 资料来源：辽宁省人民政府环保厅公布的新闻资讯。

（二）土壤污染治理继续深入实施

2018 年，辽宁正式发布关于调查土壤污染情况的摸底方案[①]，该方案的提出标志着辽宁土壤污染状况详查工作全面进入实施阶段。其中，根据相关内容和辽宁土壤污染治理的现实情况，确定了约 1.8 万个农用地详查点、1478 个农产品协同点，农用地详查点位覆盖辽宁所有的县河各类地形，主要涉及采样点位核实、样品采集、样品制备加工组合、送样分析、资料整理以及工作质量监控等一系列内容[②]。辽宁加紧推进《污染地块土壤环境管理办法（试行）》。根据该《办法》的规定，主要从明晰各方责任，确立环境调查与风险评估机制，加强对风险的管控工作，实施治理与修复一起进行，提升监督管理的质量这几个方面进行。辽宁继续实行《农用地土壤环境管理办法（试行）》，严格履行其中规定的相关要求。并且在此基础之上，根据中央发布的《土壤环境质量　农用地土壤环境风险管控标准（试行）》（GB 15618－2018）和《土壤环境质量　建设用地土壤污染风险管控标准（试行）》（GB36600－2018）两项文件的指示精神，对农用地土壤污染风险筛选值、农用地土壤污染风险管制值进行测评，具体工作按照监测的要求全面地实施与监督。

（三）大气污染治理继续强力推进

辽宁城市环境空气质量得到明显改善，大气污染治理取得的成效显著。2018 年，辽宁坚决打好污染防治攻坚战，打赢“蓝天保卫战”，继续拆除燃煤小锅炉、淘汰老旧车辆、秸秆禁烧，强力推进雾霾治理。2018 年，辽宁共拆除燃煤小锅炉 4536 台[③]，超额完成年度任务；全面整治“冒黑烟车”，全省累计监督抽检车辆 11058 辆，对 249 辆超标车辆下达了限

---

① 《辽宁省土壤污染状况详查实施方案》。

② 资料来源：《辽宁省土壤污染状况详查实施方案》。

③ 数据来源：辽宁省人民政府环保厅官网公布的数据。

期维修治理通知①；印发《辽宁省秸秆焚烧防控责任追究办法》，加大管控力度，使全省空气质量明显改善。2018 年 12 月，辽宁省环保厅根据《辽宁省省级环保专项资金管理办法》和《辽宁省大气污染防治项目和资金管理办法》有关要求，从政策相关性、资料完整性、完成全省大气污染防治任务目标重要性等方面对申报项目进行全面的评审，形成意见书。该意见书的形成，标志着辽宁在大气污染治理方面进入新阶段。

表 3　2017 年、2018 年辽宁省空气质量监测结果及对比情况

单位：微克/立方米，%

年份	可吸入颗粒物	二氧化硫浓度	二氧化氮浓度	城市空气质量达标天数比例
2017	77	28	31	75.8
2018	69	23	30	81.1

资料来源：《2017 年辽宁省国民经济和社会发展统计公报》《2018 年辽宁省国民经济和社会发展统计公报》。

根据《辽宁省打赢蓝天保卫战三年行动方案（2018～2020 年）》的相关要求，2018 年辽宁各个市都在积极推进方案中所要求的任务。该《方案》指出的目标是，2018 年，全省 PM2.5 浓度下降到 46 微克/立方米，空气质量优良天数比例达到 75.2% 以上，经过 2018 年一整年的努力，截止到 2018 年底，这一目标已经超额实现，这也为进一步推进辽宁“蓝天工程”建设添砖加瓦。

三　辽宁生态文明建设面临的问题

（一）城镇污水处理设施亟待完善

辽宁在生态环境保护方面起步较晚、基础设施建设又相对比较滞后，省

① 数据来源：《2018 年辽宁省环境状况公报》。

内多数城镇没有污水处理厂，导致一些城镇污水未经任何处理直接排入水体。长此以往，由于污水的超标排放，将对河流水库饮用水源水质产生较大影响。

表4　2017年、2018年辽宁居民生活饮用水水源地水质监测结果及对比情况

单位：%

年份	集中式生活饮用水水源地水质达标率	地表水水源地水质达标率	地下水水源地水质达标率	近岸海域功能区水质总达标率
2017	88.9	91.3	87.1	90.4
2018	92.5	90.5	93.8	80.3

资料来源：《2017年辽宁省国民经济和社会发展统计公报》《2018年辽宁省国民经济和社会发展统计公报》。

目前，辽宁城镇污水的处理工作只有持续推进，才能保证全省的水源不受污染、水质干净清洁。虽然，还有一些城镇已经在这几年陆续建成污水处理厂，但是因为污水处理厂的运行费用较高、资金供给不足，加之在管理方面存在诸多问题，尚有部分污水处理厂未能正常投入使用。除此之外，与城镇污水处理相配套的截污、排污管网工程尚不完善，不能及时将污水进行收集进入污水处理厂处理，这也造成了大量未经处理的生活及工业废水进入水体而污染水源地水质。

（二）土壤污染治理内容亟待细化

目前，辽宁对土壤质量进行监测，并对监测结果进行比对分析，这无疑是在推进与落实土壤治理工作的要求，有益于辽宁生态文明建设工程的实施。但是，2018年监测结果显示，辽宁的土壤污染存在蔓延趋势，这就需要进一步对省内各市区土壤重金属超标地进行持续排查，针对先前老工业基地遗留下来的废旧工厂和周边地区进行土壤治理与环境绿化，降低土壤污染蔓延的速度，控制土壤污染蔓延的程度，加紧优化土壤质量。

近几年，辽宁的城镇化水平一直与国家保持同步增长，农村人口大量向城镇涌入，农村青壮年劳动力锐减，促使农村生产方式逐渐转向集约化

经营，大量使用机械进行春播与秋割，加之化肥的使用量在逐年增加，这些因素都导致土地肥力下降。久而久之，土地的生产能力达到瓶颈，土壤恶化的程度也在加重。针对以上问题，需要对造成土壤污染的原因进行冷静的分析，在此基础之上对土壤质量改善做出合理的战略部署，细化改善方案。

（三）大气污染治理结构亟待优化

2018 年，辽宁空气质量达标天数比例为 81.1%，PM2.5、PM10 平均浓度同比降低，这三项空气质量指标是自从 2014 年以来的最好水平。2018 年，辽宁空气质量达标天数比例呈现出上升趋势，比 2017 年增加 5.3 个百分点；细颗粒物（PM2.5）、可吸入颗粒物（PM10）含量分别为 38 微克/立方米、69 微克/立方米，同比降低 13.6% 和10.4%[①]。由此可以看出 2018 年前三个季度，辽宁空气质量治理工作取得比较显著的成绩。但是到 2018 年的第四季度，空气质量转差，这与取暖季的到来有很大关系。

除此之外，2018 年辽宁的能源消费结构也发生变化，但是规模以上工业企业的能源消费总量仍然居高不下，其中六大高耗能行业的综合能源消费比例也依然呈现上升趋势。辽宁省统计局发布的公告显示，2017 年全年辽宁规模以上工业企业综合能源消费量为 1.2 亿吨，六大高耗能行业综合能源消费增长比例为 1.7%；2018 年辽宁全年规模以上工业企业综合能源消费量为 1.3 亿吨，六大高耗能行业综合能源消费增长比例为6.8%。

图 1 反映出的现实情况，说明要对辽宁的大气质量进行持续的监测，并且要对大气污染物含量和来源进行追踪分析，以便为日后大气污染治理改进工作提供新的思路和方向，为进一步优化能源消费结构提供参考意见。

① 数据来源：辽宁省统计局官网公布的数据。

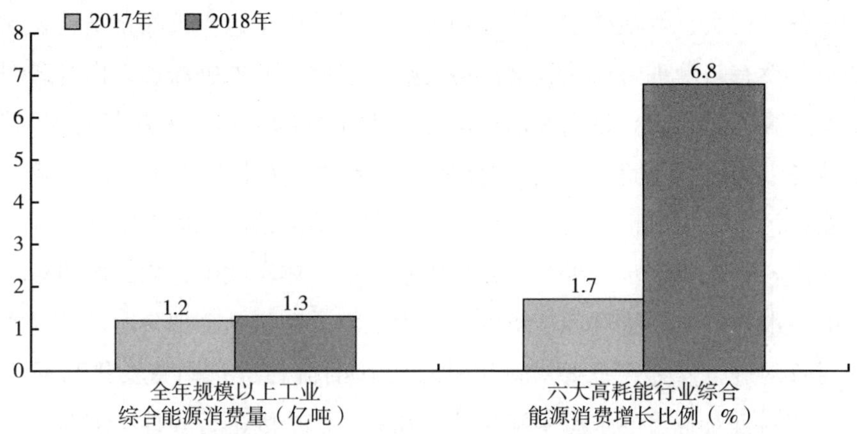

图1　2017 年、2018 年辽宁省工业能源消费情况对比

资料来源：《2017 年辽宁省国民经济和社会发展统计公报》《2018 年辽宁省国民经济和社会发展统计公报》。

四　辽宁补齐环境发展短板的预期前景

（一）各市联动才能全面完成中央两个督察整改工作

辽宁各市都在贯彻落实中央环保督察和国家海洋督察反馈的意见，在冷静分析反馈意见后，整改工作都在有条不紊、按部就班地顺利开展，也都展现出了良好的实施效果。但是，各市基本各自行动，对市辖范围内的重污染企业进行关停整治，抑或是对本辖区内的污染进行跟踪监测与治理，尚未形成两市衔接或是多市联动的整改工作机制。环境和生态污染，并非一天两天形成的，针对这种情况，采取整治的方式就要凸显针对性，不能通过一蹴而就的方式将其“一网打尽”，需要各市之间的协调与配合，交流整治的工作经验，通过相互合作的方式为提升整改工作的质量储备方法、积蓄力量。

（二）全省协调才能切实推进水源综合治理

辽宁各市都已经对水源治理工作高度重视、达成共识，积极落实省委部署的任务，切实有效地推进水源治理工作。但是由于起步较晚，基础设施建设的水平没有与治理工作的进度保持同步，造成了在推进治理工作时遇到一些现实客观的阻碍，导致水源治理的工作效率难以提高。为克服此类问题，需要从各方面协调推进水源综合治理。一要健全污水监测体系，对城镇污水、农村污水的排放情况进行摸底了解，全面掌握情况之后再细化治理方案的具体内容；二要逐步完善污水处理体系，在具体实践中，相关部门对城镇现有的污水收集专用管网逐步予以完善和健全，紧密结合现阶段辽宁的实际情况对管网进行修复；三要对污水治理工作的流程进行周密安排与适当调整，因地制宜对各市的水源实施保护，在对污水成因进行妥善了解后，采取积极有效的方式进行治理。在水源地保护、水源治理和污水监测与处理的每个工作环节与实施过程中，都不能掉以轻心，做到各项工作之间有序衔接、相互沟通、统筹兼顾、全面协调，推进辽宁省的水源治理工作。

（三）严格监测才能进一步改善土壤质量

辽宁应针对土壤污染的主要来源，采取恰当的方式进行监测，并对监测到的结果进行详细有效的分析，形成科学、完善的方案，为开展土壤污染治理工作提供坚实基础。辽宁对土壤污染问题应提高重视程度，下一步要继续组织主要负责部门对治理的情况进行实时监测，对监测出来的结果做出评估，与预期的政策目标进行对比，以便调整整治方案。另外，还应健全土壤污染治理工作体系，提高对污染防治工作的整体认识。这就要求组建专业化的团队，对污染防治工作进行统一且集中的管理，聘请具备专业知识和相关工作经验的人员对土壤污染防治工作制定详细的方案，切实提高管理水平，进而对可能造成土壤污染的问题进行预测与事先把控。

（四）强化责任才能有效规范大气污染治理

辽宁应有效控制大气污染物排放，对造成大气污染的污染来源进行防治。重要的是在具体实践中，政府、企业、第三方组织和居民等各个社会主体都应该承担起各自相应的责任。政府要积极倡导绿色消费的理念，引导居民绿色出行，居民作为能源消费的重要主体，要尽量多乘坐公交车、减少驾驶私家车出行的频次，从而在最大程度上减少汽车尾气的排放量，从源头上控制污染气体。企业也要转变发展理念，注重技术创新，生产出适销对路的、高质量的绿色节能产品，以带动清洁能源的消费，进而推广清洁能源的使用。当然，在这个过程中还需要政府的大力支持，由政府提供给企业优惠的政策以补贴清洁能源产品的生产，通过积极的政策引导提升产品的供给质量，间接改变消费的需求结构。另外，辽宁还需要优化一、二、三产业的结构，增加第三产业的比重，促使以第一产业生产为主的企业加紧进行产业结构的优化升级，实现内部新旧动能的转换、完成经济的提质增效。这样一来，可以促使企业减少能源的消耗与污染物的排放，逐步淘汰低质、低效的生产方式，为辽宁的“生态环境建设”和“经济振兴”贡献出一份宝贵的力量。

参考文献

赵静、刘佳、胡海林：《辽宁：绿色发展深入人心　生态环境持续改善》，《中国环境监察》2018 年第 12 期。

闫亭豫：《辽宁生态环境协同治理研究——以辽河流域协同治理为例》，东北大学硕士学位论文，2016。

师晓帆：《辽宁镁质耐火材料大气治理存在的问题及建议》，《资源节约与环保》2019 年第 4 期。

但家文：《省级部门环保督察理清思路是关键》，《中国环境报》2019 年第 4 期。

杜明军：《完善区域污染治理制度体系战略思考》，《区域经济评论》2019 年第 5 期。

刘蔚：《加强湾长制与河长制对接　实现陆海共治共管》，《中国环境报》2019 年第 5 期。

陈红花、尹西明、陈劲、王璐瑶：《基于整合式创新理论的科技创新生态位研究》，《科学学与科学技术管理》2019 年第 5 期。

刘靖轩：《探究水利工程生态修复对生态环境的影响》，《科技风》2019 年第 5 期。

庄玉乙：《环保督察与地方环保部门的组织调适和扩权——以 H 省 S 县为例》，《公共行政评论》2019 年第 4 期。

刘苑萍：《新农村建设背景下生态环境问题及整治对策》，《节能》2019 年第 5 期。

乡村振兴篇

Rural Revitalization Articles

B.19

辽宁乡村旅游发展现状与对策

董丽娟*

摘　要： 2018年，辽宁省深入贯彻落实党的十九大精神，按照《中共中央、国务院关于实施乡村振兴战略的意见》中“实施休闲农业和乡村旅游精品工程”的决策部署，把发展乡村旅游作为实施乡村振兴战略的重要支点和引擎，大力推进乡村旅游的发展，形成了“以旅促农、以农促旅、农旅结合、城乡互动”的良好发展态势。尽管如此，辽宁的乡村旅游与浙江、四川等乡村旅游发展先进的省份相比，在乡村旅游产品的差异化打造、产业整合带动性、设施升级、文化传承、人才资源等方面仍需进行实质性的提升。

---

* 董丽娟，辽宁社会科学院农村发展研究所副研究员，主要研究方向为农村社会学。

关键词： 乡村旅游　辽宁省　产业融合

2018年，辽宁省深入贯彻落实党的十九大精神，按照《中共中央、国务院关于实施乡村振兴战略的意见》中“实施休闲农业和乡村旅游精品工程”的决策部署，把发展乡村旅游作为实施乡村振兴战略的重要支点和引擎，大力推进乡村旅游的发展，形成了“以旅促农、以农促旅、农旅结合、城乡互动”的良好发展态势，为推动农业的高质量发展，促进农民就业增收做出了巨大贡献。

一　辽宁省乡村旅游发展概况

（一）国家战略政策支持，发展环境持续优化

随着国家战略工作重心从城市逐步转向乡村，从2010年至2017年，中央一号文件均把乡村旅游放到重要的战略地位，先后提出要“积极发展休闲农业、乡村旅游、森林旅游和农村服务业”①，“推进农村一二三产业融合发展。积极开发农业多种功能，挖掘乡村生态休闲、旅游观光、文化教育价值。扶持建设一批具有历史、地域、民族特点的特色景观旅游村镇，打造形式多样、特色鲜明的乡村旅游休闲产品。加大对乡村旅游休闲基础设施建设的投入”②，“依托农村绿水青山、田园风光、乡土文化等资源，大力发展休闲度假、旅游观光、养生养老、创意农业、农耕体验、乡村手工艺等，使之成为繁荣农村、富裕农民的新兴支柱产业”③，“充分发挥乡村各类物质与非

① 见《中共中央　国务院关于加大统筹城乡发展力度进一步夯实农业农村发展基础的若干意见》，2009年12月31日。

② 见《关于加大改革创新力度加快农业现代化建设的若干意见》，2015。

③ 见《中共中央　国务院关于落实发展新理念加快农业现代化实现全面小康目标的若干意见》，2015年12月31日。

物质资源富集的独特优势，利用‘旅游+’‘生态+’等模式，推进农业、林业与旅游、教育、文化、康养等产业深度融合”① 等内容。2018 年 2 月，《中共中央、国务院关于实施乡村振兴战略的意见》正式发布，指出“实施休闲农业和乡村旅游精品工程，建设一批设施完备、功能多样的休闲观光园区、森林人家、康养基地、乡村民宿、特色小镇”②，乡村旅游被纳入国家乡村振兴战略写入中央一号文件。2018 年 9 月《乡村振兴战略规划（2018～2022 年）》和《关于打赢脱贫攻坚战三年行动的指导意见》印发，明确提出“大力发展乡村旅游”，把“休闲农业和乡村旅游接待人次”作为衡量乡村旅游产业是否兴旺的主要指标。在此之前，农业农村部印发了《关于开展休闲农业和乡村旅游升级行动的通知》，提出“五个升级”③；在此之后，国家发改委会同有关部门《关于印发〈促进乡村旅游发展提质升级行动方案（2018～2020 年）〉的通知》，从实施乡村振兴战略的高度，对“实施升级行动”的重要意义、总体要求、目标任务和保障措施进行了详细阐释。④

辽宁省制定了旅游业的“十三五”发展规划，沈阳、大连、丹东、本溪等市都制定了本市的乡村旅游发展规划。为进一步“促进乡村旅游发展提质升级，发挥乡村旅游在实施乡村振兴战略中的重要作用”⑤，辽宁省十五个部门联合印发《辽宁省促进乡村旅游发展提质升级行动方案（2018～2022 年）》。

国家战略的全方位部署，为辽宁乡村旅游的发展提供了强大的政策支持和广阔的发展空间。

---

① 见《中共中央　国务院关于深入推进农业供给侧结构性改革　加快培育农业农村发展新动能的若干意见》，2016 年 12 月 31 日。

② 见《中共中央　国务院关于实施乡村振兴战略的意见》，2018 年 1 月 2 日。

③ 休闲农业和乡村旅游升级行动要体现“五个升级”：一是培育精品品牌促升级；二是完善公共设施促升级；三是提升服务水平促升级；四是传承农耕文化促升级；五是注重规范管理促升级。

④《关于印发〈促进乡村旅游发展提质升级行动方案（2018～2020 年）〉的通知》，（发改综合〔2018〕1465 号），2018 年 10 月 10 日。

⑤《辽宁省促进乡村旅游发展提质升级实施方案（2018 年）》，2018 年 6 月。

（二）产业规模增长迅速，主题类型多样

经过多年的发展，辽宁省乡村旅游经营方式从最初的“住农家房、吃农家饭、干农家活”农家乐式的“小打小闹”的乡村旅游 1.0 时代，进入集特色餐饮、依托服务、采摘体验、精品民宿等多种业态于一体融合发展的乡村旅游 2.0 时代，乡村旅游规模已向线面结合的集群分布转变。

据统计，“‘十二五’期间，辽宁省乡村旅游接待总人数 2.3 亿人次，乡村旅游总收入 832.36 亿元，辽宁乡村旅游游客接待人次总量和旅游总收入年均增速分别为 12.6% 和 18.5%”[①]。进入“十三五”以来，“辽宁省乡村旅游业总收入年均增幅均在 20% 以上”[②]。截至 2018 年底，全省共创建旅游强县区 28 个，其中“全国旅游强县 1 个，全国休闲农业与乡村旅游示范县 3 个，全国休闲农业与乡村旅游示范点 4 个，全国特色旅游名镇 1 个”[③]，省级旅游特色乡镇 150 个，旅游专业村 541 个，农（渔）家乐 7481 家，涉农国家 4A 级旅游景区 40 家。乡村旅游基础条件较好的 1261 个村，已经建有餐饮类农家乐 10000 余家，农家客栈 2660 家[④]。可以说，辽宁乡村旅游的发展已驶入快车道。

（三）带动效应显著，助推区域发展

1. 增加就业渠道，有力带动农民增收

乡村旅游平台的打造，让“三农”得到可持续发展。以辽宁省首批 20 个特色乡镇之一的沈阳法库县大孤家子镇为例，大孤家子镇作为中国满族白酒传统酿造工艺研发基地，有爱新觉罗祖家坊酒业、老北味酒业两家白酒龙头企业，白酒年产量 3000 余吨。小镇以满族白酒酿造工艺为核心，打造了

① 数据来源：《辽宁省旅游业发展“十三五”规划》。

② 朱雪松、周凤文：《辽宁：发挥旅游在乡村振兴中的作用》，《中国旅游报》2018 年 4 月 17 日。

③ 《辽宁已有 40 家涉农国家 4A 级景区》，《辽沈晚报》2018 年 10 月 11 日。

④ 数据来源：辽宁省文化与旅游厅。

集农业观光、乡村休闲、人文体验于一体的景区。景区的发展壮大，又推动了民宿经济的发展，越来越多的村民参与到产业发展中来。2017 年，小镇酒产业共实现产值 1.7 亿元，安置就业 1000 余人，年接待游客 30 万人次①，乡村旅游成为农民脱贫致富的新途径。

2. 助推区域发展

乡村旅游市场规模的持续扩大，对于区域内公共设施、乡村环境美化、生态环境与生态文明的建设、人民生活环境、投资环境、农民致富都具有促进作用，因此，乡村旅游是区域创新、协调、绿色、开放、共享发展的助推器。以辽宁盘锦为例，近年来，盘锦市大力发展生态经济，对标美国黄石公园，全力打造“红海滩”这张生态名片，大力实施“封、拆、改、育”工程，有效地解决了湿地碎片化问题，开发“湿地”“碱地”系列农产品，激发一二三产业融合，真正带动了区域内百姓增收致富②。

（四）产品更趋丰富，富有创意

随着经济的发展以及人们对美好生活需求的变化，过去那些“看看风景、吃吃农家饭”的乡村旅游产品已经无法满足休闲度假时代游客对乡村旅游的需求，体验已成为乡村旅游消费的主要诉求，体验自己动手（DIY）的乐趣，亲身体验感受，通过参与相关休闲体验活动，获得精神上的享受，乡村旅游需要从美食、美景、美物、美宅多重体验上满足游客需求。因此，近年来，各种创意农业、民宿度假、康养度假、科普研学、文创交流、民俗体验等文化、农业、旅游融合的乡村旅游业态层出不穷。比如辽宁红海滩旅游休闲度假区，它融合了农、林、水产、生态、民俗、农业经济、旅游等多领域，以其海水、淡水、湿地等资源开发了特色观光、湿地休闲、避暑养生等旅游产品，又融入盘锦大米、河蟹等品牌健康生活元素，以大洼认养农业总部基地为龙头，推进“休闲农业 + 旅游 + 互联网”

---

① 《产业兴旺，家园美丽——辽宁特色乡镇的乡村振兴》，新华网，2018 年 3 月 21 日。

② 《全力促进区域经济发展做大红海滩　唱响芦苇荡》，《盘锦日报》2018 年 4 月 11 日。

的结合，形成了新的乡村旅游创意产品，极大地带动了区域农业生产与休闲旅游发展。

（五）产业融合发展，新业态层出不穷

辽宁省积极推进乡村旅游与农业、渔业、林业、果业、手工业等乡村传统产业的有机联动，推动传统产业升级，通过旅游导入，吸引文化创意、养生、体育等新兴产业进入乡村，从而丰富乡村产业体系，激发了乡村的产业活力，催生了各类乡村旅游新业态，包括现代化的乡村酒店、个性化的文化民俗表演、高端化的度假乡居、创意化的乡村游乐场、产业化的庄园等，这些新业态的出现，都为乡村的生态保护、文化复兴、产业发展、人居环境改善提供了全方位的解决方案。

二　辽宁省乡村旅游存在的问题

虽然辽宁乡村旅游产业发展势头强劲，但与浙江、四川等乡村旅游发展先进的省份相比，辽宁在乡村旅游产品的差异化打造、产业整合带动性、设施升级、文化传承、人才资源等方面仍需进行实质性的提升。

（一）同质化严重，品牌意识淡薄

辽宁乡村旅游活动没有经过差异化打造，无法满足休闲度假时代的市场需求。近年来，随着美丽乡村建设的全面开展，许多乡村旅游项目未经科学规划和文化内涵发掘，只是简单包装就盲目开业，忽略了市场需求已经从单一的观光向康体运动、生态游憩、亲子教育、养生养老、文化体验等多元化方向转变，传统的“住农家乐、吃农家饭、摘农家菜、干农家活”等初级旅游产品缺乏对休闲度假时代新需求的有效响应，形成产品同质化、千村一面的局面。一些乡村旅游项目与周边产业要素的结合是松散的。多数乡村旅游以单独农户的自发参与、政府的简单规范引导为特征，虽然这些乡村旅游项目既有农业的种养，又有旅游休闲活

动的设计，但也只是概念上的结合，实际上并没有形成对产业发展的支撑，难以得到持续的发展。

（二）产业整合带动作用不明显

乡村旅游产业承载的生产、生活、生态功能十分丰富，是综合性很强的产业。但从目前来看，辽宁省很多地方的乡村旅游这种先天的产业整合带动优势发挥得还不明显，没有充分挖掘农业的价值，对乡村旅游产品开发缺乏深度，仅仅停留在“食、住、游”层面，没有拓展农业的生产价值、生态价值、休闲价值、教育科普价值、服务价值、加工产品价值、文化价值等，不能推进农业与旅游、教育、文化、康养等产业的深度融合。

（三）乡村旅游设施滞后，服务质量低

乡村旅游设施是乡村旅游品质的重要保障，是保障乡村旅游舒适度的基础，乡村旅游设施的完善直接关系着乡村旅游入住率、旅游收入、重游率等指标，因此，营造一个安全、舒适、便捷的公共服务体系至关重要，但辽宁省各地旅游发展环境还有待提升。

1. 基础设施不完善

一些乡村旅游景区在环境卫生、服务、产品包装、特色服务等方面还不尽如人意，仍然存在着乡村厕所、垃圾桶等环卫设施普遍数量不足，质量不高、布局不合理、管理不到位的问题，卫生环境较差，仍然存在着消防设施不足、食品管理不规范问题，以及高峰期一床难求等接待服务能力不足的问题。

2. 服务质量低

服务质量低主要表现在内部管理不到位，从业人员缺乏统一的培训，客人来时没有迎接，客人走时，没有服务人员向客人道别，结账慢，结账方式不灵活，也没有对客人提供后期的电话回访和问候服务。

（四）文化内涵缺失，乡村旅游行之不远

不少地方和机构机械地运用城市景观规划思路，模仿园林景观设计效

果，在乡村旅游规划和建设过程中，不注重保护原有场域的自身特色，一味地拆改建，有的把原始树林砍掉，移栽过来一些外来的树种，把山推掉，把沟填平，破坏了原有的自然景观，盲目地模仿制造出一些不伦不类的、缺乏乡土气息的景观，结果造成了“水土不服”的另类乡村景观垃圾，有的传统北方村落却被硬生生地弄成了江南水乡。如何保护乡村特有的乡土风貌，提炼乡村生产、生活、生态、文化的价值，保持乡村旅游景观的完整性、原始性和生态性，让游客体验原汁原味的乡景乡情乡俗，是当前乡村旅游发展必须解决的一个问题。乡土性、乡村文化是乡村的魂，只有有了灵魂，才能留住乡愁，才有发展旅游产业的基础。

（五）从业人员素质偏低，管理人才缺口较大

由于乡村特殊的区位与条件等因素，大部分乡村旅游的经营管理主体还是农户或村集体，他们对乡村旅游产业的开发缺乏详细的规划，没有规范性的管理体系，没有建立完善的人才培养机制，大多数乡村旅游产业沿用了粗放的管理方式。从业人员素质偏低导致服务、科技意识差，不能满足游客需求；专业人才缺失，导致对乡村旅游业的性质和定位认识不足，不能深入挖掘乡村文化内涵，产品供应档次较低，营销手段落后。

三　辽宁省乡村旅游发展的对策建议

（一）找准主题定位，精致开发产品

1. 找准主题定位

鲜明的主题定位有助于消费者根据自己的喜好，做出精准的选择。要围绕着农业的种、养、加工等生产经营活动以及食、住、行、游、购、娱等旅游活动来找准乡村旅游的主题定位，打造有文化个性、有独特气质的乡村旅游产品。比如以水稻为主的农庄可以设计开发插秧节、河蟹节、捕鱼节、丰收节、新米节等节庆活动。

2. 注重体验升级

将乡村旅游由视觉感受向动态多元的情景体验升级，通过导游、亲子活动、休闲体验，构建起与游客沟通的场景，把对农产品、手工艺品的生产、加工、制作场景融入乡村旅游，让游客参与农事、感受农趣，体验农耕文化。比如结合种植方式，可以设计水稻的插秧、花卉的造型、蔬菜苗移栽、果树嫁接等活动；结合养殖劳动，可以开发喂鸡放羊捉鱼捡鸡蛋等活动；结合农副土特产品加工，可以开发磨米、做豆腐、包粽子、炒茶等活动；结合生产，可以设计耕田、播种、拔草、施肥、灌水、捉虫等活动；结合农作物收获，可以开发收割稻子、摘菜、摘草莓等活动；结合生产工具的使用，可以开发镰刀、锄头、石磨、渔网、拖拉机等小型农具的使用体验活动。

3. 打造区域性特色农产品品牌

依托当地的地理标志产品、特色文化资源等，借助文化的力量，打造乡村旅游农产品的全国品牌。创新区域农产品品牌识别符号，选好品牌代言人，做高效的产品广告；做好产品包装，彰显特色和价值。

（二）推动一二三产业融合发展

产业融合是按照“延长产业链、提高价值链、完善利益链”的理念，打破产业、价值及利益之间的壁垒，推动农村一二三产业融合发展。

1. 加强与乡村产业的融合

发展乡村旅游，农业是基础。要以第一产业为主体，做精做好农业景观、乡村文化资源的开发和设计，还要推进乡村旅游与渔业、林业、果业、手工业等乡村产业的联动发展。

2. 加强与工业的融合

将乡村旅游农产品进行深加工，如制作干货，提炼农产品中有利于美容保健的成分，生产美容保健品，开发功能饮料等。这样工业与农业融合的好处在于生产可以量化，乡村农产品品质通过防腐、保鲜、储藏等先进工艺得到提升，在为游客提供旅游产品的同时带动乡村就业，提高经济效益。

3. 加强与第三产业的融合

通过旅游导入，吸引文创、体育、教育、影视、电商、艺术、科技等新业态进入乡村。在稳定农业的基础上，拓展农业的文化、教育、生态、社会、休闲娱乐、康养等功能和价值。

4. 构建乡村智慧产业体系

充分利用互联网、大数据等现代信息技术，把各种乡村旅游线路、农产品、节庆活动宣传出去，用活小视频、直播、微信、微博等新媒体传播渠道，打造“网红”乡村旅游，以挖掘更多潜在的游客资源。开发乡村旅游App，扩展乡村旅游产品售卖渠道；配备乡村虚拟旅游设施，丰富乡村旅游展示功能，提供虚拟体验；建立旅游咨询或投诉平台，开展咨询、预订、投诉监督等相关服务，提高乡村旅游服务质量。

（三）提升乡村旅游基础设施水平

1. 交通设施的优化

加快对通往乡村旅游点的交通干线公路与进村公路的改造，开通重点乡村旅游线路上的公交专线、直通车等，提高乡村旅游各个景点的通达性；完善交通指识、警示标识系统；在村庄主入口或游客接待中心附近区域配备大型生态停车场、服务驿站等，各类停车场要选址合理，规模适中，保障游客能进能出、能停能游。

2. 基础设施和公共服务设施的升级

要完善乡村旅游的基础性设施，如给水排水、通暖通气、垃圾回收、道路交通、网络通信等，保障游客能来能住、能吃能玩。加快医疗急救站等安全设施，以及旅游产品商店、旅游标识标牌、导览地图等建设，好的服务是吸引游客的不二法宝。

3. 实施“三改一整工程”

对从事乡村旅游的农户实施改厨、改厕、改客房，整理院落工程，加快生活垃圾、生活污水等的无害化处理，美化、优化乡村旅游环境，彻底改变乡村“脏乱差”的面貌。

（四）乡村旅游要“把根留住”

乡村旅游贵在“乡村风貌”“乡村生活”，即在于乡村的乡土性与乡村文化，乡村是传统文化的根基，因此，乡村旅游的开发切忌“千村一面”，要加强对文化基底——优秀传统文化和少数民族文化的保护与传承。

开发乡村旅游，要坚持活态保护。人是文化的主体，因此在旅游开发过程中，要考虑到乡村旅游区内世世代代在此生活的人，保持他们原有的生活生产习惯，因此，要保护乡村生产、生活、生态的活态性，充分展示当地的人文特色和人文氛围。

乡村旅游是把乡村建设得更像乡村，而不是相反。要重视对乡村民俗街景、自然风貌、文化遗存的保护，注意从遗址遗迹、服饰图案、语言文字、民俗活动等提炼乡村文化元素，将其注入乡村景观设计、活动体验中，并且最大限度地利用农田、果园、家禽等小动物以及生产生活工具、场景等，还原乡村文化的本真，既很好地展示了乡土文化特色，又提升了游客文化体验，留下了美丽乡愁。

（五）加强政策支持，加强示范引领

1. 经营模式分类指导，创新农村土地利用政策

应坚持政府主导、市场化运作的思路，根据乡村旅游的实际情况，因地制宜引导乡村旅游从单一的“农户自营 + 政府引导”走向“公司 + 农户”“合作社 + 农户”“新农人 + 政府 + 社区”等多元化经营之路。创新农村土地利用政策，解决乡村旅游发展用地供给紧张或不足问题，各级政府要积极出台乡村旅游用地新政策，创新供地方式。鼓励利用荒地、垃圾场等闲置、未利用地开发乡村旅游项目；用好用活农村土地综合整治、城乡建设用地增减挂钩等政策，促进提升乡村土地的利用程度；盘活集体经营性建设用地、农民宅基地、土地承包经营权等，引导农民以租赁、入股、合作、抵押等多种方式参与到乡村旅游中来；鼓励综合利用土地，因地制宜拓展土地使用功能；鼓励利用空闲农房发展民宿。

2. 创新资本引入模式，落实税费减免政策

梳理现有的资源条件，通过产权出售、租赁及民居收藏等创新模式盘活资产。鼓励和引导民间投资通过 PPP、公建民营等方式参与乡村基础公共服务设施的开发与运营，既可以有效解决乡村旅游项目开发的资金问题，又可以提高服务水平；加强与金融机构的合作，引导金融机构开发针对旅游经营户的额度较小的信贷产品，降低贷款门槛，简化信贷程序和业务流程，为乡村旅游经营主体融资提供便利。根据国家和辽宁省政府颁布的有关旅游改革发展、投资消费和“引客入辽”等重点扶持政策，对乡村旅游发展给予倾斜支持。对投资乡村旅游项目、从事乡村旅游的小微企业以及个人，给予一定的税收优惠。

3. 扩大参与主体，重视人才培养、引进机制

除自发参与的农户、当地政府外，在乡村旅游的管理层面，要扩展参与主体，要加强对乡村旅游的科学规划与指导，以避免产品雷同、盲目发展的不良后果。要成立省级“乡村旅游专家智库”，为乡村旅游在规划、设计、投资运营、营销策划方面提供智力支持。要建立村级乡村旅游自治协会，发挥协会的约束协调作用，规范化、有序化发展乡村旅游。出台吸引劳动力和人才资源回流返乡的相关政策，通过扶持有竞争力、就业容纳力强的企业，改善产业环境，鼓励支持青年农民工回乡创业，扶持乡村能人在地创业，欢迎新乡贤返乡投资。加大培训力度，制定中长期人才培养计划。

4. 加强品牌引领

结合自身的资源禀赋，制定战略性的品牌规划，打造具有强大竞争力的乡村旅游品牌。完善品牌的征集、申报审核、评价认定和培育保护机制，通过发布品牌的权威索引，引导全社会消费品牌、保护品牌。深入挖掘品牌的精髓和灵魂，促进乡村旅游与农业文化遗产、非物质文化遗产、老字号的传承保护相融合，充分利用各种宣传介质，开展品牌宣传推介，以品牌建设引领乡村旅游业的发展。

B.20
辽宁农业产业链发展研究

于彬　马琳*

摘　要： 实现乡村振兴，增加农民收入，就要先实现乡村产业振兴。实现乡村产业振兴，一个重要的渠道就是促进农业与工业和服务业的融合，延伸农业产业链。2018年，辽宁统筹实施乡村振兴战略，乡村产业得到了较好较快发展。特色农产品影响力不断扩大，农产品加工业稳步发展，农产品流通体系逐步完善。但是，辽宁农村产业发展存在的问题依然较多，主要表现为农产品加工能力不足，产业集聚效应不明显，农产品知名品牌市场竞争力不强，一二三产业融合发展还有待进一步加深等问题。为延长农业产业链，辽宁要实施农业品牌提升行动，推进现代农产品加工业加快发展，加强农产品流通体系建设，提升产业智慧化程度。

关键词： 农业产业链　特色农产品　农产品加工　辽宁

一　研究背景

2019年是新中国成立70周年，也是全面贯彻党的十九大精神、实施乡村振兴战略的重要历史交会期。做好"三农"工作，发展农业农村经济、

* 于彬，辽宁社会科学院农村发展研究所助理研究员，主要研究方向为农村经济、产业经济；马琳，辽宁社会科学院农村发展研究所助理研究员，主要研究方向为农村经济、产业经济。

巩固好形势，具有特殊重要性。实现乡村振兴，增加农民收入，就要先实现乡村产业振兴。实现乡村产业振兴，一个重要的渠道就是促进农业与工业和服务业的融合，延伸农业产业链。

针对促进一二三产业融合、延伸农业产业链的问题，中央一号文件以及其他文件多次给出指导意见。第一次提出“推进农村产业融合发展”这一理念，是在2015年的中央一号文件，自此，一二三产业之间的藩篱开始被打破。2015年12月，国务院办公厅印发《关于推进农村一二三产业融合发展的指导意见》，强调推动农村一二三产业融合发展，是拓宽农民增收渠道、构建现代农业产业体系的重要举措，是加快转变农业发展方式、探索中国特色农业现代化道路的必然要求。① 2017年，党的十九大报告从国家战略的高度，提出“促进农村一二三产业融合发展，支持和鼓励农民就业创业，拓宽增收渠道”，并进一步指明，要实现乡村振兴，关键在于推动农村一二三产业融合发展。② 2019年中央一号文件在“发展壮大乡村产业，拓宽农民增收渠道”部分专门提出：要大力发展现代农产品加工业，以“农头工尾”为抓手，尽可能把产业链留在县域，支持发展农产品初加工及精深加工；统筹农产品产地、集散地、销地批发市场建设，加强农产品物流骨干网络和冷链物流体系建设；③ 健全农村一二三产业融合发展利益联结机制。这些论述，再次将农业提质增效的举措落实到了农业、工业、服务业三个产业融合发展上来。

延伸农业产业链，本质上就是要推动一二三产业融合发展。要以农业为基础，在农业中引入工业和服务业的先进理念，通过产业联动、要素集聚、技术渗透等方式，将资本、技术以及资源要素进行跨界集约化配置，使农业生产、农产品加工和销售、餐饮、休闲以及其他服务业有机地整合在一起，达到促进农业增效、农民增收的目的。

---

① 摘自《国务院办公厅关于推进农村一二三产业融合发展的指导意见国》（办发〔2015〕93号）文件原文。

② 摘自十九大报告原文。

③ 摘自2019年中央一号文件原文。

二　农业产业链的定义及意义

1. 农业产业链的定义

“农业产业链”的概念最初产生于20世纪50年代的美国，之后，西欧、日本等发达地区与国家开始使用和发展这一概念，研究大多集中在如何借鉴制造业产业链的现有理论，来促进农业生产方式和组织结构的变化。①

从定义上来讲，农业产业链是指由农业初级产品生产以及与初级产品关系密切的所有上游和下游产业所共同组成的复杂网络结构。农业产业链的定义有狭义内涵和广义概念两个层面，其中，狭义的农业产业链是指农产品从原材料到成品生产过程中，各部门间的完整链接。② 而广义农业产业链则是指不同农产品企业间，受到技术、产品或市场的影响而形成上下游产业间的各种链接，进而满足农产品企业间供给侧与需求侧的关联。③ 农业产业链从源头出发，通过一条长链贯通原材料获取、产品生产和加工、物流运输、产品营销、市场交易等重要环节，形成覆盖种植养殖、产品初加工、深加工、仓储运输、市场交易等诸多环节的全流通体系。④

2. 延伸农业产业链的理论和现实意义

（1）有利于形成产业集群，降低企业成本

形成农业产业链之后，原来在地域上或是在产业上处于分离状态的企业，可以通过产业链内部建立的“对接机制”，实现地理集聚、组合或者实现产业上下游的联结甚至一体化，这是产业链形成的最大的优势。举个例子来说，在规划建设范围较大的农业经济区时，农业产业链的各个环节会按照地理位

① 韩杨连等：《农业产业链整合与延伸模式分析》，《时代金融》2018年第2期。

② 梁新鹏：《基于全产业链模式的农产品流通业转型升级研究》，《商业经济研究》2016年第15期。

③ 梁新鹏：《基于全产业链模式的农产品流通业转型升级研究》，《商业经济研究》2016年第15期。

④ 梁新鹏：《基于全产业链模式的农产品流通业转型升级研究》，《商业经济研究》2016年第15期。

置聚集，产业集群现象就会出现。在产业集群内，本区域将会形成资源、资金、人才的高地，并且资源、信息、人才在本区域内的不断流动，会使集群内的资源实现再次优化，这种流动和优化不仅有助于实现农业产业链内的知识和技术的创新，而且可以有效地降低集群内企业的生产、运营以及管理成本。

（2）有利于塑造农产品品牌形象，提升农产品价值

形成农业产业链可以最大限度地发挥品牌效应：第一，形成农业产业链能够有效利用产业链内知名度较高的产品品牌的既有优势，减少新产品投入市场时的宣传推广费用；第二，即便农产品在市场上并没有知名度，也可以利用在同一产业链内发挥主导作用的工业企业或是服务业企业的知名度，比较快地形成区域性品牌的总体形象，扩大农产品品牌的影响力和市场号召力，提升农产品在消费者心目中的认可度。

（3）有利于产生协同创新效应

首先，形成产业链可以加快产业链内技术和知识的传播与复制；其次，形成产业链能够使企业形成近距离的交流与沟通，不仅能使相似企业优势互补，而且能提高隐性知识和技术的传播效率；再次，形成产业链可以促进人才在行业内的交流与互动；最后，形成产业链，更加有利于产业链内原有的资料、文献、实验环境等为产业链内的知识创新提供有利条件。①

（4）有利于促进农业增效，农民增收

延长农业产业链，农村一二三产业间的融合渗透和交叉重组有利于实现农业发展方式的转变，有利于催生新的农业产业形态，同时也有利于促进农村各产业间建立新型的竞争协作关系，促进资源、要素、技术，以及市场需求的优化重组，使乡村经济提质增效，进而提升乡村经济的供给质量和供给效率。② 推进农村一二三产业融合，有利于提升农业产业链的增值空间，有利

① 沈月、张佳琪：《实施乡村振兴战略的路径探析：基于三产融合的视角》，《北方论丛》2019年第2期。

② 沈月、张佳琪：《实施乡村振兴战略的路径探析：基于三产融合的视角》，《北方论丛》2019年第2期。

于增加农产品的附加值，从而提高农业发展的经济效益。同时以农业为基本依托的一二三产业融合，可以使农民在家门口实现就业，有利于拓宽农民的增收渠道。

三　辽宁农业产业链发展现状

近年来，辽宁各地区、各部门积极推进农业供给侧结构性改革，农业取得了较快发展。2018 年，农业增加值达到 2033.3 亿元，与上年相比增速为 3.6%①，农村常住居民人均可支配收入 14656 元，增长 6.6%，略低于城镇常住居民人均可支配收入 6.7% 的增速，扣除价格因素，实际增长 4.0%；2017 年农村常住居民人均可支配收入为 13747 元，增速为 6.7%，略高于城镇常住居民人均可支配收入增速（6.4%）（见表 1）。

表 1　2016～2018 年辽宁省农业增加值及城乡常住居民人均可支配收入

指　标		2016 年	2017 年	2018 年	
				总量（亿元）	增速（%）
农业增加值	总量（亿元）	2173.1	2182.1	2033.3	3.6
	占比（%）	9.8	9.1	8.03	—
人均可支配收入（元）	城镇	32876.1	34993	37342	6.7
	农村	12880.7	13747	14656	6.6

资料来源：《辽宁统计年鉴（2018）》，《2018 年辽宁省国民经济和社会发展统计公报》。

辽宁农业产业链上的农产品的种植养殖、产品初深加工、仓储运输以及市场交易等环节也有了不同程度的发展。

1. 优势特色产业不断壮大，乡村特色产品知名度不断提高

2019 年中央一号文件提出，要加快发展乡村特色产业，要大力发展现代农产品加工业。因地制宜发展多样性特色农业，倡导“一村一品”“一县

---

① 2017 年辽宁第一产业增加值、农业以及社会消费品零售额等有关数据，根据第三次全国农业普查结果及有关规定进行了修订，2018 年上述项目同比增速以修订后的数据为计算依据。

一业”。强化农产品地理标志和商标保护，打响一批“土字号”“乡字号”特色产品品牌。①

2018 年，辽宁围绕优势农林牧渔业产品，做优做亮特色产业。辽西北地区重点发展节水、耐旱、抗逆性强的杂粮杂豆和球根花卉、种球繁育及优质鲜切花等高效作物；辽东山区重点发展中药材、食用菌、山野菜、小浆果、柞蚕等特色产业；中部平原区重点发展寒富苹果、南果梨、西甜瓜等水果产业；辽南地区重点发展优质特色水果、设施水果（优质大樱桃、棚桃），设施花卉，精品蔬菜；辽北地区在稳定粮食产能的基础上，着力发展优质粮油和专用粮油生产，扩大设施叶菜、山区食用菌和中药材、榛子等产业。

到 2018 年底，辽宁名牌农产品达到 218 个，辽宁特产之乡 101 个，农产品地理标志 90 个，绿色食品企业 491 家，绿色食品标志产品 1066 个，有机农产品企业 28 家，产品 88 个。开展百强农产品品牌评选，评选出 124 个优质农产品品牌。盘锦大米、鞍山南果梨、北镇葡萄、辽参等入选中国百强农产品区域公用名牌，盘锦大米获全国“十大品牌”“十佳好吃大米”殊荣。北镇葡萄、东港草莓、鞍山南果梨、盘山河蟹已经入选中国特色农产品优势品牌。

2. 农产品加工业稳步发展，特色产业园、示范区建设不断推进

2018 年，辽宁农产品加工业主营业务收入实现 2502 亿元，同比增长 3.7%。21 个农产品加工集聚区主营业务收入实现 778 亿元，同比增长 9.7%。省级以上农业产业化重点龙头企业达到 646 家，其中国家级龙头企业 55 家。全年农产品加工项目达到 268 个，其中投资超亿元项目 130 个，完成投资总额 86.3 亿元。新希望六和、广州温氏、正帮集团等 7 家 500 强企业项目落户辽宁，总投资额 53.9 亿元；调兵山国投投资 12 亿元年产 30 万吨乙醇、涪陵集团投资 13 亿元年产 5 万吨泡菜等项目相继开工建设。

① 引自 2019 年中央一号文件。

2018 年，创建省级现代农业产业园 12 个，大洼区获批国家级现代农业产业园。14 个国家现代农业示范区建设稳步推进。在 12 个强镇开展农村产业兴村强县示范行动，落实项目 68 个，总投资 7 亿元，撬动社会资本 5.5 亿元。有 58 家一村一品示范村镇通过全国监测。20 个产地初加工项目县新建储藏保鲜设施 700 座以上，新增储藏能力 7 万吨以上。北镇葡萄、凌源设施蔬菜、金普新区大樱桃获批国家特色农业促进项目。

3. 农产品流通体系不断完善，“四进”工程顺利推进

2018 年，辽宁通过引导农民发展订单产业，大力推广基地直采直供、连锁配送、产销对接、农村电商等经营方式，开展城市统一配送、共同配送，推进农产品进市场、进超市、进社区、进团体的“四进”工程，实现了从产地到餐桌，无二次批发，较好地解决了市民“买贵”、农民“卖难”问题。构建线上线下融合的现代农产品流通体系。2018 年，全省建设电子商务进农村综合示范县 8 个，村级服务点 964 个。供销社系统新建农产品配送中心 13 个、乡镇物流节点 52 个。

四　辽宁农业产业链发展存在的问题

当前，我国经济运行稳中有变、变中有忧，外部环境复杂严峻，经济面临下行压力，风险和困难明显增多。同样，辽宁省农村产业发展面临的问题也较多，主要表现为农产品加工能力不足，产业集聚效应不明显，农产品知名品牌市场竞争力不强，一二三产业融合发展还有待进一步加深等。

1. 区域特色农产品知名度和经济收益还有待进一步提高

辽宁虽然开展百强农产品品牌评选，并评选出 124 个优质农产品品牌，特别是盘锦大米、鞍山南果梨、北镇葡萄、辽参等入围中国百强农产品区域公用名牌，但这些产品消费的人群仍集中于辽宁省内，品牌在全国的影响力仍然不足，与全国同类产品相比，品牌知名度较低。比如辽宁山珍类的凤城板栗与长白山人参、中宁枸杞，粮食类的盘锦大米与五常大米，水果类的北镇葡萄、鞍山南果梨、东港草莓与库尔勒香梨、洛川苹果、秭归脐橙，海鲜

类的盘锦河蟹与阳澄湖大闸蟹相比，市场竞争力不强，经济收益转化能力仍旧有较大提升空间。

此外，辽宁农产品仍存在优质产品少，大路货多；高端产品少，低端产品多的问题；农产品结构性短缺与暂时性、相对性过剩并存，农产品供给数量与质量效益不平衡，农产品品牌多而不精、杂而不强，品牌价值普遍不高。辽宁针对部分特色农产品进行品牌创建，只是为了适应一时的潮流，并没有将品牌建设工作提升到延伸农业产业链的高度来进行考虑。因此，出现了许多农业品牌昙花一现的现象，无法形成影响力和知名度，更无法发挥品牌效应，带动农业发展和农民收入提高。

2. 农产品加工能力尚待进一步提高

辽宁农业生产能力与农产品加工能力不平衡不匹配，丰富的农业资源优势没有通过加工流通转化为经济优势。农产品加工业产值与农业总产值比为0.8∶1，远低于2.2∶1的全国平均水平。农产品加工企业规模小、精深加工水平低、技术装备落后、产业融合程度低。

3. 产业集聚效应还不够明显

辽宁21个农产品加工集聚区中有6个主营业务收入增速低于7%，有的集聚区发展规模不到5亿元。园区的辐射带动作用没有得到有效发挥，有的集聚区规划不科学、企业布局不合理、配套设施不完备；优质项目储备不足，缺少科技含量高、拉动能力强的大型农业龙头企业，难以形成产业聚集效应。

五　延长辽宁农业产业链的政策建议

1. 实施农业品牌提升行动

（1）强化特色产业品牌建设

制定出台全省农业品牌建设实施方案，重点围绕特色优质高效农产品，努力培育一批全国影响力大、竞争力强的农产品区域专用品牌和企业品牌，支持农产品加工企业创建国家和省级名牌、中国驰名商标和省著名商标。通

过组织企业参加中国国际农交会、辽宁国际农博会等展洽会和各类平台，宣传扩大农产品加工业品牌影响力。进一步增强大连樱桃、盘锦大米、丹东草莓蓝莓、铁岭榛子、锦州和辽阳葡萄等品牌的市场竞争力、产业带动力。探索建立辽宁农业品牌目录制度，组织开展2019年全省百强农产品区域品牌及辽宁名牌和特产之乡评选活动。积极推进特色农产品优势区建设。加大农业对外开放力度，推动辽宁省优质特色农产品品牌走向国内外高端市场。

（2）推动企业科技创新

鼓励企业走“名特新优”的发展路子，通过积极构建以市场为导向、企业为主体、科研院所和高等院校为支撑的产业创新体系，开发培育一批科技含量高、市场占有率高、附加值高的优质名牌产品，提高产品技术含量，增强市场竞争能力。

（3）广泛应用现代信息技术

推进信息产业与互联网的深度融合，通过“互联网+”对接农产品加工业，在品牌营造、产品销售、信息共享等方面实现全方位、多层次对接。鼓励支持本地农产品企业到中心城市建立专柜、专营店，到京东、淘宝等电商平台建店。

2. 推进现代农产品加工业加快发展

（1）调整优化农产品加工业布局

构筑以粮食制品、油脂、动物性食品、果蔬食品、水产品、特产品、林地经济产品为主的农产品加工业体系，依托辽宁各个地区不同的优势农产品资源和各市县农业“一县一业”的建设，大力发展本地区优势农产品初深加工，积极推进农产品副产物以及加工副产物的综合利用，在县域内实现良性产业链。

（2）加快农产品加工集聚区建设

辽宁应充分利用已有的农产品加工产业园区，发挥资源比较优势，实现农产品加工集聚区错位发展，要加快新建一批有规模、有竞争力、有特色，能够发挥引领示范作用的县域农产品加工集聚区。明确发展定位。坚持以农为主，充分发挥市场在资源配置中的决定性作用，把农产品加工集聚区打造成为农村承载项目、汇聚资金、创新技术、集聚人才的重要平台，把农产品加工集聚区打造成为农产品加工和生产性服务业快速发展的重要基地。创新集聚区管理体制，加强省级农产品加工集聚区考核，实行动态管理。科学制定规划。推进“管委会+公司”运营模式，在确保专人或专业队伍的基础上，运营公司负责集聚区土地开发、投融资、基础设施建设、招商引资等工作，积极探索建立市场化开发建设模式，引导鼓励社会资本开发建设农产品加工特色产业园。对标先进，科学制定本地区加快发展农产品加工业的规划和三年行动计划，并与农业农村部部署的“三园三区”规划编制工作相衔接，确保规划务实管用、可操作、可检查。实行差异化发展。各市、省有关部门要加强分类指导，紧密结合农产品加工业发展水平和地方资源禀赋、特点优势，在县（市、区）农产品加工业发展上各有侧重，避免同质化竞争，构建资源、产品、市场互补，各具特色、互动发展的良好局面。落实好省里支持县域经济、“飞地经济”、民营经济和辽西北地区发展的有关政策。国家支持发展农业专项资金在符合条件的情况下，向农产品加工集聚区建设倾斜，要不断加大招商引资的力度，要着力引进那些有较好成长性、较大市场潜力、较高科技含量、较强竞争力、较高品牌知名度的优势产业项目。积极鼓励和引导社会资本加大对农产品加工集聚区的投入，不断完善提高公共服务平台的融资担保功能、检验检测能力、科技研发水平、仓储物流水平等，提高农产品加工集聚区承载项目建设和运营的能力。

（3）重点抓好农产品加工项目建设

支持有能力的家庭农场和农民合作社发展适度规模的农产品初加工，继续实施农产品产地初加工补助项目。内资外资一起引进。农产品加工集聚区要承担起农业招商引资主体责任，积极宣传集聚区产业发展定位、区位优势和优惠政策，采取“走出去”和“请进来”的办法，有针对性地招来一些企业到园区投资上项目。强化项目落地投产。要实现经济工作项目化、项目工作责任化，加强项目调度和推进工作。推进在建项目，保证开工率；推进续建项目，保证竣工率；推进竣工项目，保证达产率；推进储备项目，保证转化率。注重生态环境保护。上项目既要算好经济账，也要算好生态账、社会账，不能引进污染环境破坏生态的项目，对空气有污染的项目和对老百姓正常生活有噪声污染的项目，要坚决将其拒之门外。

（4）大力培育农产品加工龙头企业

加大对本地农产品加工龙头企业的帮助和扶持力度，尽快建立起农业产业化龙头企业分级帮扶机制，建立辽宁省以及各市县农业部门与国家级、省级、市级农业产业化龙头企业之间长期的紧密的联系机制，在企业遇到发展问题和出现发展瓶颈的时候，切实帮助企业解决问题，突破瓶颈。继续抓好省市县各级农业产业化重点龙头企业的监测工作以及认定工作，不断培育发展壮大农业产业化龙头企业，建立农业产业化龙头企业之间的联系，帮助本地区农业产业化龙头企业形成联合体，扩大企业联合体的影响力。充分鼓励和支持本地区现有农产品加工企业推行现代企业制度，通过开展多种形式的兼并重组以及推动龙头企业上市融资，来解决农产品企业融资难的问题。

3. 加强农产品流通体系建设

继续推进省部共建，支持北镇窟窿台国家级蔬菜市场建设。加强对辽宁省34家农业农村部认定的农产品定点市场的指导，创新市场交易方式、提高农产品可追溯信息化水平。加快田头市场建设，夯实农产品出村“最初一公里”的基础。

4. 提升产业智慧化程度

以数字化、平台化、品牌化和智能化构建智慧农业的发展框架，组织实施“互联网+”农产品出村进城工程，借助网络平台开展农产品的市场营销，自己创办网站或者是加入其他的知名网站，采取“在线”交易，“离线”分配的模式，推进优质特色农产品网络销售，繁荣农业农村电子商务。力争农业物联网等信息技术应用比例超过4%，电子商务经营额比上年增长30%。

参考文献

韩杨连等：《农业产业链整合与延伸模式分析》，《时代金融》2018年第2期。

梁新鹏：《基于全产业链模式的农产品流通业转型升级研究》，《商业经济研究》

2016 年第 15 期。

黄艳等：《我国农业产业链的影响因素、机制与成长途径》，《商业经济研究》2018 年第 6 期。

沈月、张佳琪：《实施乡村振兴战略的路径探析：基于三产融合的视角》，《北方论丛》2019 年第 2 期。

B.21
加快农村普惠金融发展助力乡村振兴问题研究

谭　静*

摘　要： 加快农村普惠金融发展，助力乡村振兴，是实现党的十九大提出的奋斗目标、完成全面建成小康社会这一任务的关键。发展普惠金融是推进乡村振兴和农村金融转型发展，以及农村金融机构服务“三农”经济的需要。辽宁普惠金融服务水平与全国整体水平相比仍然存在明显差距，在基础金融设施建设方面、普惠金融领域的协调发展方面等均存在明显不足。实现辽宁乡村振兴，必须加强农村普惠金融发展，注重金融知识的普及推广及宣传教育、健全普惠金融的服务机制、创新普惠金融产品、加快农村信用体系建设以及强化普惠金融监管。

关键词： 辽宁　普惠金融　乡村振兴

实施乡村振兴战略和全面实现小康社会是党的十九大提出的奋斗目标，这为普惠金融工作的发展制定了新目标，提出了新要求。全面建成小康社会必须大力发展普惠金融，中央精准扶贫战略和国家乡村振兴政策的大力实施，要求普惠金融在“三农”领域助力乡村振兴，为农村经济社会的发展提供有效的资金保障。普惠金融是支持乡村金融经济发展的关键因素，“三农”

* 谭静，辽宁社会科学院经济研究所研究员，主要研究方向为银行管理、现代金融理论等。

是普惠金融发展的重点，普惠金融的发展重点在农村，要加大金融支持乡村振兴的力度，引导广大社会资本参与乡村振兴，为全面实现小康社会助力。

一　普惠金融发展的意义

普惠金融概念的提出源于印度、孟加拉国、南非和拉美等国家和地区的经验，2005 年联合国根据这些国家 20 世纪七八十年代的发展经验提出了“普惠金融”这一概念，普惠金融理念的最大突破在于使金融惠及弱势群体以及偏远乡村，使他们在资金短缺及资金周转过程中享受到了金融服务。作为一项国策，发展普惠金融在党的十八届三中全会上提出，国家对金融机构发展普惠金融给予各种特殊政策，随后又提出制定普惠金融发展规划，指明到 2020 年，实现普惠金融全覆盖，显著改善农民的金融服务。加快农村普惠金融的发展，在提高农民收入和实施乡村振兴的过程中起着重要作用，让更多的金融资源充分惠及乡村地区，意义深远。

1. 农村经济全面发展离不开普惠金融的支持

金融与经济发展的正相关效应已被学者广泛研究，金融促进经济的增长，对于消除贫富差距、实现全体人民共同富裕至关重要。小康社会能否实现，普惠金融的发展支持起着决定性作用，农村基础金融服务需要不断提升能力和水平，运用新理念、新工具、新模式、新体系为特殊群体，包括农民、大病群体、残疾人等提供安全有效的普惠金融支持，支持其创业创新、走共同富裕的道路，采取各种激励政策带动农村经济的全面发展，为 2020 年打赢脱贫攻坚战和全面建成小康社会提供强有力的金融支持，丰富普惠金融载体，创新普惠金融模式，强化普惠金融服务。

2. 农村金融改革发展需要普惠金融的支持

辽宁省农村金融改革发展不断深入，辽宁省农村信用社的改革和发展也正处于历史的关键时期。随着乡村振兴步伐的不断加快、全面实现小康社会日益临近，农村金融生态环境越来越好，农业发展方式形式多样，农村地区的饮水、医疗、教育、保险等民生工程不断面临新的问题，辽宁农村信用社在农村金融改革发展过程中始终要坚持以服务“三农”作为自身的服务目标，以普惠金融发展作为金融服务主线，坚持金融支持经济发展的目标，探索改革、探索发展，以普惠金融全覆盖，支持农村金融改革和实体经济发展。

3. 美丽乡村建设离不开普惠金融的支持

实施乡村振兴战略在党的十九大上被提出，乡村振兴战略既包括农业产业振兴，又包括农村文化振兴、农村生态振兴，即农村社会方方面面的振兴，在广袤的农村，没有强有力的金融支撑是难以实现乡村振兴这一战略任务的。农村“新业态”“生态宜居”“农村基础设施建设和农业绿色生态发展”“美丽乡村”“农业经营体系和农业科技创新”等都需要投入大量的资金，只有金融支持才能推进农业供给侧结构性改革实现，只有普惠金融支持才能实现农业、农村现代化，精准扶贫、脱贫奔康、集体经济发展等都离不开普惠金融的支持。

4. 发展普惠金融是农村金融机构勇于担当的具体表现

普惠金融是改善农民生活、为弱势群体提供金融服务的重大举措，是新时期赋予金融机构的新内容。建立和完善金融服务体系，使普惠金融更好地服务于农村经济建设，为广大农民，尤其是大病、残疾、鳏寡孤独等群体提供强有力的金融支持，使这些弱势群体能够普遍得到普惠的金融服务。要充分发挥农村金融机构主力军的作用，建立适应农村经济社会协调发展的全方位多样化普惠金融服务体系，有针对性地服务广大农民，履行社会责任，实现社会价值是辽宁农村金融机构履行职责的需要，农村信用社作为“百姓银行”，发展普惠金融既是一种社会责任也是一种担当。

二　辽宁普惠金融服务发展现状

辽宁普惠金融整体服务水平有待提升，在金融基础设施建设、金融人才储备、金融软件开发等方面，与全国平均水平相比有明显不足。辽宁普惠金融发展领域存在明显短板，在可持续发展方面、扶贫积弱方面、可获得性方面等与全国相比存在很大差距。普惠金融发展存在严重不均衡现象，银行业在普惠金融发展与支持农村发展方面做得比较好，证券、保险业等相关领域发展相对滞后。辽宁省在存款、贷款覆盖率方面与黑龙江和吉林相比较处于优势地位，但是，工业和生活储蓄存款和个人贷款等方面覆盖率则比较低，金融资源服务于农村、农业、农民的程度较低。

1. 普惠金融组织体系建设

最近几年，辽宁大力发展普惠金融，农村金融机构的总量有所增加，覆盖面达到了一定规模。截至2018年底，辽宁的新型农村金融机构发展迅猛，其中包括村镇银行、小额贷款公司和农村资金互助社等。另外，由于农村对金融机构的需求大于供给，金融机构数量不断增长，从另一个角度看也促进了农村地区金融基础设施建设更加完善，金融组织体系更加健全，从而使得普惠金融的发展速度不断提升。

2. 普惠金融信贷情况

作为正规金融机构在经营贷款方面的补充，小额贷款公司主要从事贷款业务，不吸收公众存款，主要为中小企业、农户提供贷款服务。由于信息不对称，正规金融体系无暇顾及的低端信贷市场存在一定的空白，小额贷款公司恰恰在这一领域起到了十分重要的补充作用。由于它的便捷性，农村融资难和融资贵的问题得以缓解。小额贷款公司的发展，对于金融市场起到了很重要的补充作用，另外，对于构建普惠金融体系也有着重要影响。辽宁的小额贷款公司总数表现较突出（见表1）。

表1 2015～2017年辽宁小额贷款公司统计

年份	2015		2016		2017	
指标	机构数量（家）	从业人员数（人）	机构数量（家）	从业人员数（人）	机构数量（家）	从业人员数（人）
全国	8910	117344	8741	112646	8551	103988
辽宁	597	6014	573	5876	547	5061
占比(%)	6.7	5.1	6.5	5.2	6.3	4.8

资料来源：中国人民银行。

3. 普惠金融政策扶持

2018 年的“一号文件”强调“普惠金融要放在农村”，目前辽宁城郊及城乡接合部的普惠金融由于地理位置的优越性发展较好，但距离城市较远的农村及辽西北部分地区以及农村贫困群体依然存在金融服务问题，资金供给还有缺口，农户对贷款还有不可获得性。要解决这些比较偏远的农村和弱势群体的金融资金等问题，就要推动普惠金融发展，从政策上进行扶持，进而提高金融服务的覆盖率。乡村振兴战略为完善农村普惠金融、在农村进行金融业务操作提供了指引，辽宁的普惠金融通过政策扶持，责任落实，有针对性地解决了农村对金融产品的差异化需求，普惠金融服务工作越来越具体、越来越细致。

4. 普惠金融的监管

辽宁农村普惠金融监管水平与沿海地区相比还有一定的差距，乡村振兴战略对农村普惠金融监管提出了更高的要求，在具体执行过程中还有待完善。目前辽宁农村金融体系包含如小额贷款公司、村镇银行等商业性金融机构，还包括农村信用合作社这样的政策性金融和合作性金融机构等，新兴的互联网金融公司等也在农村金融市场悄然兴起，这对监管体系提出了更高的要求，普惠金融服务乡村振兴的能力和水平有待差异化监管水平的不断提升，以达到激励效果，这种体系还需要继续完善，风险管理水平还有待不断提高。

三 辽宁普惠金融服务存在的问题

普惠金融服务意义深远，势在必行，它是我们实现美丽乡村振兴，建设小康社会，达到共同富裕的一项重要举措。但是目前，辽宁的普惠金融发展程度还比较低，辽宁省存贷款覆盖率与全国其他地区相比并不高，尤其是储蓄存款和个人贷款覆盖率更低，普惠金融服务于“三农”的程度总体不高。普惠金融在现实推广中会遇到各种各样的困难，比如在银行业，其寻求利益最大化原则导致银行业金融机构更倾向于将资金投向发达地区，金融资源更向城镇和高收入人群倾斜。另外在金融扶贫过程中，商业银行本身也承受着较大的信贷风险，扶贫工作可持续性面临重重困难。

1. 农村居民信贷需求大与普惠金融业务风险大的矛盾

农村的金融供给有限，农村居民信贷需求旺盛，这是乡村振兴过程中面临的实际问题。目前，对于农村居民而言，存取款已经比较便捷了，虽然还达不到村村都有存取款机（ATM），但是乡、镇都会有，转账、支票业务等虽然不如县城方便，但是也能享受到。纵向比较看，乡村贷款服务相对较弱，而这也恰好是美丽乡村建设过程中农民迫切需要的金融服务。乡村产业的振兴，使得信贷需求旺盛，但由于银行对借贷业务审核较严格，多数农民只能通过自给自足的农业经济或外出打工来增加家庭收入。笔者通过对辽宁东部乡村的调研发现，农民生产经营大部分还属于小农经济，处于自给自足状态。另外，农业是弱势产业，存在自然灾害大的风险，农民是弱势群体，存在收入不稳定的因素，银行业因为配套机制不健全，实行普惠金融服务缺乏有效的风险保障而不愿对“三农”、低收入人群和贫困人口等提供有效的信贷资金支持。

2. 乡村资金流失严重影响了普惠金融服务的普及和推广

从辽宁省农村合作金融机构的存贷比看，总体水平较低，农村居民、外出打工者在存款的时候，更愿意去农村信用社、农商行和农合社，这充分说明了农村合作金融机构吸收了大量的农民存款，然而这些吸储并没有用来进行美丽乡村建设，而是流向其他商业银行，资金流失严重。而其他商业性银行也因为农业和农民的弱势地位而不愿意涉足风险较大的农村市场，况且银行的逐利性也决定了其贷款更加审慎。留守在辽东、辽西经济比较落后地区的村民年龄偏大，受教育程度普遍偏低，对于一些金融概念和金融术语以及金融业务掌握得非常少，对创新型金融工具、金融产品和金融业务基本处于不理解、不明白状态，大部分留守农民家里没有网络、没有手机或使用的都是非智能手机，电子银行产品和电子金融服务根本无法普及推广，这使得普惠金融服务受到较大限制。

3. 信用观念弱和约束制度不完善制约着普惠金融服务

农村信用环境建设还需要相当长时间才能够完备，信用档案不完备或缺失，对农民违约、农民不讲诚信，缺乏行之有效的惩戒措施，享受到普惠金融服务的农民往往缺乏信用意识，经常会有从众心理，根本不重视个人的信用及诚信，这在一定程度上影响了普惠金融服务的推广和使用。虽然目前，辽宁有部分乡镇已经或者正在进行农民信用档案的完善工作，但是涉及面不够广，再加上信用来源单位没有形成资源共享机制，基本上属于各自为政，使得信用建设没有形成规范统一标准，农民信用数据库缺失等，在一定程度上严重影响了普惠金融服务的推广与普及。

4. 地区金融生态环境不佳影响了普惠金融的可获得性

地区金融生态环境不佳，出现了多起金融风险事件，这在一定程度上造成了许多不良影响，使得金融机构对普惠金融主体的金融供给提出了苛刻的条件，从而使农村获得普惠金融服务的概率大打折扣。近两年，辽宁地区先后发生了 STX、东北特钢等大型企业违约风险事件，这虽然是发生在企业的金融风险，但是对辽宁地区的整体金融生态环境产生了非常不利的影响，再加上由于老工业基地产能过剩及装备制造业不景气，辽宁地区的不良贷款规模不断增加，使得部分金融机构调减了对辽宁的授信规模，地区发债也受到很大限制，影响了农村对普惠金融的获得。

四　加快普惠金融发展，助力乡村振兴

在脱贫攻坚，实现美丽乡村建设及乡村振兴阶段，金融机构的主要任务就是通过改善农村金融服务，加大对需要贷款企业的支持力度，提供更多小额扶贫贷款；加大普惠金融支持产业兴旺的力度，提高农民收入水平，助力全面建成小康社会，体现金融企业的价值观。金融机构将通过消费金融创新，提供个性化、差异化、创新化普惠金融服务，满足农民对消费信贷的渴求，增加移动支付比例，让更多农民接近理财，增加投资意愿，不断寻求价值增值机会，在满足美好生活需要的过程中，享受实现乡村振兴带来的红利。

1. 加强普惠金融知识宣传和教育，提高农民对普惠金融的认识

不断加强普惠金融知识的宣传和教育，逐步提升农民的认知水平。定期开展各类普惠金融知识、金融风险防范知识和金融法制政策宣传，帮助农民认识和了解金融产品以及金融服务，提高金融风险防范意识，增长金融知识。通过各种渠道向村民宣传非法集资和高利贷的危害，提高农民对风险的识别度。借助互联网移动通信、现代网络技术和科技信息等手段，强化普惠金融助农服务点建设，促进普惠金融服务转型升级和优化，将助农金融服务点打造成综合金融平台，使普惠金融的受众群体不断增加，进而增强对普惠金融服务的认识，通过金融服务网点做到乡镇联络便捷、普惠金融服务设施落实到村、互联网电子银行家家可操作，使广大农民切身体会到普惠金融的益处。

2. 健全普惠金融服务机制与服务政策

科学谋划普惠金融服务发展战略规划，健全普惠金融服务的激励约束机制，在农村地区增加与县城的互动，运用好金融政策，建立起完整的普惠金融服务体系，促进农村产业发展，促进乡村集体经济振兴，带动更多农民实现共同富裕的愿景，促进农村经济高效发展，实现绿水青山就是金山银山。建立涉农信贷投放机制，加强普惠金融服务的正向激励，强化普惠金融服务的动能。搭建以普惠金融服务为主的框架，始终坚持服务“三农”不动摇，打造农村的“草根”银行，坚持“三农”都能充分享受到普惠金融实惠的总原则，深入研究和制定普惠金融服务政策，建立普惠金融服务尽职免责制度，实施阳光办贷，提高普惠金融服务效率，促进县级行（社）围绕普惠金融工作，坚持普惠金融基础服务和普惠金融现代服务两条腿走路，多措并举，实现普惠金融服务政策落实到位，普惠金融服务深入千村万户。

3. 创新普惠金融产品

建立“金融机构 + 普惠金融 + 贫困户”模式，统计贫困户贷款需求，对符合条件的农户进行评级授信并建档立卡，有效提高农民贷款率。抓住农村实行土地确权制度的改革机遇，以农村土地财产权为核心，研究开发以土地和住房等固定资产作为抵押品的普惠金融产品，创设农民综合授信贷款品

种，满足农民短期性生产资金需求。农村土地确权制度改革势必带来诸多利好，农村金融机构应该抓住这一机遇，不断创新普惠金融产品，特别是以财产作为抵押担保产品方面的创新，认真研究探索开发以农村土地承包权、农村集体财产权、土地信托收益权等作为抵押担保的新品种，为实施乡村振兴战略提供增信支持。积极探索金融精准扶贫相关产品，开发研究推广“民心贷”“温暖贷”“教育贷”等金融扶贫产品，创设小微企业服务产品。积极探索开发政策性农业银行及担保公司的信贷担保资源，与农业保险相关机构合作，争取财政支持，把支持普惠金融发展的相关政策充分落实到位，不断降低普惠金融信贷业务风险。

4. 加快农村信用工程建设

建立良好的信用环境是普惠金融能够有效贯彻落实的基本前提，将普惠金融服务与美丽乡村信用工程建设有机结合，就要求相关金融机构必须不断完善信贷数据，整合客户交易信息和消费信息，逐步完善乡村信用体系建设，建立农民信息共享平台，促进政务信息和金融信息互联互通，实行不同行业与市场信息资源共享和信息交换。建立健全普惠金融服务的客户信息档案，加强农村基础信用信息数据库建设，借助大数据和信息化服务来不断完善客户名单，为普惠金融服务提供强有力的信息支撑。对于享受普惠金融服务的农民，跟踪服务并及时掌握他们的信用情况，借助农村传统信用资源，探索建立适应新“三农”需要的信用评价模式。农村的人脉效应、亲情效应、地缘效应都会影响每一位农民的信用形象，十里八村都带亲，这对于农村诚信环境建设意义重大，要引导农民养成良好的信用意识，打造农村良好的金融生态，建设美丽乡村。

5. 强化普惠金融监管

普惠金融服务是一个长期的系统工程，监管极为重要，金融风险无处不在，加强金融风险管理，实行普惠金融服务全程监管以保障金融业务健康持续发展，对于脱贫攻坚和乡村振兴不可或缺。资产业务风险对于任何一笔金融业务来说都是存在的，由于普惠金融具有特殊性，必须严格贷款准入，严格执行贷款前的各项调查工作，切实将普惠金融服务具体落实到农村弱势群体和薄弱环节。同时，要加强贷款后的管理工作，强化信贷风险处置，对于贷款抵押物，按照相关制度进行合理的价值认定。对客户监督常抓不懈，广泛开展普惠金融宣传教育工作。加大对辽宁地区农业开发和水利建设、贫困地区公路修建与维护等农业、农村基础设施建设的普惠金融监管，加强对网上银行、手机银行开发和推广的监督管制，特别是严格监管为特殊群体提供的金融服务。

参考文献

http：//shenyang. pbc. gov. cn/，中国人民银行沈阳分行网，2018 年 12 月。

B.22
辽宁大豆产业发展现状、问题及对策研究*

侯荣娜**

摘　要： 国际贸易战背景下，大豆产业已经成为国家日益重视的产业。本文将对目前辽宁省大豆产业发展现状、存在的问题、今后的发展对策等进行系统研究阐述。特别从明确大豆战略产业地位、调整玉米和大豆比价关系，依靠科技提高单产、提高加工企业竞争力，发挥东北地区大豆非转基因的比较优势，进行战略化运营，完善大豆补贴政策，保障农民利益等多角度提出了促进辽宁大豆产业发展的对策建议。

关键词： 辽宁　大豆产业　大豆振兴

2019 年中央一号文件明确提出了：实施大豆振兴计划，多途径扩大种植面积。2019 年 2 月农业农村部办公厅关于印发《2019 年种植业工作要点》也指出，2019 年要完善玉米、大豆生产者补贴政策，提升大豆和油料供给能力，组织实施大豆振兴计划，推进大豆良种增产增效行动，进一步提高大豆补贴标准，扩大东北、黄淮海地区大豆种植面积，研发推广高产高油高蛋白新品种。辽宁作为东北大豆生产重要区域，其产业发展状况对辽宁农业振兴发展乃至全国大豆产业振兴发展都具有重要的战略意义。

* 本文系辽宁省“百千万人才工程”资助项目“辽宁农业供给侧结构性改革路径研究”（辽人社〔2018〕47 号）的阶段性研究成果。

** 侯荣娜，辽宁社会科学院农村发展研究所副研究员，主要研究方向为农村经济。

一　辽宁省大豆产业发展现状

（一）辽宁大豆生产现状

辽宁省现有大豆种植面积497.16万公顷，是东北地区大豆主产区之一。从生态区域划分来看，辽宁处于东北春大豆亚区，辽宁省大豆种植主要分布于大连、沈阳、阜新、丹东、葫芦岛等市县（见表1）。其中排在首位的大连，播种面积仅为28.8千公顷，年产量仅为6.6万吨，单产为2277公斤/公顷。2012年辽宁大豆播种面积为78.6千公顷，占农作物总播种面积的1.92%，平均单产179.7公斤/亩，总产21.2万吨，受国家进口大豆数量逐年递增的影响，辽宁的播种面积逐年下降，到2016年，大豆的播种面积为69.5千公顷，与2012年相比下降了9.1千公顷，受玉米临储改革的影响，2017年大豆的播种面积有所回升，播种面积为74.3千公顷，和2012年相比，播种面积还是有所萎缩。随着播种面积的逐年递减，辽宁大豆的产量也逐年下滑，2017年大豆的产量仅为19.3万吨，相比2012年下降了1.9万吨，大豆产量占粮食总产量比重由2012年的0.97%下降到2017年的0.83%。数据显示，2012～2017年辽宁的大豆单产也出现了下滑趋势，2012年单产为179.7公斤/亩，到2017年单产为173.2公斤/亩，下降了6.5公斤/亩，可以看出，近五年来，辽宁大豆的生产技术以及制种技术等一直停滞不前，从而加剧了辽宁的大豆供需矛盾。

表1　2017年辽宁各地种植大豆情况

城市	播种面积(千公顷)	年产量(万吨)	单产(公斤/公顷)
沈　阳	9.3	3.3	3509
大　连	28.8	6.6	2277
鞍　山	2.2	0.6	2671
抚　顺	2.8	0.7	2439

续表

城市	播种面积(千公顷)	年产量(万吨)	单产(公斤/公顷)
本　溪	0.7	0.2	2882
丹　东	4.4	1.0	2347
锦　州	1.7	0.4	2348
营　口	1.1	0.4	3706
阜　新	8.8	1.7	1946
辽　阳	0.7	0.2	3018
盘　锦	3.7	1.5	3980
铁　岭	3.2	1.2	3853
朝　阳	2.7	0.5	1994
葫芦岛	4.3	1.0	2414

资料来源：《辽宁统计年鉴（2018）》。

表2　2012～2017年辽宁省大豆种植及产量情况一览

年份	大豆播种面积(千公顷)	农作物总播种面积(千公顷)	大豆播种面积占农作物总播种面积比重(%)	粮食作物播种面积(千公顷)	大豆播种面积占粮食作物播种面积比重(%)	大豆产量(万吨)	粮食总产量(万吨)	大豆产量占粮食总产量比重(%)	大豆单产(公斤/亩)
2012	78.6	4095.5	1.92	3359.5	2.34	21.2	2175.0	0.97	179.7
2013	73.2	4154.4	1.76	3412.4	2.14	18.1	2353.3	0.77	164.7
2014	63.5	4219.8	1.50	3480.3	1.82	13.3	1873.2	0.71	139.7
2015	59.9	4335.5	1.38	3605.2	1.66	13.4	2186.6	0.61	149.3
2016	69.5	4242.7	1.64	3515.0	1.98	14.8	2315.6	0.64	142.2
2017	74.3	4172.3	1.78	3467.5	2.14	19.3	2330.7	0.83	173.2

资料来源：《辽宁统计年鉴（2018）》。

（二）辽宁大豆需求现状

大豆籽粒含有丰富的脂肪蛋白质，不仅是重要的食用油脂和蛋白食品原料，而且是饲养业重要的蛋白饲料来源，在国家食品安全中占有重要地位。随着大豆需求日益庞大，我国大豆进口量也是逐年增长，2012 年我国进口大豆5984 万吨，到2017 年，根据公开资料整理，中国进口大豆总量达9600

万吨，6 年间大豆进口数量增加 60.43%（见表 3）。伴随进口大豆不断进入，我国的大豆加工行业也遭遇了产业危机，东北三省大豆压榨产业遭受重创，在大豆压榨领域，外资参股控股比例越来越高。2007 年以前，辽宁省曾是全国大豆加工业最发达的省份之一。随着地产大豆供给不足及大豆加工业效益降低，辽宁省大型大豆加工企业数量逐年下降。2018 年，国家质检总局公布了首批符合期货监管要求的 11 家进口期货大豆口岸、6 家进口期货大豆交割库及 651 家进口期货大豆指定加工厂。其中大豆加工企业黑龙江省有 55 家、吉林省有 10 家、辽宁省有 19 家、内蒙古有 4 家入选，辽宁加工企业全国占比仅为 2.9%。近些年辽宁省大豆消费量基本仍是以大豆进口为主，吉林、黑龙江及内蒙古等地区提供的大豆仅占 10% 左右。辽宁省大豆种植面积持续减少，总产量不足，自给率低，导致辽宁大豆供需矛盾日趋尖锐。

表 3　2012～2017 年国内大豆供需平衡状况

单位：万吨

年份	2012	2013	2014	2015	2016	2017
产量	1181	1275	1385	1051	1185	1530
进口量	5984	7035	7835	8322	9350	9600
总供给	8014	8839	10091	10556	11727	11831
出口量	26	15	16	18	10	22
总消费	7485	7968	8908	9364	11026	11218

资料来源：根据公开资料整理。

二　辽宁大豆产业发展存在的主要问题

（一）大豆生产的比较效益低下，农民不愿种

辽宁农业种植作物体系中，大豆与玉米是主要竞争性作物。大豆与玉米比价关系，直接影响大豆的播种面积。一方面是大豆、玉米比价降低，导致农民不愿种大豆。自东北地区大豆目标价格政策实施以来，辽宁大豆和玉米

比价有所提升，2016 年大豆、玉米比价已经达到 2.5∶1，但由于玉米去库存已接近尾声，玉米价格有所抬升，东北地区 2018 年 3 月玉米产区价格已达 1864 元/吨，较上年同期上涨 21%，较 2016 年同期上涨 1.2%。而根据大豆价格信息网统计，2018 年 3 月东北地区大豆的出售价格平均在 3653 元/吨，通过计算得出大豆、玉米比价为 1.96∶1，大豆、玉米比价有所下滑。据相关专家估算，在目前的单产水平下，大豆、玉米的合理比价为 2.94∶1，即大豆、玉米达到收益平衡点时的比价为 2.94∶1。但目前大豆、玉米比价与收益平衡点比价还存在一定差距，导致农民不愿意种大豆。

（二）受制种技术、轮作方式等限制，大豆单产水平较低

农村农业部预估数据显示，2017～2018 年，全国大豆平均单产每公顷只有 1853 公斤，亩产仅为 124 公斤左右；《辽宁统计年鉴》数据显示，2017 年辽宁大豆单产为 173.2 公斤/亩。而国际市场上大豆主产国的大豆平均亩产约 180 公斤，从国际比较来看，辽宁省大豆的单产水平与国外还存在一定差距。究其原因主要是辽宁大豆品种改良力度较小，制种技术突破的难度也非常大，单产的落后导致了国产大豆单位种植收益低下，这也是辽宁地区大豆发展亟须解决的难题。此外，由于大豆与玉米等作物的轮作体系不完善，重茬种植现象日趋严重，再加上近些年土壤肥力逐年下降、管理方式粗放等因素，导致近些年大豆品质和产量受到了严重影响。另外，辽宁大部分地区都是零散种植，规模化水平较低，对单产水平的提高也带来了一定的限制。

（三）辽宁大豆加工企业竞争力较弱，产业升级较慢

这一方面表现在，辽宁加工企业全国占比较低，大豆加工领域受外资挤占现象严重。大豆加工业是大豆全产业链的核心环节。目前造成我国大豆产业发展困境的重要因素就是跨国粮商大规模进入我国的大豆加工领域。统计资料显示，2010 年我国 97 家大型油脂企业中的 64 家企业为跨国粮商所参股或控股，占总股本的 66%，油脂市场原料与加工及食用油供应 75% 的市场份额也为外资所掌控。其中进入我国市场的美国的 ADM、邦基、嘉吉和

法国的路易达孚控制了我国48%的压榨产量和80%的大豆进口货源，外资在中国大豆压榨业已经占据绝对优势。另一方面表现在辽宁大豆加工压榨产能不高，企业开工率低。此外，农产品网对国内110家油厂统计显示，2018年9月东北地区大豆压榨开机率仅为46.02%，远低于华东、山东、华北地区。在调研中还发现，在农业供给侧结构改革的过程中，辽宁部分大豆深加工企业由于原料供应、下游需求、技术等方面受限，加工产能不能完全释放，经营陷入困境。

（四）辽宁本地大豆非转基因市场品种优势并未建立

辽宁大豆种植面积日益萎缩的重要因素就是辽宁大豆品种优势并没有建立起来。东北地区是中国最大的大豆产区，产量占国产大豆总产量的50%，中国东北大豆主产区具有优良的自然生态环境，该区种植的大豆全部为非转基因大豆，东北地区是世界上最大的非转基因大豆生产区，东北地区尤其是黑龙江省的大豆蛋白含量较高，比进口大豆高2～3个百分点，而且国产大豆异黄酮具有重要的药用保健价值，适宜加工分离蛋白、组织蛋白、浓缩蛋白、蛋白粉和纤维粉等，用以制作营养保健产品及食品添加剂。但由于宣传力度不足，品种优势市场认知度低，同时东北的非转基因大豆的价格劣势被放大，进而导致大豆市场被国外进口转基因大豆全面压制。

（五）大豆产业保护力度不足，政策相对迟滞

近年来，辽宁出台鼓励大豆种植的方案、政策较少。总体上看，辽宁大豆产业扶持力度不够，农民种植积极性不高。2017年辽宁出台了《辽宁省统筹玉米和大豆生产者补贴政策实施方案》，提出了要建立玉米和大豆生产者补贴制度，对玉米、大豆生产者给予一定补贴，保障种粮基本收益，并提出原则上大豆生产者补贴标准要适度高于玉米生产者补贴标准。但此《方案》并没有明确提出大豆的补贴金额，在促进农民种植积极性上并没有发挥一定的作用。

总体上看，辽宁大豆产业扶持力度不够，政策相对迟滞。2018年4月，

我国农业农村部与财政部联合发布公告：在辽宁、吉林、黑龙江和内蒙古进行玉米及大豆生产者将获得补贴，并且政策明确规定“大豆补贴标准要高于玉米”。具体来说，2018 年大豆补贴提高到每亩 200～210 元，农民种植大豆不仅可以享受到大豆补贴，还能享受到每亩地 150 元的轮作补贴。2019 年玉米、大豆生产者补贴政策将继续实行，在上年基础上适当提高玉米生产者补贴标准，大豆生产者补贴每亩高于玉米生产者补贴 200 元以上，大豆生产者补贴每亩为 300 元左右。但是根据调查发现，整体来看，省内部的各市县之间的大豆补贴并没有统一的标准，而且每年的具体补贴金额也有比较明显的差别。2018 年，有数据显示辽宁省朝阳市大豆种植每亩补贴仅为 188 元。

三　促进辽宁大豆产业发展的对策建议

（一）明确大豆战略产业定位，全面实施辽宁大豆振兴计划

新时期辽宁要明确大豆战略产业定位，全面施行辽宁大豆振兴计划，以提高辽宁省内大豆产业自给率。同时，辽宁要继续深化农业供给侧改革，根据《全国种植业结构调整规划》，以及 2019 年农业部出台的《大豆振兴计划实施方案》，政府要大力促进资金、技术、人才向大豆产业领域集中，扩大大豆种植规模，推进一批大豆生产基地建设，保证省内大豆产量供应。尤其是辽宁省的辽西北地区，要继续深化种植结构调整，扩大大豆的种植面积，积极推行大豆、玉米轮作，提高大豆种植者的积极性，提高大豆产业的比较经济效益。在当前我国亟须提振大豆产业的战略背景下，辽宁省政府应做好大豆产业振兴的宣传工作，鼓励辽宁省新型农业经营主体及时调整农业种植结构，充分挖掘辽宁省传统大豆主要产区的优势资源，积极改善辽宁省大连、锦州、阜新等地的大豆生产条件，落实大豆生产主体的种植补贴政策，稳步提升辽宁省的大豆产能，充分保障省内大豆产业振兴发展。

（二）通过政策调整玉米大豆比价，使玉米大豆收益平衡

2016年，玉米临储制度改革，实行“价补分离”，价格不再是保障农民收益的工具，只是市场供求的反映，农民收入保障功能由政府补贴完成。调整农业种植结构，实现玉米和大豆的轮作种植，可以通过调整玉米和大豆的比价关系，使二者收益平衡，激发农民种植的积极性。所以在政府制定补贴标准时要考虑二者的比价关系，尽量使农民不在结构调整中因为收益降低而发愁。可以参照我国新疆棉花目标价格制定的原则“一定三年”，补贴额根据前三年平均值计算，同一补贴额固定三年或数年，保持补贴稳定性。也可建立历年某区域的玉米大豆或其他农作物种植成本、单产和出售价格数据库，以便计算未来年份两种农作物的合理价格比并分析其趋势，做出比价预判。

（三）依靠科技创新，降低生产成本、提高单产水平

大豆产业的生存决定于效益和科技。大豆单产较低，是我国大豆产业与国外大豆产业差距最大的关键环节。目前应以降低生产成本、提高单产作为辽宁大豆产业振兴的首要任务，应坚持以高产必须高效、增产还需增质、品种与措施结合、关键技术与配套技术结合、研究与示范结合等原则发展东北地区大豆产业。一是政府要加大对大豆产业的科技投入。尤其是要加强辽宁大豆科研的创新能力，加快科研体制改革，短时间内使得辽宁大豆科研有突破性进展。二是加大对大豆优良品种的研发投入，大豆品种问题是辽宁也是我国大豆产业的主要短板，也是大豆产业振兴的关键，因此辽宁要加快大豆制种技术的研发，健全辽宁现有的大豆良种繁育体系，加快推广东北地区高油、高蛋白大豆品种。三是辽宁要加快完善玉米大豆与其他种植作物的轮作体系制度，重点解决辽宁种植重茬问题，积极引导农民实行“杂粮－玉米－大豆”“玉米－玉米－大豆”“玉米－小麦－大豆”“玉米－杂粮－大豆”等轮作模式。此外，还要加快土地流转，促进大豆生产的规模化经营。

（四）大力促进大豆加工产业化发展，提高加工企业竞争力

大豆产业的振兴离不开大豆加工业的振兴，当今世界，美国、巴西、阿根廷等大豆主产国都十分重视大豆的加工利用，大豆的加工技术水平也是日趋先进。据相关资料，美国和日本重点研发大豆蛋白的生产，比如去除大豆中胰蛋白酶抑制素、凝血素等抗营养成分，加工大豆蛋白、脱脂大豆粉等。新时期辽宁要充分发挥辽宁省大豆龙头加工企业的作用，实现大豆的产业化经营，通过大豆加工企业与辽宁省相关大豆主产县市和农户进行对接，实现“加工企业 + 基地 + 农户 + 中介组织”的产加销的利益联合体。同时，还要加快辽宁省压榨油企业产权制度改革，实现大豆压榨业的规模化和集团化，争取在国内乃至国外的市场中占有一席之地。辽宁要利用东北振兴的契机，大力引进国外先进大豆加工工艺和设备，加快辽宁大豆产业一体化的进程。

（五）充分发挥东北地区大豆非转基因的比较优势，进行战略化运营

非转基因、高蛋白食品大豆是目前东北大豆的优势，东北地区要全面打造世界非转基因大豆市场中心，这也是辽宁乃至东北地区大豆产业走出困境，全面占领市场的决定性因素。要围绕“非转基因市场”定位进行战略化运营，占据“非转基因”市场的制高点，全面保护本土大豆生产。因此，一是政府要大力宣传东北非转基因大豆安全、绿色、营养优势，充分发掘和提升“东北大豆”地理标志的品牌价值，形成特色大豆品牌优势，引领国内、国际市场消费。大力发展无污染、无公害、优质非转基因的“绿色大豆”，努力做好东北地区大豆产品标识设计工作，努力开拓欧、日、韩市场，扩大出口。二是要实施差异化发展战略，打造辽宁大豆产品品牌。我国大豆的比较优势就在于其非转基因以及适合食品加工的特性。因此，今后辽宁大豆产业振兴战略就要侧重于大豆的食品加工，占领大豆食品的高端市场，打造辽宁特色的大豆产品品牌，赋予大豆产品丰富的文化内涵，赢得社会和市场的信任和尊重，建立市场容量大、附加值高、技术含量高的地方大

豆品牌，提振辽宁省大豆产业的整体经济效益。三是政府要对非转基因大豆生产进行严格的监控，以防出现转基因大豆与本地大豆混杂混种现象。

（六）完善大豆产业发展的补贴政策，保障农民利益

大豆单产和产量低相对于其他粮食作物没有利润优势，因此需要完善大豆产业发展的补贴政策，保障农民利益，稳定农民预期，增强农户种植的积极性。一是由价格支持转向收入支持。根据 WTO 农业协议规定，计算某一特定农产品综合支持量，有一个“微量允许标准”，其中中国的微量允许标准为农业总产值的 8.5%。然而中国“三农”财政补贴已经接近 8.5% 这条“黄线”。同时根据 WTO 农业协议规定，“绿箱政策”不计入“综合支持量”，因此既不会对生产者产生不良影响，又能提高农业生产率和农业经济效益。因此扶持国内大豆产业发展要由以“黄箱”为主转向以 WTO 规则许可的“绿箱”为主。充分利用“绿箱政策”，支持和保护大豆产业，提高国内大豆生产力和可持续发展能力。因此建议轮作补贴可以以黑土地保护补贴的形式发放，既保证农民收益，又符合国际贸易规则。建议政府制定轮作农业生态补偿政策，建立生态补偿长效机制。二是可以借鉴发达国家经验，统筹考虑农业补贴和农产品价格支持等政策，发挥目标价格政策与直接补贴制度、目标价格保险制度的联动作用。目标价格政策不是一个孤立或单独实行的制度安排，而是要与直接补贴、农业保险等农业支持政策组合使用，要发挥目标价格补贴的“减损”功能，保障农民基本收益，同时构建以直接补贴制度为保障、目标价格保险制度为支撑的农业补贴政策体系。

专 题 篇

Special Articles

B.23
辽宁媒体融合的现状、走势及对策

李 阳*

摘 要： 媒体融合已经在新网络技术应用、新媒体平台赋权、传媒产业链拓展等多个创新领域逐步推进，为此辽宁需要在整合媒体资源优势，实现传统媒体的公信力与新媒体交互性的深度融合；着重培养融媒体专业人才队伍；强化数据化互联思维，明确各层级融媒体中心的角色定位；发挥县级基层融媒体的特色优势；升级技术保障，在提升大数据信息处理手段等五个方面加大改革力度，推动各层级融媒体中心协同共进。

关键词： 辽宁 融媒体 协同发展

* 李阳，辽宁社会科学院副研究员，主要研究方向为新闻传播学、传播社会学。

全媒体时代到来，使得机遇和挑战并存，媒体融合发展已经成为大势所趋。如何顺应时代发展，提升主流媒体在舆论生态中的主导地位，实现以正能量的舆论引导人、以积极的思想影响人，拓展主流媒体的传播影响范畴，在道德、价值、理想上形成全民性的凝聚力和向心力，成为媒体融合发展的主要任务，这不仅是媒体改革的重要组成部分，同时也是我国提升社会治理水平、创新社会治理模式的重要课题之一。

一　辽宁媒体融合发展的现状

辽宁作为传媒系统改革的先锋探索者，在全国率先实现了机构建制、台标、呼号、产业经营、频率频道资源、服务管理的统一。在全国首次实现了电台、电视台和教育电视台的新闻文艺资源深度融合和联动互补，优化了传媒资源配置，实现了新闻文艺一体化运行，为全国传媒系统改革提供了范例和经验，逐步开创了业界瞩目的“辽宁模式”。

在当下媒体融合的宏观背景下，辽宁为推动融媒体发展，在应用新技术、拓展传媒产业链等多个创新领域都进行了卓有成效的探索和尝试。主要集中在以下三个方面：一是开拓传统媒体与新媒体合作途径；二是吸收先进数据处理技术完善媒体融合的“中央厨房”；三是深化体制改革，整合资源优势。

为了符合移动媒体的传播要求，辽宁卫视创作了系列喜剧短片《新笑林》，该片受到多家新媒体运营商的关注，纷纷前来寻求合作。以此为契机，辽宁广播电视台率先与中国联通公司合资成立广联视同新媒体有限公司，并利用《新笑林》等优质节目资源积极抢占移动端媒介市场，打造了传统主流媒体与新媒体平台深度融合的成功范例。新媒体的融入是以市场为先导的，极大地拓展了媒体发挥影响的领域，重构了媒体舆论宣传的格局，这些创新改革和成功探索，汇聚了多个媒体渠道的发展张力。

由辽宁广播电视台和新闻周刊《瞭望》杂志联合特别开辟了评论栏目《瞭望评辩天下》，对社会经济发展中的热点、难点、重点问题，利用专家评点的方式进行舆论引导，并在卫视频道重要时段播出。在实现优质节目资源的增值服务过程中，始终坚持主流媒体必须努力占领新媒体阵地的发展理念，立足辽宁、面向全国乃至东北亚的新媒体内容提供商、发行商和服务运营商，已经成为辽宁传媒的发展目标，这些探索开创了中央权威平面媒体与地方电视媒体合作之先河。

在改革实践的过程中，传统的科层式治理体制使官方传媒机构难以在面对瞬息万变的新媒体舆论环境时抢占先机。有鉴于此，辽宁广播电视台从根本上抛弃了传统的赢利模式，突破原有体制框架束缚，全资组建辽宁北方广电传媒（集团）有限公司，通过资源增值服务，延伸传媒产业链，来探索新的发展路径。他们把广电资源作为产业核心，充分利用其核心竞争力，为媒体市场拓展提供强有力支撑。

辽宁广播电视台为加速推进传统广播电视媒体向互联网时代的业务创新与媒体融合，采用了基于联讯互动的媒体融合平台。自此由微软必应（Bing）搜索引擎技术、由世纪互联运营的 Windows Azure 公有云服务和大数据分析技术组成的解决方案成为辽宁融媒体发展的重要技术支撑。2018年，为进一步推进媒体融合，辽宁倾力打造融媒体新闻中心——“中央厨房”，其中囊括了全媒体内容管理系统、高清新闻演播室、指挥调度平台和制播系统。融媒体高清新闻演播室不仅能够实现电视新闻节目与微博、微信、新闻客户端等新媒体实时互动，还可以满足 6 档高清电视新闻节目录制和直播需求，并以直播流方式进入各新媒体平台。凭借这种技术手段，辽宁广播电视台打造卫视重点新闻栏目——《辽宁新闻》，并以其作为龙头栏目，与“辽宁号”新媒体矩阵联合北方频道制作的《新闻综合》深度融合，打造优势互补的省域全媒体传播平台。以其播发的关于沈阳新松机器人自动化股份有限公司“新松机器人”的电视新闻为例，这一档节目不仅在电视上能够看到专栏，而且在“辽宁号”微信、微博、微视频，甚至在央视新闻移动网上也能够搜索其采访拍摄过程的直播。

2018 年 7 月 19 日，辽宁广播电视集团正式挂牌成立，标志着辽宁在壮大主流舆论阵地、加快媒体融合发展方面开启了新一轮的征程，推出了一系列深化改革的积极举措：一是深化体制改革，建立现代化广电传媒集团。根据辽宁省委办公厅《省直公益性事业单位优化整合方案》，辽宁广播电视集团整合了7家事业单位：辽宁广播电视台及其所属的辽沈广播电视传播中心、网络中心、大连分台，辽宁省新闻出版广电传媒培训中心，辽宁省委宣传部所属的辽宁东北网络台、辽宁省对外文化交流中心等。该集团主要承担组织新闻报道、制作播出广播电视精品等职能，实行企业化管理。二是分层落实改革，实现多种模式选择。根据辽宁省委办公厅《省直公益性事业单位优化整合方案》，从2018年6月底开始，按照政事分开、事企分开、管办分离的要求，辽宁省所属14个市相继出台了《市直公益性事业单位优化整合方案》（见表1）。

表1　辽宁传媒体制改革的主要模式及代表区域

序号	治理模式	具体措施	实施地区
1	组建传媒集团	合并报社、广播电视台，实行企业化管理	锦州市、盘锦市、葫芦岛市
2	组建传媒集团	合并报社、广播电视台，传媒产业发展板块，实行企业化管理	大连市
3	组建新闻传媒中心	合并报社、广播电视台，为市委直属事业单位	营口市
4	新闻传媒中心企业化管理	保留报社、广播电视台，实行企业化管理，为市直属事业单位	沈阳市
5	新闻传媒中心体制转型	保留报社、广播电视台，为市直属事业单位	抚顺市、朝阳市

资料来源：见刘景义《辽宁广播电视集团整合7家单位，如何分离公益性和营利性?》，搜狐网，https：//www. sohu. com/a/242977653_ 100229426，2018年7月24日。

结合各地级市媒体格局和舆论生态的深刻变化，辽宁采取不同模式进行媒体整合重组，兼顾各地区的特点和实际问题，顺应新闻媒体的发展规律，这种有针对性、有侧重点地推进媒体融合发展的改革方式有助于形成多媒体联动、互补的新业态。

二　辽宁媒体融合中存在的问题

面对媒体生态格局急速变化的新形势，强化互联网思维是推动辽宁媒体融合发展的重中之重。只有充分利用云端的大数据平台，积极进行组织架构和工作流程再造，才有可能切实推动媒体融合发展，进而带动整个行业中的业务融合与升级。在这个过程中为适应融媒体信息生产传播需要，辽宁已经做出了很多有益的尝试，并取得了显著成效，真正实现了主流媒体占领舆论高地。但由于媒体融合是新生事物，没有更多的成熟经验可供借鉴，因此还有很多有关深化认识、完善架构体系、顺畅运行机制的问题亟待解决。

（一）主流媒体的核心竞争力尚待提升

媒体的核心竞争力，是指媒体在受众当中长期以来形成的公信力和相对稳定的影响力。全媒体时代，来源于多元端口的海量信息对主流媒体的公信力造成了极大的冲击，如何保证主流媒体保持核心竞争力及优势地位，是当下面临的首要问题。融媒体不是传统媒体和新媒体的简单相加，而是二者的深度融合。舆论环境的深刻变化要求融媒体占领舆论高地，必须兼具传统媒体的公信力与权威性和新媒体的即时性与互动性。然而当下融媒体的组织架构尚未完善，在反应速度、采编水平和推广手段等多个环节都尚待提升，很多工作都是在逐步摸索中进行的。

（二）融媒体专业人才匮乏

很多融媒体中心尤其是县级基层融媒体中心的从业人员大多来自传统媒体，其中大多数人的知识技术提升并没有与其身份转变同步实现。机关从业人员普遍存在年龄偏大、对新媒体认知不足、缺乏钻研互联网技术的热情、接受新知识的能力偏低等问题。

此外，当前融媒体高层次专业人才也存在巨大缺口。辽宁本地设有新闻传媒专业的高校并不多，现有的高校新闻专业也不同程度地存在师资力量不足、教学与实践脱节、学生就业压力过大等问题，专门设置融媒体、新媒体、互联网传播等相关课程的更是寥寥无几。

（三）融媒体从业人员的角色有待重塑

在新闻生产流程上，应由以单向度的“新闻采编”为核心转变为以更具互动性的“内容管理”为核心。完成“技术融合—产业融合—产消融合”，进而向纵深发展，在推动融媒体渗透相关产业领域的转型升级过程中，实现最大限度的资源优化利用。

但目前融媒体从业人员的角色定位尚停留在技术融合、产业融合等浅表层面，对媒体融合所要肩负的顺应传播规律、实现跨界产品整合、创新系统协同盈利模式等深层角色要求认识不清。

（四）县级基层融媒体中心缺乏发展动力

一是县级媒体规模较小，采编人员比较匮乏，数据显示，仅有不到21%的县级融媒体中心在积极吸纳人才，其他地区的融媒体从业人员往往是来自其他部门的兼职者，其精力有限导致稿件质量不高。二是县级融媒体新闻选材比较有限，形式内容较单一，对普通民众缺乏吸引力。三是上级融媒体在人才、技术、资源上的先天优势导致受众分流严重，压缩了基层县级媒体平台的生存空间，使其面临被逐渐边缘化的风险。

（五）技术保障方面尚存难题

融媒体强调受众互动性、即时性，要充分发挥这些新媒体所具备的先天优势，势必要同时接纳其匿名性、自组织性等不易监管的特性。以当下的技术手段而言，对于融媒体平台的信息安全、舆论导向和突发性群体性事件的自组织动员等的监控仍然有一定难度，亟待开发新的技术手段来加以防范化解。

此外，融媒体中心技术团队的组建存在两难选择。尤其是就县级融媒体中心而言，如果要自组技术团队，因为自身资金有限，给出的待遇不高难以吸引高端技术人才，更没有条件自主培养技术人才。如果选择第三方机构提供技术支持的话，在加大运营成本的同时，还可能面临难以突破的技术壁垒，导致采编与技术不同部门之间的沟通不畅，产生矛盾。

三　辽宁媒体融合发展预测

新媒体的异军突起迫使我们加快融媒体建设的步伐，以主流意识形态占领舆论主导。当前新媒体的发展已远远突破其原本工具意义上信息交互的范围，逐渐演变为民众获取资讯、表达诉求、社会动员的重要渠道，甚至已经渗透民众社会生活，进而演变为受众的一种生活习惯。

当下新媒体的运行模式大致可以分为以下几大类：一是政务“两微一端”。截至2018年底，我国政务新媒体、政府网站有8万多个，在政务微博这一块，新浪微博账号超过14万个，政府部门微信公众号有十几万之多。二是企业新媒体。越来越多的企业看到了新媒体强大的舆论宣传能力和信息裂变的速度及社会动员能力，开始利用新媒体作为其宣传品牌形象、开拓营销渠道的重要手段。三是各传统媒体深度融合的融媒体。这是当下我国媒体融合的重要发展方向。四是自媒体。调查数据显示，当前微信公众号已经达到了2600万个，是准入门槛最低、形式最灵活、迭代速度最快的新媒体运营模式，2018年已有100多家自媒体拿到融资。近一年来，超过20个自媒体平台估值过亿，近50家新兴媒体公司估值超10亿，预计未来两到三年，超过50个自媒体平台估值将过亿，近百家市值10亿的新兴媒体公司加速崛起。

然而同其他的新生事物一样，新媒体的崛起往往是从边缘到中心、从小众到大众、从成熟到产业化的过程。根植于互联网的新媒体也有其文化生态发展的自然规律。随着受众规模的不断扩大，媒体技术产生一种自然的分化发展趋势。从小众科技、分众科技到大众科技，不断重塑媒体表达形式与媒体生态。大数据通过对个体受众的数据采集和识别，能够发现个体受众的个性偏好，从而有针对性地根据这些偏好进行信息推荐和互动。各新媒体平台利用大数据技术分析个体受众对于信息的选择偏好，能够基本了解其大致的行为习惯，就此在不侵犯隐私的前提下，推出个性化服务，可以大大提升服务质量和受众的满意程度。

就组织方式而言，未来媒体发展的趋势应从大工业时代的树状纵向结构向万物互联的网状结构转变。未来将是“人工智能+”的媒体时代。机器与人无限贴近。当前的移动互联时代已经实现了随时随地可触达、基本同步交互、充分利用碎片化时间。而即将到来的物联网时代，则是延伸人体器官、实时同步交互、浸入式体验；体联网时代，人机合一、肉身接口进化、人将会成为媒体一部分。由互联网发展至移动互联网，再到智能物联网，最后到体联网。从媒体到体媒，人机一体化传播已成趋势。

就管理模式而言，要实现集权化控制型向授权化赋能型转变。融媒体中心将成为由官方媒体授权，集政务服务、民生服务、流量服务为一体的综合型媒体平台。原有的企业化管理、事业单位体制的管理格局将完全被打破，各部门因管理模式不同造成的运行壁垒也将消除。商业媒体下，管理更科学，强化绩效考核机制。融媒体平台上所有资源配置、职责赋予都要有利于采编人员发挥作用。进一步细化考核等相关配套制度，在保证基础性收入的前提下，加大激励力度，激发人才的创新意识，调动人才工作的积极性。

就平台建设而言，要实现封闭垄断型向泛合伙制生态型转变。自新媒体诞生以来，信息舆论传播的单向性逐渐被打破，传统媒体逐渐丧失了信息传播的绝对优势地位。融媒体顺应时代的发展趋势，将成为容纳多行业、涉及多领域、承载多功能的媒体平台。融媒体以行业互联开发多样化的商业经营项目，在增强自身造血机能的同时，要重视人才队伍的建设。将高端人才视为合作对象的泛合伙制不仅仅专指与行业联合共赢，更是对优质人才资源的共享和深度整合。在解决自身技术保障问题的同时，更消解了雇用大量的高端人才的经济压力，同时激发了合伙人的能动性和创造力。

未来融媒体已不仅仅局限于舆论宣传、信息传播等简单的工具性功能，将会逐渐发展成为能够联通不同行业、使诸多领域协同合作的重要媒介。面对媒体技术的空前快速发展，采取积极有效的措施解决当前面临的问题迫在眉睫。

四　促进辽宁媒体融合发展的对策建议

（一）实现传统媒体的公信力与新媒体交互性的深度融合

融媒体中心的构建应以微软大数据技术、云计算平台为基础，通过洞察数据，在内容、渠道、平台等方面推进传统媒体和新兴媒体的深度融合。一是以运行于微软云 Azure 上的多维度大数据分析为基础，客观剖析受众关注热点和舆论走向，并以此指导融媒体传播内容的采编方向。二是积极促成受众与媒体之间的双向互动，增强融媒体编播人员和受众之间的移动信息交互，增强群众的积极性、参与感。三是从视频网站、社交媒体和网络等多个渠道发掘和搜寻更多的民众关注的素材，搜集相关资料和观点反馈，对各方观点进行严谨分类、定性，从权威视角进行深度追踪，以增强采编内容的科学性和公信力。

多层级融媒体中心的建设是一项复杂的工程，在增强自身实力的同时融媒体中心还需要善于与网络运营企业、媒体技术公司、各级媒体机构、高校及其他科研单位建立深入而广泛的联系，打通技术、平台、人才等多种资源的合作渠道，实现多元参与主体的合作共赢。

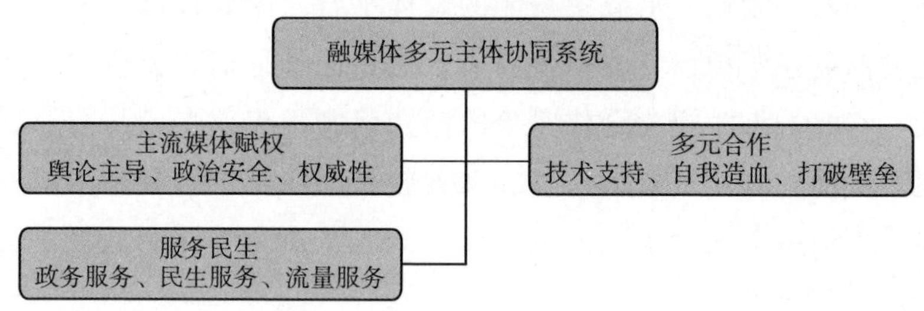

图1　融媒体多元主体协同系统

（二）着重培养融媒体专业人才队伍

传统媒体思维对媒体生态环境的影响根深蒂固，面对融媒体日新月异的发展速度，固有的人才队伍和知识技术储备显得远远滞后。具体体现为政府管理部门面对突发事件，应对迟滞、管控不当、舆论引导能力不足等。因此，要扭转这种被动局面，亟待加强专业高素质人才队伍的培养和吸纳。一是应在高校设置相关专业课程，侧重融媒体采编和传播的实际操作能力培养，在强化专业理论素养的同时，突出融媒体讲求实际可操作、需要自主学习的特点，培养与实践无缝衔接的专业人才。积极引进业内有成熟经验的专业人士授课，组建“实务型”和“学术型”相结合的师资队伍，避免泛泛而谈，要有针对性、实际可操作性，建设校企联动的实践平台，实现与企业联合培养、对口就业的创新性媒体教学机制，有针对性地、及时满足实际发展需求。二是推行创业孵化模式。凭借“大众创业、万众创新”的契机，着力培育优质融媒体项目，积极营造具有成长活力的互联网众创空间。由政府牵头，建立长效的优质项目筛选机制，同时积极组织创业辅导，通过政策倾斜、媒体资源扶持、政务审批手续简化、商务服务对接等扶持手段，保证优质项目快速成长，优化营商环境，吸引社会资本注入，支持灵活多样的后续合作模式，为融媒体发展和传统媒体经营转型创造条件。三是将技术资源优化重组。传统媒体要转型往往缺乏的是专业视频编辑和推广人员；而新媒体要增强公信力和权威性缺乏的则是有较高专业素养的新闻采编人员，因此要改自上而下的组织推进模式为由创业者与专业人士自下而上地进行自主选择。不论是聘用制转换身份，还是以技术入股的合伙人制，都将最大限度地激发包括人才、信息、技术等在内的诸多创新要素的内在动力，形成多层面、多角度的共享、互助模式，发挥创新驱动的几何式乘积效应。

（三）强化数据化互联思维

融媒体发展需要有开放的、数据化的互联思维为指导。在体制机制上，当下的融媒体中心建设大多要求实施企业化管理，但是在编制上仍然是事业单位性质，这样引发的问题就是工作人员因身份不同而待遇不同，无形之中为融媒体的顺畅运行设置了障碍，大大违背了自由、平等、互动的互联网思维。因此，应进一步建立和完善管理考核制度，完善创新融媒体背景下的绩效考核指标，根据情况加大融媒体中心机构改革力度，不断调整和优化工作流程，顺应互联网的发展需要。在部门设置上，应打破传统媒体运作的惯性思维，增加以前没有的新媒体技术部门，设置新媒体融合下的策划服务、新媒体运营等部门，明确岗位职责，打破原有技术壁垒，创新融媒体背景下的工作流程。

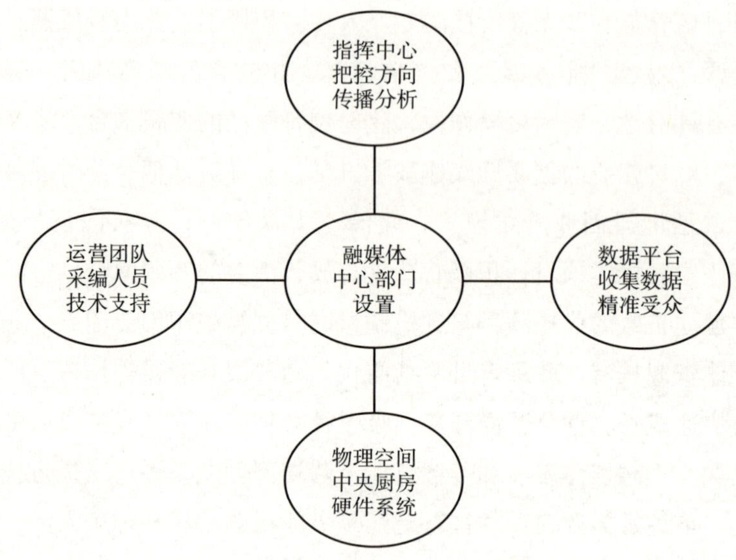

图2　融媒体中心部门设置的基本架构

随着媒体融合的不断加深，在各层级设置融媒体中心的战略布局已经形成。各层级融媒体中心应明确自身的角色定位，以进一步加深融合层次来确保自身在各层级分发端的话语权。在正确引导本层级主流舆论的同时，要关注群众的诉求，搜集舆情信息，打通自上而下的舆论引导与自下而上的舆情反馈的信息传递通道。

同时还要通过不断开拓媒体融合渠道，打造为受众广泛接受的信息交互平台甚至是兼具综合服务功能的媒介平台，以此作为稳固主流媒体在基层舆论场的主导地位的坚实基础，以便更好地引导群众、服务群众。

（四）发掘县级基层融媒体的特色优势

县级融媒体应多借鉴人民日报"中央厨房"这一相对成熟的媒体融合发展路径，将广播电视台、网站、报刊、客户端、微信、微博等县域公共媒体资源整合起来。具体做到以下几方面：一是做好自身的宣传定位。县级媒体处于整体媒体架构的基层，与广大受众贴合最为紧密。县级融媒体应加强与本地区广大基层群众的连接性，有效实现中央与地方信息的上传下达，稳固其在本地区舆论生态中的主流地位，发挥基层思想文化阵地作用。二是在采编过程中应扬长避短，避免过多重复上级媒体的内容，多关注本地区群众喜闻乐见的事件和信息，结合不同的场景为用户提供个性化、精准化、定制化的资讯和服务，突出地域性历史积淀和人文特色。三是在推广过程中应锁定本地区的目标受众。在搭建大数据技术和资源平台、智能生产和传播平台、用户沉淀平台三大平台的基础上，通过精准传播，增强群众与这些平台之间的黏性。四是在体制上，理顺县级融媒体工作人员的身份，保障从业人员的待遇，吸纳专业技术人才。同时建立起激励有力、约束有效的薪酬制度以及能上能下的干部任用制度，充分激发全体员工的积极性、主动性和创造性。五是当地政府在必要时应将县级融媒体寻求第三方技术支持纳入政府采购公共服务的范围给予支持。同时县级融媒体中心自身也要不断探索和重建盈利模式，通过打造数据产品、垂直化服务、多元化产业来构建商业经营产品和盈利模式。

（五）提升大数据信息处理手段

数据处理技术是融媒体创新发展的重要驱动力。一是在把握受众需求方面，要用大数据结合当地情况进行分析，以合作开放的心态推进专业、共享、合作，实现精准推送，增强受众对内容数据的黏性和忠诚度。二是在日常运营方面，应对传播效果评估、舆情监测预警、热点追踪反映和采编精准考核等方面加以技术性分析。三是媒体品牌打造方面，应对受众流量、数据规划进行科学化分析。以数据产品推进政务服务、提高民生服务质量是融媒体发展的最终方向。将各层级融媒体中心的内部原始数据、全网新闻数据、受众数据和运营数据等重要参数全部整合进入中央数据库，有助于打通所有数据通道，再将这些重要参数传输给 PC 端采编生产平台和大屏端的可视化指挥中心，将大大拓展提升融媒体服务的领域、水平和质量。四是以技术手段保障信源安全。各级融媒体中心都是党的舆论阵地，信源安全关系着意识形态安全。全网数据覆盖的同时，要实施实时结构化处理、纯净化处理，在此基础上，才能保证个性化输出。在统一配置数据资源的前提下，建设数据可视化大屏联动指挥系统，确保一旦有重大事件发生，各级融媒体即时联动。五是实施模块化、云服务。通过图文、音频、视频、直播、点播等形式在云端将数据推送给目标受众，增强受众的关注度，有的放矢地引导群众服务群众。随着5G技术的不断成熟，在未来的5G时代云服务将更广泛地应用于社会实践之中。因此实施模块化、云服务，将是保证融媒体领先优势的重要手段。

参考文献

王坤：《辽宁广播电视台以融媒体传播抢占新闻舆论高地》，《辽宁日报》2017年9月3日。

《辽宁广播电视集团（辽宁广播电视台）挂牌成立》，《辽宁日报》2018年7月20日。

刘景义：《辽宁广播电视集团整合7家单位，如何分离公益性和营利性?》，搜狐网，https：//www.sohu.com/a/242977653_100229426，2018年7月24日。

李玉梅：《为县级融媒体中心建设提供人才支撑》，《中国新闻出版广电报》2018年11月7日。

《新媒体蓝皮书：中国新媒体发展报告（2018）》，搜狐网，http：//www.sohu.com/a/238184530_738143，2018年6月28日。

徐峰：《沈阳：未来媒体将变成体媒》，《新闻论坛》2016年第6期。

任世英：《县级融媒体中心建设的核心问题与未来方向研究》，《记者摇篮》2019年第2期。

B.24

辽宁特色小镇建设的现状与对策研究*

姚明明**

摘　要： 特色小镇已经成为促进城乡协调发展、激发创新创业活力、整合区域资源的重要载体。辽宁特色小镇建设尚处于起步阶段，面临着产业定位不明确、同质化严重，产城融合度不高、以产带城动力不强，体制机制不活，经济基础薄弱，“重创建，轻运营”等问题，需要进一步明确产业定位，挖掘辽宁各地特色要素，重视建设规划、融入文化元素，巩固产业基础，加大基础设施投入，提高基础设施服务水平，建立灵活的体制机制，加强运营管理和处理好政府与市场的关系等，加快推进辽宁特色小镇建设。

关键词： 特色小镇　产城融合　产业定位　辽宁

党的十八以来，党中央、国务院就深入推进新型城镇建设做出了一系列重大战略部署，并相继出台了多份有关推进特色小镇发展的指导性意见，政策的正面推动效果十分明显。从中央到地方均对特色小镇建设高度重视，并将特色小镇建设视为培育地方特色产业，带动经济发展与促进城乡协调发展，实现产、城、人、文、生态、旅游等共建共融的城镇化新模

* 本文为2018年度沈阳市哲学社会科学规划课题重点项目“沈阳特色小镇建设研究”；辽宁省百千万人才工程人选项目资助课题“辽宁省特色小镇建设研究”成果。

** 姚明明，辽宁社会科学院社会学研究所助理研究员，主要研究方向为城镇化、收入分配等。

式。因此，加快推进辽宁特色小镇建设，对整合辽宁省内区域资源，搭建创新创业平台，推动城乡一体化发展与增强经济发展动力，具有重要的意义。

一 辽宁特色小镇建设概况与取得的成绩

（一）辽宁国家级特色小镇建设情况

特色小镇创建被列为新型城镇化建设、乡村振兴及脱贫攻坚等战略的重要工作之一。自 2016 年以来，中央政府、各省区市对特色小镇建设的政策支持力度不断加大，特色小镇在全国范围内的创建、培育工作陆续开展，从市级特色小镇到省级、国家级特色小镇不断涌现。截至目前，住建部共公布了两批全国特色小镇名单，共计 403 个。从区域分布上看，华东地区 117 个，中南地区 88 个，西南地区 88 个，西北地区 49 个，华北地区 48 个，东北地区仅有 33 个（见图 1）。

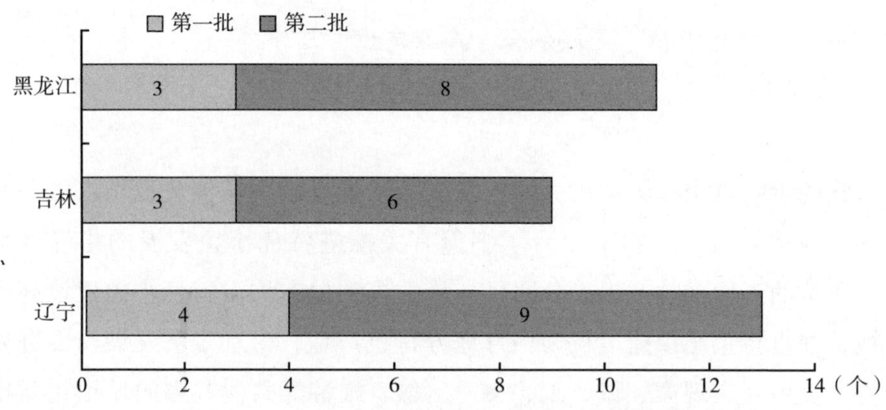

图 1 东北三省全国特色小镇创建数量分布

资料来源：住建部官网。

东北地区33个全国特色小镇中，辽宁省特色小镇数量最多，达到了13个，其中第一批完成创建4个，第二批完成创建9个；黑龙江共创建全国特色小镇11个；吉林创建9个。

从市级区域的分布看，辽宁省14个地级市中，除抚顺、铁岭、朝阳和葫芦岛4市外，先后有10个市获批创建全国特色小镇，大连、盘锦和辽阳均有2个全国特色小镇，其余地级市均有1个全国特色小镇。

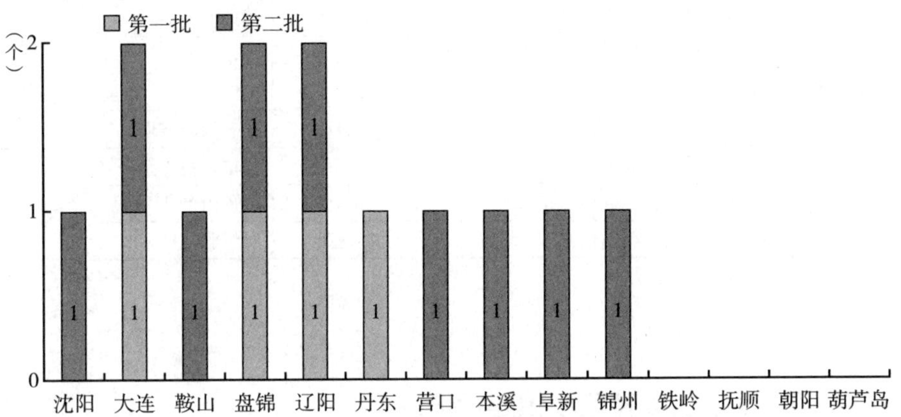

图2 辽宁省14个地级市全国特色小镇分布

资料来源：由住建部官网。

从产业类型来看，根据国家对特色小镇产业类型的划分，以特色小镇建设的产业基础，依托的特色产业大类，总体上分为工业发展型、农业服务型、文化创意型、旅游发展型、商贸流通型、技术推动型等。从辽宁入选全国特色小镇第一批、第二批名单总体来看，以旅游发展型的特色小镇数量为最多，为6个，占比达到了46.15%；其次为农业服务型特色小镇，有4个，占比为30.77%，而商贸流通型和工业发展型分别为2个、1个。可以看出，辽宁全国特色小镇以特色旅游作为小镇主导产业的居多，但具体方向上略有不同，如温泉旅游、文化旅游、生态旅游、航空旅游等。

表1　辽宁全国特色小镇第一批、第二批名单及产业类型分析

批次	名称	产业类型	入选特色产业
第一批	大连市瓦房店市谢屯镇	农业服务型	水产养殖业
	丹东市东港市孤山镇	旅游发展型	文化旅游产业
	辽阳市弓长岭区汤河镇	旅游发展型	温泉旅游产业
	盘锦市大洼区赵圈河镇	旅游发展型	生态旅游业(红海滩)
第二批	沈阳市法库县十间房镇	旅游发展型	通用航空旅游产业
	营口市鲅鱼圈区熊岳镇	旅游发展型	温泉旅游养生养老产业
	阜新市阜蒙县十家子镇	工业发展型	玛瑙产业
	辽阳市灯塔市佟二堡镇	商贸流通型	皮草产业
	锦州市北镇市沟帮子镇	农业服务型	熏鸡产业
	大连市庄河市王家镇	旅游发展型	生态旅游产业
	盘锦市盘山县胡家镇	农业服务型	稻蟹种植养殖业
	本溪市桓仁县二棚甸子镇	农业服务型	特色山参业
	鞍山市海城市西柳镇	商贸流通型	纺织服装产业

资料来源：住建部官网。

（二）辽宁省级特色小镇建设情况

2016 年 8 月，辽宁省政府印发了《辽宁省人民政府关于推进特色乡镇建设的指导意见》，从总体上对全省特色乡镇建设明确了工作思路，提出了特色小镇建设的总体方向以及建设重点，进一步规范了特色小镇建设标准、创建程序以及保障措施。截至 2017 年末，由辽宁省特色乡镇建设办公室组织开展的特色小镇建设规划编制工作，进一步组织建立了建设项目库及明确了培育 100 个省级特色乡镇，已有 35 个乡镇完成规划编制，同时制订了全省特色乡镇建设 3 年（2018 ~2020 年）滚动计划。

2018 年 5 月，辽宁省发改委、省委宣传部、省工信委等 15 个部门共同印发《关于公布辽宁省第一批产业特色小镇创建名单的通知》（辽发改规划〔2018〕348 号），共有 11 个产业特色小镇入选该名单。从产业类型看，工业发展型 4 个，占比 36.36%；旅游发展型 3 个，服务发展型和农业服务型各 2 个。

从地级市分布看，辽宁省11个省级特色小镇，分布在10个地级市，除丹东、铁岭、葫芦岛和营口外，大连有2个特色小镇入选，其余地级市各有1个入选。

表2 辽宁省级特色小镇第一批名单及产业类型分布

名称	产业类型	入选特色产业
沈阳市永安机床小镇	工业发展型	特种机床产业
大连市金普健康小镇	服务发展型	康养产业
大连市皮口辽参小镇	农业服务型	海参产业
鞍山市汤岗子温泉小镇	旅游发展型	温泉旅游业
抚顺市高湾冰雪体育小镇	旅游发展型	文体产业
本溪市五女山中医药健康小镇	服务发展型	医药健康产业
锦州市九华山凌水小镇	旅游发展型	水文化休闲旅游业
阜新市十家子玛瑙小镇	工业发展型	玛瑙产业
辽阳市小北河袜艺小镇	工业发展型	袜业
朝阳市南哨紫陶小镇	工业发展型	紫砂陶瓷产业
盘锦市新立认养农业小镇	农业服务型	认养产业

资料来源：由辽宁省公布资料整理所得。

（三）辽宁市级特色小镇建设情况

辽宁省特色小镇建设，不仅引起全省层面的广泛关注，而且在地级市也引起市委、市政府及市级发改部门的高度重视，相关部门以发布特色小镇发展规划、特色小镇建设实施方案等政策文件形式，引导本市特色小镇的培育、建设与创建。

1. 沈阳市特色小镇建设

2017年5月，沈阳市政府发布《沈阳市特色乡镇建设实施方案（2017～2020年）》，明确提出到2020年力争规划建设15个产业特色小镇。该实施方案对特色小镇建设的标准提出了明确要求，即产业特色鲜明、体制机制灵活、生态优美、设施完备。沈阳市下辖9个区，培育创建了7种类型的特色小镇，具体涉及旅游产业、文化产业、民族特色产业、现代农业、制造业、商贸物流业及美丽乡村类。2018 年 4 月，沈阳市依托京沈 2.5 小时经济圈的区位优势，计划在两年内建设 20 个旅游特色小镇，涵盖民族风情风俗小镇、园艺果蔬现代农业小镇、冰雪经济小镇、文化体育小镇等类型。

2. 大连市特色小镇建设

2018 年 6 月，大连市发改委印发《大连市产业特色小镇创建规划（2018～2020 年）》，确定的发展目标是，到 2020 年底，大连市将创建 15 个左右产业特色鲜明、创新要素集聚、生产生活生态融合、示范带头效应明显的产业特色小镇。在今后 3～5 年创建工作基础上，形成可复制、可推广的经验和模式，通过未来 10 年的努力，在大连全域范围内全面开展产业特色小镇的培育创建工作。根据该《规划》，大连重点创建技术创新主导型、产业优势主导型、资源禀赋主导型、服务功能主导型、文化创意主导型等 5 类产业特色小镇。现已经列入第一批创建名单的特色小镇 6 个，包括英歌石中科小镇、董家沟的大连智能制造装备小镇、大连湾的临海装备特色小镇、皮口辽参小镇、步云山“温泉·渔”小镇、金普健康小镇。

3. 盘锦市特色小镇建设

2017 年 7 月，盘锦市政府印发《盘锦市人民政府办公室关于推进特色小镇规划建设工作的意见的通知》，提出提升完善 9 个重点特色小镇建设，优化推进 12 个具有历史文化、生态旅游资源的特色小镇建设，梯度推进若干个聚焦科技创新、金融服务、“互联网 +”、消费升级等领域的具有创新活力的特色小镇建设。经过 3～5 年的努力，加快建成在“产、城、人、文、生态、机制”等方面特色明显，具有引领和示范效应的特色小镇，并将成功经验和模式在全市范围内有序推广，以特色小镇建设为载体，推动本市经济全面转型、全面发展。2017 年 11 月，盘锦市对特色小镇建设相关标准和扶持政策进行补充完善，提出针对建设不同级别特色小镇（国家级、省级、市级）给予差别奖励，分为 300 万元、200 万元和 50 万元。

4. 铁岭市特色小镇建设

2018 年 9 月，铁岭市组织编写完成《铁岭市产业特色小镇创建规划

(2018～2020年)》，明确按照“因地制宜、示范引导、培育成长、分期达标”的要求，结合铁岭市振兴发展目标，推进“三个一批”：示范引领一批、选择培育一批和分期达标一批，提出了重点发展制造业特色小镇、现代农业特色小镇、服务业新业态特色小镇、旅游业特色小镇和文化产业特色小镇等重点任务以及保障措施。

二　辽宁特色小镇建设中面临的问题

特色小镇具有明确的产业定位、文化内涵和旅游功能，是一个以产业为核心，以项目为载体，生产生活生态相融合的生命体。而辽宁特色小镇建设，仍面临诸多亟待解决的突出问题。

（一）产业定位不明晰，同质化严重

特色产业是特色小镇的核心，而特色产业是以地方现有产业为基础。从辽宁特色小镇的产业基础看，多集中为农业、旅游业和制造业，而农业和旅游业的产业定位并不明晰，以农产品种植、采摘、认养农业为主，旅游业集中在温泉、滑雪方面，同质化严重，并没有发展成为“一镇一业”“一镇一品”的特色化格向，更难以形成“人无我有”的区域特色。旅游特色产业规划滞后、基础设施相对薄弱、开发投入不足、资源整合不到位、旅游城市建设有待取得新突破等问题突出。产业龙头企业带动能力不强，尚未形成具有国际国内知名度和市场占有度的特色产业链。已有的新能源、特色装备制造业、现代农业等产业仍处于产业链低端，产业集聚效应低，没有按照全产业链打造，也造成一二三产业融合程度低，产业带动就业、资金流动等效果差。

（二）产城融合发展程度低，以产带城缺乏动力

产城融合是特色小镇建设的重要要求，也是重要评判标准。要以产带城，以城促产，实现产城融合。辽宁特色小镇建设中的产城融合程度低，一

方面是因为产业基础薄弱，没有形成特色化、品牌化、规模化的产业链；另一方面是因为基础设施配置在特色小镇发展中存在短板。特色小镇建设的基础设施配置，不再是传统的道路、交通、水电煤气等简单的基础设施，而是能够提供更加方便的生活方式、更加快捷的工作方式和更加完善的生产方式的各类高质量的公共服务、高速的网络通信、风光宜人的生态环境、完备的市政工程及吸引要素集聚的其他配套设施等。只有当产业结构、居住结构、空间结构、生产环境、就业结构、消费结构等相互匹配，才能促进特色小镇的产城融合健康发展。

（三）体制机制缺乏活力，制约参与主体的积极性

体制机制灵活，是特色小镇建设的重要制度保障。辽宁在特色小镇建设过程中，仍然存在融资困难、人口落户限制、城乡社保不统一及营商环境不佳等客观障碍，造成资金、人才等要素流动不畅，严重制约了特色小镇建设主体的参与积极性。微观主体有活力，不仅要企业有活力，更为关键的是要充分调动各方面干事创业的积极性。企业是特色小镇建设的主体，做大做强龙头企业对于特色小镇发展起着举足轻重的作用。而辽宁省部分地区龙头企业体制机制比较僵化，市场反应灵敏度不够，对特色小镇建设的引领带动作用不够。

（四）经济基础相对薄弱

特色小镇是建立在地区经济发达基础之上的，区域经济发展水平与特色小镇创建水平密切相关。特色小镇是区域经济领导者和要素核心，区域经济发展支持特色小镇发展。近年来，辽宁经济增速下滑严重，企业投资积极性不高，财政资金短缺，辽宁依然属于欠发达地区，虽拥有未曾开发过的原始自然特色或文化特色资源，但缺少完备的基础设施和完善的公共服务配套，地区经济发展水平相对落后，对特色小镇建设投资支撑力尚显不足。多数乡镇基础设施建设负债过重，乡镇融资平台缺失，财政扶持资金难以维系。此外，特色小镇建设土地调整规划涉及面积较大，调整规划难以到位，制约特

色小镇建设发展。财政保障能力有限，经济辐射功能偏弱，弱化了特色小镇建设的人才吸引力。

（五）运营管理意识淡薄，重创建，轻运营

辽宁多数特色小镇进入创建名单后，并没有引起社会及民众的广泛关注，究其原因就是运营管理意识淡薄，特别是系统化、宏观性的市场化运营机制不健全。“重创建，轻运营”的特色小镇管理模式是短视的、不可持续的，小而散的非系统性管理亟须升级。构建系统化的特色小镇运营管理体系之所以重要，是因为市场化的运营管理体系能够为特色小镇提供持续发展的动力。特色小镇的运营管理体系，代表了小镇的机能，于内部而言，关乎特色小镇的发展潜力和生命力、盈利状况、盈利模式，能够留住企业和投资人；于外部而言，能够起到对外宣传、对外交流，扩大小镇知名度、认可度，能够受到更多企业和投资人青睐。

辽宁很多特色小镇，有时并不是其硬件多么落后，而是传播不对路，营销缺少策略。相对来讲，辽宁地区的特色小镇的宣传力度远远不如江浙地区。加强特色小镇的体验感，且是独特的体验感是营销的第一步。因此，营销活动上要注意的是结合当地风情、场景以及生活的特色体验，强大的宣传渠道可以事半功倍，特色小镇要善于应用新媒体渠道进行推广。

三　促进辽宁特色小镇建设的对策建议

（一）明确产业定位

产业是特色小镇建设的基础。辽宁特色小镇建设，首先要明确产业定位，确定具有上下游带动能力的主导产业，才能实现“一镇一业”“一镇一品”。辽宁特色小镇建设，要立足辽宁各个地区的温泉、水库、森林、名山等自然资源禀赋，工业产业基础，辽金、满蒙历史人文等优势，充分集聚人才、技术和资本等资源要素，挖掘人文底蕴和开发生态价值，实现产业

“特而强”、制度“活而新”、功能“聚而合”、形态“精而美”，找准产业定位，加快形成现代产业体系和延伸产业链条，紧扣产业发展的总趋势，瞄定产业发展主方向，不断扩大产业优势，加强产业跨界融合，提升价值链，才能逐步打造成为辽宁城乡空间转型与形象提升的示范区，建成市级、省级甚至国家级特色小镇。

（二）深入挖掘辽宁当地的特色基因

特色基因是特色小镇建设的必备条件。特色基因既可以由独特的历史文化沉淀而形成，也可以由独具地区属性的时代进步催生而形成；既可以由当地资源禀赋的绝对优势促成，也可以由长期吸引相同要素聚集的比较优势促成；既可以是龙头企业核心竞争力引领而形成，也可以是政策驱动做精做强主导产业而形成。因此，辽宁特色小镇建设要紧紧抓住这一点，立足辽宁各地区特色基因，深入挖掘辽宁当地的特色元素，如少数民族特色民居旅游业、特色自然景观旅游业、特色工业遗址、特色文化产业、特色工业产业、特色农业等，形成培育、建设特色小镇的先决条件和差异化因素。比如在少数民族特色聚集区，包括锡伯族聚居的沈阳沈北新区兴隆台等街道、阜新蒙古族聚集区、丹东朝鲜族聚集区等，打造特色少数民族村镇景观、特色民宿、特色饮食及特色节日等，即在特色小镇建设规划中最应该突出的是本地的特色基因。

（三）重视建设规划，融入文化元素

特色小镇建设除有产业基础外，还应具备文化内涵，文化是特色小镇建设的灵魂，是特色小镇不可或缺的重要元素，是支撑特色小镇发展的保障，也是与普通的行政建制镇的重要区别。辽宁特色小镇建设要结合小镇各自特色、区位特点、现有资源，合理确定培育区域，将文化基因植入特色小镇培育与创建全过程，挖掘历史文化内涵独特的地域元素和建筑符号，继承优秀文化传统，保护和利用历史文化遗存，形成独特的辽宁文化标识，培养具有地区属性的文化底蕴和气质。

因此，特色小镇既要重视产业等“硬规划”，又要重视文化等“软规划”，这样才能突出小镇的特点，彰显辽宁地区特色传统文化，如辽金文化、满族文化、蒙古族文化、古建筑塔文化、沈阳铁西区等老工业基地文化、红色革命文化等，丰富小镇的内容，增强小镇的活力。

（四）注重打造特色小镇品牌

在经济社会，产品品牌的重要性不言而喻。同样，对于特色小镇而言，其品牌的重要性从某种程度上不亚于特色小镇的特色产业。无论是辽宁的战略性新兴产业类特色小镇，还是文化类特色小镇，在建设过程中都需要重点打造小镇品牌，其直接的好处体现在五个方面：一是聚拢人气，提高小镇的知名度，增加小镇的消费，提高小镇的收入，加快投资回收速度。二是带动项目所在地相关产业尤其是旅游业（吃、住、行、游、购、娱）的发展。三是提高本地基础设施（道路、网络等）的建设水平和第三产业服务水平。四是每个细分产业原则上只培育创建一个特色小镇，要构建小镇大产业，努力打造具有影响力的产业集群和知名品牌。五是注重宣传，扩大知名度。新媒体时代讲究的是内容为王，但前提是以“用户喜欢的内容”为王。在内容宣传上，特色小镇应该摒弃一贯的精英思维，高冷的内容从专业角度上看可能有很高的价值，但是并不是百姓喜闻乐见的表达形式，从而难以达到广泛宣传和传播的效果。

（五）加大基础设施投入，提高基础设施服务水平

面对辽宁特色小镇建设中基础设施的短板，需要进一步增加资金投入，提高基础设施的服务质量。特色小镇的基础设施建设投资，具有投入高、周期长、市场化运作难度大的特点。因此，辽宁可以采取多渠道融资，如公共财政支持、社会资本介入和金融机构贷款等方式，促进基础设施建设与完善。具体而言，社会化融资模式可以采取BOT融资模式参与电厂、道路、通信设施、废水处理设施等基础设施项目建设，也可以推动产业投资基金、政府引导基金、城市发展基金等，参与市政建设、公共道路及公共卫生等工程建设。

（六）建立灵活的体制机制

特色小（城）镇发展还应建立有活力的体制机制，要保障特色小镇成功建设，进行政策机制的改革创新是目前的首要任务。首先，严格控制辽宁建设用地，应在集约节约用地上挖掘潜力，从增量规划调整至存量优化进一步深化土地制度改革，出台保障土地要素的政策。其次，对于辽宁特色小镇建设的资金问题，应建立激励政策，扶持壮大镇级财力，创新金融解决方案；推进辽宁省级、市级城商行金融制度改革，鼓励和引导金融机构发展农村金融创新产品。再次，对于人口流动问题，应全面推行按居住地登记的小镇户籍管理制度改革，提升外来人口待遇，使之享受与当地城镇居民同等的待遇。最后，对于辽宁城市居民与农村居民社保问题，就业制度应按照城乡统一的标准设立，快速推进社会保障制度全面性覆盖。

此外，要坚持因地制宜，立足辽宁本土特色原则，遵循客观规律，创新体制机制，把握“互联网＋”技术时空变革趋势，将特色小镇打造成创新创业新载体和经济发展新动能，善于利用先进理念、市场要素和商业运营，植入新鲜活力，增强内生发展动力。

（七）处理好政府与市场的关系

推进辽宁特色小镇建设，要特别处理好政府与市场的关系。加强特色小镇主导产业的培育和发展，建立健全以政府为引导，以企业为主体的市场化开发运营机制。充分发挥市场主体在小镇建设中的作用，坚持市场导向，创新建设运营机制和社会治理模式，推动特色小镇管理、运营、投资三方紧密协作，有条件的地方可探索建立特色小镇合伙人制度。

推进辽宁特色小镇建设，要遵循企业主体、市场化运作原则，以社会资本为主，充分发挥市场机制作用，充分调动企业的积极性，让企业成为特色小镇开发运营的主体。创新建设模式、管理方式和服务手段，推动多元化主体同心同向、共建共享。发挥政府制定规划政策、搭建发展平台的作用，防止政府大包大揽和加剧债务风险。同时，政府应当营造良好的政务环境、信用环境与营销环境，建立健全市场准入机制，简化行政审批程序，从而减少行政对市场在资源配置中作用的扭曲，努力做到政府在建设特色小镇过程中“不缺位”“不越位”，为市场主体的发展壮大保驾护航。

参考文献

陈劲主编《特色小镇智慧运营报告（2018）》，社会科学文献出版社，2018。

王文娟：《新常态下我国特色小镇建设研究》，《内蒙古财经大学学报》2019 年第 17 期。

王晓洋：《特色小镇商业建设模式及可持续发展路径——以江苏苏州市为例》，《商业经济研究》2019 年第 4 期。

王业强、张璐璐、孙硕：《特色小镇及其文化资源作用——以达沃斯小镇为例》，《开发研究》2019 年第 1 期。

王丹：《中国特色小镇建设的文化融入》，《华南师范大学学报》（社会科学版）2019 年第 1 期。

毛佳红：《特色小镇创新融资模式解读》，《时代金融》2019 年第 2 期。

吴伟、吴亚伟、唐晓璇：《特色小镇的特色化策略》，《风景园林》2019 年第 1 期。

B.25

中美贸易摩擦对辽宁农业发展的影响

范忠宏　宋帅官*

摘　要： 2018年，新一轮中美贸易摩擦对逐步开放的中国的农产品市场有很大的影响，辽宁作为中国重要的农业生产基地之一也受到了影响。辽宁大豆对外依存度非常高，中美贸易摩擦使得豆粕价格升高，推高了下游畜牧业养殖企业的生产成本，导致农产品价格大幅提高。辽宁自美国进口的企业面临进口成本上涨、利润受挤压等困境，但进口需求弹性较大的行业受影响程度较低。辽宁省对美国出口企业的订单、产品价格和利润下降明显，但具有相对竞争优势的行业受影响较小。中美贸易摩擦涉及贸易政策、产业政策、招商引资政策等领域，对辽宁省农业发展将带来长期深远的影响。为此，应重视中美贸易摩擦对辽宁农业发展的影响，围绕“一带一路”、中日韩合作、辽宁自贸试验区等实现辽宁农业产业突破，帮助辽宁农业企业拓展国际国内两个市场，提升辽宁省食品农产品对外贸易整体水平。

关键词： 中美贸易摩擦　辽宁农业　农产品进出口

自中美两国开始贸易往来至今，两国间贸易摩擦一直存在。作为两国经

* 范忠宏，辽宁社会科学院农村发展研究所副研究员，主要研究方向为农村经济；宋帅官，辽宁社会科学院经济研究所副研究员，主要研究方向为产业经济。

贸关系的一部分，中美贸易摩擦随着两国间政治关系的发展和国际形势的变化而变化。自 2017 年始，特朗普政府连续发动“301”调查、“232”调查，并拒绝在反倾销调查中停止将中国认定为非市场经济国家，以及否决了一系列重要的中国对美投资，由此掀起了又一轮的中美贸易摩擦。此次中美贸易摩擦主要涉及的是中国具有比较优势的出口领域和中国没有优势的进口和技术知识领域两个方面。

中国自从加入世界贸易组织（WTO）以后，在遵守 WTO 有关规则的基础上，降低农业贸易保护程度、逐步开放国内农产品市场，严守承诺开放农产品市场，农业国际化进程不断加快，目前中国已成为世界上农业开放度最高的国家之一。中国的农产品贸易快速发展，农产品进出口也因此成为中美贸易摩擦的存在领域之一。在国际国内两个市场相互作用不断增强的情况下，农产品贸易对国内产业有着直接、全面、深刻的影响，那么，辽宁作为中国重要的农业生产基地之一，辽宁农业发展受中美贸易摩擦的影响到底有多大?

一　辽宁在农产品方面与美国的贸易情况

（一）辽宁对美国进出口的总体情况

2017 年，辽宁省对美国进出口额 614.2 亿元，2018 年，辽宁省对美国进出口额 735.3 亿元，增长 19.7%，占全省对外贸易额的 9.7%。2017 年对美国出口 355.4 亿元，2018 年对美国出口 385.3 亿元，增长 8.4%，占全省出口额的 11.98%；2017 年自美进口 258.8 亿元，2018 年自美进口 350 亿元，增长 35.2%，占全省进口额的 8%。2017 年，美国已成为继欧盟、东盟、日本之后辽宁的第四大贸易伙伴。2018 年，辽宁省涉及对美出口加征关税清单商品不降反增，美国已由第四大贸易伙伴上升到第三大贸易伙伴。

（二）辽宁在农产品方面对美国出口情况

2017 年，辽宁省对美农产品出口额为 54.2 亿元，占全省对美出口的

15.25%，其中，水（海）产品出口40.9亿元，占对美出口的11.5%，占对美农产品出口的75.46%。辽宁对美出口主要产品为机电产品、农产品、矿产品、纺织服装和贱金属制品等，农产品是辽宁在对美出口贸易中占有重要地位的贸易商品（见表1）。

表1　2017年辽宁对美出口主要商品统计

序号	商品名称	出口额(亿元)	占全省对美出口额比重(%)
1	农产品	54.2	15.2
2	服装	27.2	7.6
3	成品油	25.7	7.2
4	汽车零部件	17.0	4.8
5	彩色电视	14.7	4.2
6	家具	13.4	3.8
7	通断电保护装置	8.2	2.3
8	轮胎	6.9	2.0
9	仪器	6.8	1.9
10	非工业用钢丝制品	6.6	1.8

（三）辽宁在农产品方面自美进口情况

2017年，辽宁省自美进口产品主要是机电产品、化工医药产品、农产品等，进口的农产品以水（海）产品和大豆为主，这两项商品的进口额分别为36亿元和22.5亿元，分别占自美进口的13.9%和8.6%（见表2）。

表2　2017年辽宁省自美进口主要商品统计

序号	商品名称	进口额(亿元)	占全省自美进口额比重(%)
1	水(海)产品	36	13.9
2	制造半导体器件	28.6	10.9
3	大豆	22.5	8.6
4	原油	15.6	6.1
5	汽车及零部件	14.2	5.5
6	药品	12.2	4.7
7	计量检测分析自动控制仪器及器具	10.9	4.2
8	原木	7.5	2.9

（四）对美进出口企业和从业人员情况

辽宁全省与美国有贸易往来并有实绩的企业共3818家，其中与出口有关的企业共有2709家，与进口有关的企业共有1719家。在辽宁对美出口统计中，外资企业占41.2%；对美出口前50位企业中，外资企业占48%。对美出口的主要企业中农产品相关企业很少（见表3），自美进口主要企业中农产品相关企业较多（见表4）。

对美贸易涉及直接就业岗位19.1万个，其中，农业部门涉及直接就业岗位1.1万个。

表3　2017年辽宁对美出口主要企业统计

序号	企业名称	出口额(亿元)	占全省对美出口额比重(%)
1	东北中石油国际事业有限公司	17.3	4.8
2	沈阳同方多媒体科技有限公司	15.2	4.2
3	大连松下汽车电子系统有限公司	10.1	2.8
4	海尔集团大连电器产业有限公司	8.4	2.3
5	中国船舶燃料大连有限公司	8.3	2.3
6	大连日通外运物流有限公司	6.4	1.7
7	大连美森木业有限公司	6.2	1.7
8	大连阿尔卑斯电子有限公司	5.3	1.4
9	大连远东工具有限公司	4.1	1.1
10	简伯物(大连)有限公司	4.2	1.1

表4　2017年辽宁自美进口主要企业统计

序号	企业名称	进口额(亿元)	占全省自美进口额比重(%)
1	大连毅都集发冷藏物流有限公司	18.4	7.1
2	丹东老东北农牧有限公司	8.6	3.3
3	嘉里粮油(营口)有限公司	5.5	2.1
4	大连獐子岛中央冷藏物流有限公司	4.2	1.6
5	九三集团铁岭大豆科技有限公司	3.8	1.5
6	辽渔集团有限公司	3.1	1.2
7	中广核核技术发展股份有限公司	2.9	1.1
8	大连金港联合汽车国际贸易有限公司	2.1	0.8
9	辽宁快急送物流有限公司	2.1	0.8
10	九三集团大连大豆科技有限公司	1.6	0.6

二　中美贸易摩擦给辽宁省农业带来的影响

（一）美国对中国出口商品加征关税对辽宁的影响

2018年3月以来，美国政府连续采取单边“高强度”对华贸易保护措施，导致中美贸易摩擦不断升级。美国对中国价值500亿美元的产品施加25%的额外关税，后续再追加价值2000亿美元的10%的关税。

1. 美国对中国500亿美元出口商品加征关税对辽宁省出口的影响

在第一轮美国对我国500亿美元的出口商品加征关税清单中，涉及辽宁省的出口商品包括：机动车零部件、电子零部件、印刷机械及零部件、自动调节控制仪器、滚动轴承、涡轮喷气发动机、空气泵、压缩机、化学品、光学钟表和半导体等502种，涉及辽宁省出口企业1563家，占全省涉美企业的57.7%，涉及出口额共15.4亿美元，占对美出口额的29.7%。此轮征税涉及外资企业453家，占全省对美出口企业的16.7%；涉及私营企业1041家，占全省对美出口企业的38.4%。

2. 美国对中国2000亿美元出口商品加征关税对辽宁省出口的影响

第二轮美国已加征关税的2000亿美元商品清单，主要涵盖辽宁省出口商品中的农产品、纺织品、食品和木制品以及机电、化工等375种商品，涉及相关出口企业共625家，占全省涉美企业的23.1%，涉及出口额9.3亿美元，占对美出口额的17.9%。涉及外资企业202家，占全省对美出口企业的7.5%；涉及私营企业399家，占全省对美出口企业的14.7%。

对照以上500亿美元清单和2000亿美元清单，从产品附加值和科技含量来看，辽宁省出口商品在美国市场的竞争力不强，部分商品具有很强的可替代性，贸易摩擦将对辽宁省商品出口美国带来较大影响。从影响的企业层面来看，对民营企业的影响较大，对外资企业和国有企业影响较小。如果在极端的情况下，美国对中国所有出口商品加征25%关税，预计将导致辽宁省出口增速下降约12个百分点。考虑到辽宁省对外依存度较低，外贸对辽宁经济增长的贡献率较小，辽宁短期内有能力承受中美贸易摩擦带来的冲击，不会影响辽宁经济企稳回升的基本面。可以看到，美国对中国出口商品的两轮征税涉及辽宁的农产品比例不大，辽宁相关的农产品生产及农业相关企业受到影响相对较小。

（二）中国对美国进口商品征税对辽宁的影响

面对中美贸易摩擦，中国作为“应战方”以更快的速度、更强硬的态度回应了美国的征税措施，先后对美国500亿美元、600亿美元进口商品加征关税。

1. 中国对来自美国500亿美元进口商品加征关税对辽宁省进口的影响

第一轮中国对美国500亿美元进口商品加征关税清单，主要涵盖辽宁省肉类、水（海）产品、奶类制品、干鲜水果及坚果制品、粮食、大豆、烟草、棉花、煤炭、原油成品油及石油焦、化工品及部分机电、医疗器械等659种商品，涉及进口额12.7亿美元，占全省进口额的2.4%，涉及进口企业565家，占对美进口企业的32.8%。

2. 中国对来自美国600亿美元进口商品加征关税对辽宁省进口的影响

第二轮中国对美国600亿美元进口商品加征关税清单，主要涵盖辽宁省农产品、化工品、纺织品、电子产品、机械制品和日常用品等985种商品。涉及进口额17.2亿美元，占全省进口总额的3.2%，涉及进口企业650家，占对美进口企业的37.8%。

中国对美国500亿美元、600亿美元进口商品加征关税共涉及辽宁省进口商品1644种，占全省自美进口商品种类的74.2%；涉及进口额29.9亿美元（折合人民币204.6亿元），占全省进口额的5.5%，涉及企业1215家，占全省对美进口企业的70.7%。对照500亿美元和600亿美元清单可以看出，辽宁在国家反制措施中涉及规模偏小，进口额比重较低，对辽宁进口影响有限。

（三）中美贸易摩擦对辽宁省农业及农业企业经营的影响

（1）美国是辽宁省第二大农产品进口来源地，2017年，辽宁省进口

大豆584万吨，其中进口原产美国的大豆241万吨。2017年辽宁大豆生产量仅为20万吨，生产量占进口总量的3%左右，大豆的对外依存度非常高。所以，就目前来看，辽宁省对进口大豆需求的依赖短期内无法改变。据调查，辽宁省2017年有6家大型大豆压榨企业，年压榨进口大豆481万吨，占辽宁省进口大豆的82.4%，其中进口原产美国的大豆138万吨。如果改从巴西和阿根廷进口大豆，按2018年大豆进口成本计算，每吨进口大豆价格比从美国进口大豆高400元，大豆油生产成本价格提高110元/吨，豆粕生产成本提高约240元/吨，由此计算，138万吨大豆压榨成本将提高约2.9亿元，其中豆粕压榨成本提高2.6亿元，豆粕压榨提高的成本将被转嫁到下游畜牧业养殖企业中，导致农产品价格大幅提高。

（2）2018年，辽宁省对美国出口企业的订单、产品价格和利润下降明显，具有相对竞争优势的行业受影响程度较低。从近期研究小组对辽宁全省80户重点涉美进出口企业开展的调查来看，超过五成企业预计出口订单降幅超过5%，机电产品和农产品行业受影响较大，化工行业及龙头企业受影响较小。由于辽宁农产品竞争优势不强，易被美国进口商削减甚至取消订单，比如，大连海青水产有限公司对美出口占比为30%左右，产品替代性强导致其谈判能力弱，预计原美国采购商将转向东南亚和日本。

（3）2018年辽宁自美国进口的企业面临进口成本上涨、利润承压等困境，进口需求弹性较大行业受影响较小。从对80家对美国进出口企业和铁岭市重点进口企业的调查来看，自美进口企业近六成预计进口成本涨幅及利润降幅超过5%，大豆等大宗商品深加工企业进口受影响较大。九三集团铁岭大豆科技有限公司、嘉里粮油营口有限公司是辽宁省进口美国大豆的主要企业，2017年自美国进口大豆金额分别为2.7亿元和5.5亿元。目前，受中国加征关税影响，自美国进口大豆价格每吨同比上涨450元，之前两家企业从美国进口大豆比其他国家的进口产品性价比更高，但加征关税对企业的影响较大。由于水（海）产品替代性较强，水（海）产品相关行业进口量未受较大影响。

（4）中美贸易摩擦涉及贸易政策、产业政策、招商引资政策等领域，对辽宁省农业发展将带来长期深远的影响。比如，受中美贸易摩擦影响，辽宁省大豆类市场波动较大，对省内饲料原料价格的影响较大，畜产品养殖成本上升，结果可能导致农资（如仔畜幼禽及畜产品）价格上涨，进而对宏观经济运行产生较大影响。提高大豆生产能力和供给水平被提到前所未有的高度，2018 年为了鼓励大豆种植，政府发放大豆补贴，补贴标准高于玉米，这将促使辽宁省农业产业结构进一步优化，也践行了“中国人的饭碗任何时候都要牢牢端在自己手上、我们的饭碗应该主要装中国粮”的誓言。目前中国人均 GDP 还不到 1 万美元，而美国是 5.8 万美元，欧洲部分国家已经超过 8 万美元。从整个经济发展角度来看，中国一直处在追赶者位置上。这次贸易冲突让中国重新审视自身发展，以发达国家的发展经验为借鉴，学习并创新自己的发展路径，这无疑是一个非常好的事情。截至 2019 年 4 月 5 日，第九轮中美经贸高级别磋商结束，双方讨论了技术转让、知识产权保护、非关税措施、服务业、农业、贸易平衡、实施机制等最重要的七个领域的协议文本，取得了新的进展，这意味着这轮中美贸易摩擦即将接近尾声。不论中美贸易磋商的最终结果如何，美国都会要求中国在以下几个方面做调整：①中国扩大进口美国农产品、能源等；②限制中国进口美国高技术产品，限制中国对美国高技术企业和项目的投资；③要求中国进一步放开金融服务业等准入。也就是说中国的农产品将会受到进一步冲击，高新技术的发展路径受限，中国被要求进一步开放。这些都将给中国经济、社会带来影响，辽宁当然也不例外。所以，如果没有这一轮中美贸易摩擦，中国在很多领域的开放步伐不会这么快。辽宁在面对开放的国内国际市场准备好了吗？2019 年 3 月 25 日工信部部长苗圩在中国发展高层论坛 2019 年年会上表示，中国将全面放开一般制造业。辽宁的农产品加工业（辽宁省的第二大支柱产业）能否经得起外来农产品加工制造业的冲击抑或占据更大的市场？辽宁需积极地发展特色农业、品牌农业来增强自身的竞争力和创新力。

三　应对中美贸易摩擦的政策建议

（一）重视中美贸易摩擦对辽宁农业发展的影响

辽宁省农业发展在此轮中美贸易摩擦中受到的直接影响相对较小，原因在于，辽宁农业发展对美外贸依存度及投资依存度都非常低。但从长远来看，中美贸易摩擦不仅影响关税领域，还涉及对外贸易政策、产业政策、招商引资政策、对外投资政策、金融保险等领域，还会影响辽宁农业、经济、社会的整体发展。

研究一下中美农产品市场开放程度和贸易政策我们不难发现，美国凭借领先的生产技术和严谨有效的贸易制度设计，占据了国际市场上有利的竞争地位。而中国在国际市场上既无贸易规则制定话语权，又无技术标准规制权，只能跟随发展。为了提高辽宁农产品在国际市场上的竞争力，必须打破农产品贸易的被动局面，辽宁省在发展农业时重视提高农业生产技术水平，加大对农业的保护力度，提高对贸易壁垒的防御能力。

（二）围绕“一带一路”、中日韩合作、辽宁自贸试验区等实现农业产业突破

辽宁省应一方面保持与欧盟、美国、东盟等的贸易发展，另一方面积极拓展与“一带一路”沿线国家的合作，加强东北地区与俄远东地区及贝加尔地区在农业方面的合作。充分利用地理优势，加强与日韩合作，重视与东北亚国家的贸易合作关系。辽宁省应当进一步完善农产品质量标准体系，调整农产品出口结构，积极参与农业领域的国际合作，借助高技术水平与行业标准，以及合作力度来增加对贸易规则与国际技术标准制定的参与，从而实现辽宁农业产业的突破性发展。在推进辽宁自贸试验区建设进程中，积极发展涉农货物、服务贸易，发展涉农货物流通服务以及涉农金融国际化服务产业，以自贸试验区建设为契机促进辽宁农业国际化发展，形成有特色的辽宁自贸试验区。

（三）积极发展品牌农业及保护相关农业企业发展

辽宁省对美国农产品出口的农产品企业相对体量小，所以在出口的主要企业中少有出现。虽然辽宁作为农业大省，占据得天独厚的区位优势，农产品出口在全国对外贸易中占有非常大的比重，但是出口的产品主要是低级原料和初级产品，大多数农产品加工只是初级加工，产品的附加值并不高。大多数农产品加工相关企业发展滞后，企业经营规模小，而有实力、带动力强、科技含量高的龙头企业少之又少。大部分企业缺乏创名牌意识，只注重眼前利益，忽视企业品牌培养甚至不惜以破坏企业声誉来获取企业暂时的效益。近年来，辽宁培育了许多具有地域特色的农产品品牌，如盘锦大米、大连海参和鲍鱼、金州大樱桃和黄桃、东港草莓、庄河蓝莓、铁岭榛子等。但围绕这些质优物美的产品尚未形成规模化、名品化经营的农业品牌，在同类产品质量参差不齐的情况下，产品辨识度不高，很难获得相应的价值体现。因此，只有培育辽宁优质食品农产品的品牌性权威性，通过构建与境外采购商及国内大型商超的交流洽谈渠道来帮助辽宁农业企业拓展国际国内两个市场，才能真正地提升辽宁省食品农产品对外贸易整体水平。

（四）提高先进技术在农业农村中的扩散渗透能力

中国的农业基础薄弱，缺乏竞争力，从农业资源禀赋、劳动力素质与职业化程度到农业机械化水平，特别是农业科技等方面，中国与美国这样的农业发达国家存在较大差距。辽宁的农业当然也如此，在一定时期内以高成本、低效率面对国际农产品市场，严重缺乏竞争力。发展辽宁农业首先要认识到，科技兴农是农业发展的根本出路。从选育农产品种苗，到科学绿色的生产经营，再到优良品种推广，既离不开先进的科学技术，也需要较强的技术推广手段。农业技术推广以农民为本，根据农民需求和农业产地的产业发展与生产需要，选择合适的农业技术手段，并做好技术“售后”服务——积极回应与解决农民面对新技术遇到的问题，增强先进技术在农业农村中的扩散渗透能力，提高农业生产效率，降低生产成本，进而提高辽宁农产品在国际市场上的竞争力。

（五）扩大大豆种植面积，调整大豆进口市场结构

自美进口主要企业中农产品相关企业以进口大豆为主，充分说明了大豆对进口依赖的问题。在中美贸易摩擦中，辽宁农产品中首先受到冲击的是大豆。2017 年全省进口大豆 584 万吨，其中 241 万吨大豆来自美国，其余 343 万吨分别来自巴西和阿根廷。2017 年，全省大豆生产量为 20 万吨左右。从全省对大豆的供需情况来看，短期内依靠调整种植结构，弥补供需缺口是不现实的。因此，应该一方面调整全省农产品种植结构，扩大大豆种植面积；另一方面，调整大豆进口市场结构，使进口渠道多元化。

优化本地区农产品生产和布局结构，促进养殖业技术升级。深化农业供给侧结构性改革，加强宣传引导，明确大豆种植补贴额度，鼓励大豆种植。加快养殖业技术升级，研发推广可以采用本地资源，特别是可以替代豆粕的蛋白饲料配方，提高饲料转化率，大力发展食草养殖，减少对进口饲料的依赖。

构建大豆进口多元化格局。加强企业与巴西、阿根廷、俄罗斯、印度、哈萨克斯坦等国的产业政策对接，利用其农业资源，扩大大豆种植与养殖业合作，弥补大豆供需缺口。

（六）建立农产品贸易摩擦预警机制

随着经济的发展，辽宁省的对外开放程度将不断提升，在这一发展过程中，与美国或者其他贸易伙伴之间出现农产品贸易摩擦是在所难免的。农产品贸易摩擦现象出现既是一种必然，也是一种国际贸易拓展的信号。辽宁应通过积极与国外贸易伙伴的沟通交流，构建长期稳定的贸易关系。同时，调动多个部门密切监测农产品进出口情况，及时分析、准确反馈，把农产品贸易中可能存在的争议提前考虑，控制在事前。在面对贸易摩擦时，政府积极帮助相关企业应诉，为企业提供法律帮助，并帮助企业开拓海外市场。

参考文献

辽宁省统计局：《辽宁统计年鉴（2018）》，中国统计出版社，2018。

辽宁省统计局：《辽宁统计年鉴（2017）》，中国统计出版社，2017。

伏玉林、杜凯：《中国农产品市场开放与贸易政策——技术性贸易壁垒的视角》，《学术月刊》2012 年第 8 期。

张茉楠：《开启中美经贸新模式与减少中美贸易摩擦研究》，《区域经济评论》2017 年第 6 期。

B.26

沈阳、大连国家自主创新示范区创新发展研究*

张天维　张　翀　李晓梅**

摘　要： 沈阳、大连国家自主创新示范区成立三年来，在体制机制创新、政策先行先试、重大项目安排、产学研用结合、人才培养与引进、知识产权保护与运用，特别是创新创业服务体系建设、东北亚合作创新等方面都取得了明显进展。目前沈阳、大连国家自主创新示范区围绕建设成为东北亚科技创新创业中心，东北老工业基地高端装备研发制造集聚区、转型升级引领区、创新创业生态区、开放创新先导区的目标，在加快谋划部署，快速推进工作。这两个示范区今后应在创新投入、创新人才、创新产出、创新主体和创新环境方面加大建设力度，在充分发挥引领、辐射和带动作用方面发挥更大示范作用。

关键词： 沈大国家自创区　创新发展　东北老工业基地

国家自主创新示范区是指经国务院批准，在自主创新和发展高科技产业方面可以先行先试，不断积累经验，为其他区域创新发展提供示范的区域。

---

* 该文系2019年辽宁省科学事业公益研究基金项目“沈大自主创新示范区创新驱动发展策略”的阶段性研究成果。

** 张天维，辽宁社会科学院产业经济研究所所长、研究员；张翀，辽宁社会科学院助理研究员；李晓梅，辽阳职业技术学院。

按照国家相关部门解释，这个区域在完善创新体制机制、推动新兴产业发展以及高质量发展方面应发挥出引领、辐射和带动作用。从2009年3月国务院批准中关村自主创新示范区开始到2018年底，我国已经批准了22个国家自主创新示范区。2016年4月5日，国务院正式批准了沈阳、大连两个国家高新技术产业开发区建设国家自主创新示范区（简称沈大国家自创区）。到2019年4月，沈大国家自创区走过了三年的发展历程，今后将围绕东北亚科创中心建设目标定位，进一步发展新业态、培育新动能、打造新平台、引进新资源、营造新环境，全面提升创新能力，加快形成自创区新的聚集效应和增长动力。

一　沈大国家自创区发展现状

（一）沈阳片区的现状分析

2018年，沈大国家自创区沈阳片区地区生产总值实现683亿元，高新技术产品产值占规上工业总产值比重提高到66%，R&D经费支出占GDP比重提高到3%；高新技术企业数提高到405家，涌现出8家“瞪羚”企业及东北唯一的“独角兽”企业。沈阳高新区年度全国综合排名由2017年火炬统计147个高新区的第44名提升到2018年火炬统计157个高新区的第39名。具体情况如下。

1. 装备制造业转型升级加快推进

2018年，机器人产业园落地企业74家，其中新注册企业15家，推进重点项目11个，新松公司新一代协作机器人XCR20－1100、复合机器人HCR20产品荣获“工博会”工业设计金奖及6项专利；IC装备主题产业园区投入使用，其中拓荆科技12英寸PECVD设备累计销售32套，实现国产化重大突破；中科仪干泵与系列真空阀门产品在12寸IC生产线上推广，累计应用1500余台，成功替代进口；芯源公司12寸凸点封装涂胶等设备细分市场率达70%，成为国内封装行业主力设备；富创精密凭IC设备关键零部件集成制造技术与加工平台成为美国与日本认证的核心战略供应商。

2. 战略性新兴产业培育与发展取得成效

2018 年，东软健康医疗产业园通过市政府相关审批程序，正积极推进建设。东软医疗发布全球首台与医生智慧连接的超高端 CT，实现极速扫描和移动化，持续领跑全国；医疗影像云通过国家首批医疗云可信选型评测，成为率先取得认证资格的企业之一。2018 年东软健康医疗产业产值增长 70%，东软医疗产值增长 100%；生物医药产业园入驻重点企业 8 家，成大生物、东星药业计划 2019 年底试生产，格林制药等正进行内部装修和设备安装调试。

3. 具有区域特色的新兴产业技术创新体系正在积极构建

围绕先进材料、机器人与智能制造、人工智能等领域开展产业技术创新行动，117 项重大研发和成果转化项目实现产业化，占沈阳全市的 43.5%。实施科技企业培育工程，遴选“准高企”进入高新技术企业培育库、规上中型企业进入科技小巨人企业培育库，制定资金、金融等领域的 13 项政策以提供支持服务，新增“双培育”入库企业 153 家、瞪羚企业 3 家，313 家科技型中小企业通过专项评价、获国家入库“登记编号”。

4. 大众创业万众创新环境营造效果明显

三好创业创新大街、锦联双创基地、国际软件园三大创新创业聚集区搭建的双创载体平台成效明显。中国工程院东北双创平台、清华启迪等 13 个知名创新创业载体落地沈阳片区。启迪科技园（沈阳）入驻及已毕业企业 100 余家，吸纳高端人才就业 1500 多人。东大优客工场获批 2018 年省级众创空间，6000 平方米的厂房投入使用，入驻企业及初创团队 14 家，服务创业者 400 多人。浪潮大数据创新应用中心平台培训创客 300 多人次，培育创客 145 家（人）；成立大数据产业协会，建设大数据产业联盟，推动东北创新创业平台迭代升级；浪潮大数据公司“中国工程科技知识中心东北创新创业平台”入选工信部 2018 年大数据产业发展试点示范项目。

5. 技术转移示范、双创孵化等机构建设不断加强

出台了《沈阳市技术转移示范机构动态管理考核评价暂行办法》，沈阳片区各级技术转移示范机构数量占全市 46.3%。2018 年，沈阳片区登记技

术合同数量2052项，同比增长19.3%；实现技术合同成交额50.37亿元，同比增长36.64%。双创孵化方面，中关村（沈阳）领创空间在孵企业11家，“中关村科技金融超市”挂牌、集聚京沈23家科技金融机构，平台入驻率达到80%。沈阳·中国智谷双创街引进了天使投资人等创新创业服务机构，集聚投资机构50多家、双创团队30余个、创业导师200多人、双创项目50余项。举办了第七届中国创新创业大赛、F5创新创业大会等30多场特色主题双创活动。

6. 深化放管服改革

全面推进“政府+高新区管委会”管理体系改革，实行“管委会+专业产业园区”管理模式，专业产业园区集中精力抓项目招商和产业发展。中德园构建“管委会+平台公司”模式，积极探索第三方机构提供专业管理服务新模式，实行一站式审批、行政事业“零收费”、行政管理“负面清单”等改革措施，提升园区管理服务效率，平均审批时限缩短90%以上，总体审批效率提高60%以上。2018年底，沈阳片区新增市场主体13647家，同比增长33%。

7. 科技金融结合步伐加快

2018年，沈阳片区设立了总规模36亿元的新兴产业创投引导基金、机器人天使投资基金等10只基金，支持科技研发项目和小微科技企业发展，打造覆盖企业全生命周期的基金体系，满足企业融资需求。推动幸福人寿保险辽宁分公司等3家区域总部级金融机构、1家券商基金管理总部落户，构建多层次、立体化的便捷金融服务体系。积极对接金融机构，成功举办“金融岛”科技与基金对接会、中国（沈阳）东北振兴国际金融大会等活动。与20家银行签订战略合作协议，有效缓解科技型企业融资难题。

8. 打造“人才特区”推动创新发展

落实《沈阳市建设创新创业人才高地的若干政策措施》及配套实施细则，通过海外人才离岸创新中心、北京科博会、东大校友会等平台，深化科技开放合作，强化人才柔性引进。自创区院士、海归高层次人才等高端资源占全市70%以上，拥有海归高层次人才60多人、万人计划32人，长江学者27人；引进各类海外研发团队80多个，外国专家300余人；院士19人、院士工作站12个、博士工作站14个，李依依、成会明、柴天佑等院士领军的一批重大项目落地，加快创新成果面向市场商业化应用。探索形成沈阳化工大学“定向研发、定向转化、定向服务”、东北大学“收益共享激励”等研究成果转化改革经验，在国家、全省复制推广。

9. 构建大开放大合作的协同创新格局

积极合作建设中俄技术转移基地、中德轻量化工程技术中心。飞利浦（沈阳）产品创新中心落地国际软件园，建成全球唯一的基础型CT及CT核心部件产品研发中心。中德国际智能创新园获批国家国际科技合作基地，已启动建设规划编写工作。中德跨企业培训中心摘牌，取得土地出让成交确认书，已启动开工建设；中德创新研究院、东大中德新材料和先进制造研究院落户，11家企业入驻中德园离岸创新中心。

10. 深化区域合作对接

举办京沈科技合作项目推进会、首都创业导师沈阳行、中关村企业沈阳行等活动，沈阳·中国智谷北京推介会有24家企业项目签约、意向投资总额178亿元，中国国际技术转移中心沈阳分中心等4个合作平台揭牌，京沈3对重点实验室联手开展协同创新，14家北京著名众创空间设立了分支机构。举办国际基因组学大会第一届眼科大会、第五届国际多功能材料与结构大会、2018新材料国际发展趋势高层论坛等三项国际性大型活动，成立沈阳市先进材料与智能制造产业发展专家咨询委员会。

（二）大连片区的现状分析

2018年，沈大国家自创区大连片区以市政府文件形式正式印发了《大连市国家自主创新示范区三年行动计划》。该《计划》确定了2018年6个方面23项重点任务和5项保障措施，形成清晰的任务书、时间表和路线图，并分解落实到各地区、各部门。大连片区对2018年重点项目，采取月调度模式开展督查，项目均按时间进度正常推进，具体情况如下。

1. 以装备制造业为重点的传统工业转型升级加快推进

围绕推动智能科技产业发展，推动“大连理工大学人工智能大连研究院”建设，项目初期运营场地已确定。海洋科技产业实现突破，海大船舶导航公司在我国首次实现了全国产化的 VTS 平台。洁净能源领域企业爆发式增长，融科储能成立了储能技术研发中心和销售总部。围绕打造国际洁净能源创新高地，支持大连化物所申办洁净能源国家实验室。

2. 战略性新兴产业培育、发展的速度明显加快

软件和信息服务重点企业继续保持快速增长，华信计算机、文思海辉、亿达信息均保持两位数的增速。云计算大数据企业蓬勃发展，华为“软件开发云”目前已为本地 456 家企业提供服务，用户以每月 100 家的增幅增长，国家工信部将其定义为“大连模式”并在全国推广。瀚闻资讯公司承担了国家“一带一路”大数据研究院建设任务，该研究院将成为国家贸易大数据智库。数字文创企业多点开花，华录集团成为全省唯一入选中国“文化企业 30 强”的企业。生命科学创新中心已入驻企业 18 家，其中“海创工程”企业 13 家，累计完成投资约 2000 万元，汇集了博奥医学、科万维医疗、康元生物、先锋生物等行业优势企业和大连医科大学附属一院干细胞研究院、附属二院精准医学研发中心及大连理工大学生命学院生物材料中试平台等研发机构。

3. 新兴产业技术创新体系建设取得显著成效

高效实施支持高校院所和企业科技人员创新创业的“科创工程”，共有全国 37 家高校院所的 187 个项目申报。强化实施“海创工程”，筛选出 40 个拟确定入围的项目。推进政策落地，兑现高新技术企业专项奖励资金和科技创新券，开发了“三新备案网上平台”“研发加计录录通”软件，帮助企业享受国家税收优惠政策，本年度享受加计扣除的企业 562 户，加计金额达到 7.6 亿元。同 15 家高校院所达成了“区校科技创新一体化合作协议”，主动对接国家“一带一路”建设，设立“丝绸之路经济带”新疆离岸创新基地，构建科技援疆新机制。推进“国资自创促进中心”落地，推动组建了高新技术企业创新联盟、大数据产业协会、中国工业软件产业发展联盟

CAE 分联盟等 16 个产业技术创新联盟。各联盟成员单位近 2000 家，全年组织开展培训、项目路演、产业沙龙、展会等各类专业活动近百场次。

4. 大众创业万众创新的生态环境营造良好

到 2018 年底，共计新入驻众创空间企业 70 家，团队 250 个，众创空间现有在孵企业 392 家，团队 425 个。孵化器新入驻企业 35 家，在孵企业 291 家，其中留学人员企业 106 家；累计孵化企业 1388 家，其中留学人员企业 484 家。第十九届中国海外学子创业周在大连开幕，共吸引 27 个国家和地区的 603 名海外学子参加。承办了第七届中国创新创业大赛（大连赛区）暨第四届大连市科技创业大赛。金普新区有市级及以上孵化平台 39 个，形成了“苗圃－孵化器－加速器－产业化基地”四级企业培育体系。制定了《金普新区利用闲置厂房（仓库）发展科技孵化载体暂行办法》，破解将闲置厂房改造成孵化载体的政策障碍。推动同济汇创谷、镨华、万科等创立创新创业园。达利凯普“高 Q 值射频微波陶瓷电容器”项目在第七届中国创新创业大赛获得电子信息组第一名。

5. 加快科技金融结合促进创新发展

大连高新区管理委员会出台了《关于印发〈大连高新区金融创新发展奖励暂行办法〉的通知》，研究起草了大连高新区科技金融创新发展工程的措施办法（“金创工程”）。全面落实《大连高新区支持科技金融大厦入驻企业发展的暂行办法》，吸引金融机构和优质科技金融服务企业落户高新区，现有 37 家金融服务机构入驻科技金融大厦。培育企业改制上市，充分挖掘现有企业资源，完成了高新区 50 家拟上市后备企业指标更新和拟上市后备企业动态培育数据报送工作；组织区内 17 家企业参加“新三板”业务培训会；推荐区内金慧融智、奥托股份 2 家企业参加辽宁省推进企业上市工作会议。截至 2018 年底，大连高新区新三板挂牌企业数达到 41 家，新三板挂牌企业数在大连市持续保持领先。金普新区与省产业投资引导基金实现合作，推荐 11 个科技项目申请省产业投资基金投资 14 亿元。与上海申万宏源证券合作，遴选出 40 家企业，培育进军科创板。出台了《创新创业引导基金管理办法》，三生生物创投基金、聚隆物流产业基金等一批创投基金正加快落地。与国开行、农发行等金融机构达成科技创新领域战略合作，加大金融支持创新力度。设立中小微企业发展信贷风险补偿专项资金以及应急转贷专项资金，累计为75家企业审批发放风险贷款7.98亿元；完成应急转贷项目资金90笔，金额10亿元，节省资金3000万元。

6. 聚集创新智力打造“人才特区”

起草了《人才管理改革试验区建设方案》，编制《“归巢人才”引进计划实施办法》《大连高新区高级人才薪酬补贴实施办法》等政策草案。拓宽渠道引进人才，通过举办春季校园招聘会、人才市场招聘会、东北巡招宣讲、海创周线上海外人才招聘会等途径进行引才。推进高层次人才引进，组织开展园区企业申报2018年“海聚计划”引智项目、辽宁省外专百人计划、重点外国专家项目等。充分发挥人才公共培训平台服务企业、服务人才的作用，支持培训机构和相关企业开展大数据、软件、动漫、AR、VR实训及职工技能培训达5000多人次。出台了《关于推进大连金普新区、中国（辽宁）自由贸易试验区大连片区人才工作的若干措施》，制定了15个配套实施办法。科利德化工赵毅、融科储能刘宗浩、东方科脉电子周爱军等3人入选作为全国重大人才工程之一的“2017年国家创新人才推进计划”。

7. 大开放大合作的协同创新格局积极构建

高新区目前世界500强及行业领军企业项目超过120项。简约纳大连芯片设计中心、森美嘉心脏大数据分析中心、点融集团后台服务大连运营中心、大连航天半岛创业投资基金、东软教育科技（大连）有限公司、中兴通财税软件“在e企”“e企金融”企业服务云平台、新加坡伊顿国际教育集团大连公司等重点项目落户高新区。东软信息学院健康科技园、高新区-华为-宝藤生命健康大数据平台等重大项目实现签约。欧洲领先的通信及数据中心服务商——COLT大连公司、日本创未先端机器人研发平台、苹果企业解决方案中心、罗克韦尔自动化互联服务中心、“丝绸之路经济带创新驱动发展试验区”新疆离岸（大连）创新基地等项目举办开业仪式正式运营。双创金融小镇签约项目四十余项。金普新区与大连理工大学开发区校区微电子学院、世界计算机协会ACM共同主办“人工智能高端论坛”，搭建人工智能创新平台。兰州理工大学泵阀研究院、中昊光明院国家航天推进材料研发中心等加快推进建设。

8. 制定出台了一系列的创新政策

《2018 年大连国家自主创新示范区考核评价办法》将中小微科技企业数量、高新技术企业数量、全社会研发投入、年技术合同登记额、万人有效发明专利拥有量、孵化载体数量、研发平台数量、高层次人才数量等 14 个指标纳入市政府对高新区和金普新区的考核体系。自创区领导小组办公室定期按照考核评价办法开展督促检查，确保各项目指标顺利完成。《大连市企业研发投入后补助试行办法》对自创区规上企业的研发投入给予最高 10%，最多 100 万元的补助，年内给予 124 家企业 5660 万元补助；在自创区开展知识产权质押贷款风险补偿基金试点，市科技局与市财政局、市金融局、人民银行大连市分行共同设立了 2400 万元的知识产权质押融资风险补偿基金。

二　沈阳、大连国家自主创新示范区发展目标

（一）2019年沈阳片区发展目标

1. 增强创新源头供给

发挥高端创新平台效能，加快沈阳材料科学国家研究中心、中科院机器人与智能制造创新研究院等一批“国字号”重大创新平台建设，提升重大创新平台对地方经济社会发展的溢出效应。加大资源引进力度，深化京沈对接交流，进一步引进集聚优秀创新团队和知名研发机构，支持东软智能医疗研究院、远大智能制造技术研究院等新型研发机构，以及世界腐蚀组织区域总部、亚太材料科学院总部等国际研发机构建设和集聚发展，构筑以研发机构为引领的技术创新新生力量和未来产业研发基地。

2. 推动园区规模化发展

夯实产业发展政策支撑，实施《关于加快推进 IC 装备及相关产业发展的实施意见》《沈阳市新一代人工智能发展规划》《沈阳市未来产业培育和

发展规划》，依托龙头企业，以大项目为牵引，加快产业园区建设，推动形成产业配套体系，实现产业园区集群化、规模化和特色化发展。机器人未来城完善优化产业发展中心规划设计，搭建智能生态圈及产业平台，引进行业重点企业、行业配套资源落户。IC 装备产业园集聚产业链上下游创新资源，筹划建设 IC 设计应用方向工厂，面向整机装备与关键零部件重大需求，开展关键技术攻关。东软健康医疗产业园推进数字医疗全产业链创新布局，共享医院、国际化医疗设备研制基地、融盛财险总部开工建设。

3. 培优育新创新主体

深入实施科技企业培育工程，以提高创新能力为主导方向，以统计监测对象为扶持重点，根据企业不同成长阶段的发展需求，整合协调配置资金、金融、服务及政策等资源，率先在自创区开展企业梯度培育工作。综合企业规模性和成长性，开展体系化梯度培育，分层分类制定企业入库标准。构建市区协同培育机制，建立市区两级培育库，帮助企业达到标准，加速企业存量增量发展。建设企业服务平台，构建市区协同的企业培育机制，搭建高新技术企业和瞪羚企业在线服务平台。

4. 提升双创孵化能力

完善双创孵化体系，推进双创要素聚集，构建“众创空间 - 科技企业孵化器 - 加速器 - 科技园区”四级创新创业孵化体系。建设专业孵化平台，鼓励东软、新松等行业龙头企业及东北大学等高校院所，依托产业、技术等资源，按照市场机制，建设“行业龙头企业 + 孵化”“重点高校院所 + 孵化”专业孵化平台，开展精细化服务，推动优势产业与大中小企业融通发展。推动科技金融有机融合，以市科技创投基金、和财基金等政府引导的基金为引领，加快各类基金等科技金融机构集聚。积极引进股权投资基金等科技金融机构，推进深圳上元资本等建立子基金。

5. 改革园区管理体制

深化体制机制改革，落实加快推进开发区（园区）体制机制改革工作部署，推进自创区取向市场化、管理扁平化、功能主业化和考核精准化改革，推行“管委会 + 产业园区”“产业园区 + 平台公司”运行机制，探索自

创区考核评价制度，以管理改革创新激发区域发展动力和活力。持续优化营商环境，深化放管服改革，将高新技术企业认定评审权限下放至自创区各片区，推广中德园承诺制审批、行政事业“零收费”、自贸区再造行政审批流程、行政管理“负面清单”等政策举措，提高园区行政审批效率和管理服务效能。

6. 强化项目引领带动

加强项目引进储备，征集筛选一批具有较高创新水平与成熟度、较好市场前景与引领示范作用的重点项目，在先进材料、智能制造、IC装备等领域培育一批具有较高创新投入水平、产品研发水平的龙头创新型企业和具有标志性的重大战略产品。发挥中国国际技术转移中心沈阳分中心、中科合创（沈阳）科技服务公司等载体作用，组织中关村企业沈阳行等对接交流活动，加强项目精准对接、全程管理和落地服务。强化项目支撑体系，制作沈阳自创区评价指标体系鱼骨图，提升自创区科学创新、技术创新、产业创新和成果转化能力。

（二）2019年大连片区发展目标

1. 高新区保质保量完成工作指标

紧盯省、市、区三年行动计划，对重点项目按月调度，建立项目“服务秘书”制度，明确责任，细化分工，确保各项重点任务按照时间节点有效完成，加快推进一批重大项目落地。完善区域政策体系，确保中关村推广至全国的政策和高新区目前已出台的创新政策落实到位。充分发挥自创区开展政策先行先试的优势，按照全区主导产业发展现状和“2+3”产业发展布局，研究制定针对专项产业的扶持政策，有效补齐短板，提升政策精准性。

2. 做好企业的引进和培育

围绕全区产业布局，做好招商引资工作，重点引进行业领军企业，通过实施“华腾计划”“育龙计划”分层级培养区域龙头企业。做好企业入库、培育工作，在实现高企倍增计划的基础上取得新的突破。做好上市企业辅导工作，助推区内企业挂牌上市。增强企业创新能力，通过研发费用加计扣除、研发费用后补贴、知识产权奖励、高新技术企业奖励、研发中心奖励等政策的实施落地，提升企业核心竞争力。

3. 加速集聚创新资源

推动与已签订战略合作协议的10余个高校院所的合作项目有序开展。落实“科创工程”，组织开展对科创工程创业项目、科技成果转化项目以及科技中介服务机构的支持。推进中科院大学能源学院、沈阳自动化所海试基地等项目落地，并积极争取洁净能源国家实验室、先进光源大科学装置等大项目获批。采用“项目+团队”的引才模式，充分发挥项目带头人和关键人才的带动效应，达到“1+1>2”的理想效果。利用“中国海外学子创业周”国家级引资引智平台，做好海内外高层次人才和团队的引进。充分发挥人才大厦载体的服务功效，为稀缺专业人才配偶落户就业、子女上学等服务提供保障。紧抓“上海－大连”合作机遇，加大力度引进上海金融资本，激发区域科技金融活跃度。依托科技金融大厦、双创金融小镇等功能区，集聚各类金融机构，吸引社会资本共同设立产业创业投资引导基金，为产业发展拓宽资金渠道，扶持重点项目发展壮大。

4. 金普新区加快提升传统产业

加快推进英特尔三期、中科院超窄带物联网系统、氢能小镇、德国新能源汽车E－Center等一批在谈项目。加快创新主体培育，形成“发现一批、服务一批、推出一批、认定一批”的高新技术企业培育机制。对标上海，近期拟出台《金普新区关于加快高新技术企业发展的若干意见》，全面增强高新技术企业创新能力和市场竞争力，为迎接科创板挂牌积蓄力量。支持科技型中小企业发展壮大，扩大高新技术企业后备队伍，积极探索建立“中日科学城”。

5. 积极培育新兴产业

出台《新区发展集成电路产业指导意见》，围绕英特尔二期竣工，加快外延片、封装测试、半导体材料等上下游产业配套。依托双D港生物医药产业园，打造大连“生命科学城”。建立人工智能产业专家库，积极对接布局一批人工智能、数字经济领域科技型重大项目，依托理工大学开发区校区的软件学院和微电子学院的科研力量，加快建设“人工智能科技园”。加快巨人网络人工智能研究院建设，加快布局 5G 基础设施建设。与国开行合作，建设国内一流三创平台，设立一只三创基金，打造一个金牌教育园。引进中源建设投资公司，推动通用航空产业园、量子测量产业园建设。

三　沈阳、大连国家自主创新示范区发展策略

（一）实施“科技企业梯度培育工程”

沈大国家自创区应为科技企业发展提供精准服务，尽快建立“科技型中小企业－高新技术企业－瞪羚独角兽企业”三级科技企业梯度培育库，以体系化培育激发企业高速成长潜力。推动科技型中小企业税收优惠政策落实，降低企业税收负担。进一步发挥省科技创新孵化联盟作用，引导现有众创空间、孵化器、大学科技园等创业平台转型升级，为创业团队和初创企业提供专业化服务。梳理高新技术企业技术、人才、金融等方面的需求，以“小规模、高频率、精准化”模式，针对需求开展对接活动。积极对接国际先进技术、人才、资本及管理经验，整合全球创新资源，提升企业竞争力。引导本地人力资源公司、培训机构、研发机构、银行、券商、营销公司等，结合瞪羚企业、独角兽企业特定需求创新服务类型，引进一批专业化服务机构。

（二）实施“双创升级示范工程”

采用“一企一策”的方式，鼓励支持大企业采用搭建专业化众创空间、组建新型研发机构、搭建研发众包平台、搭建营销服务平台、开放新技术应用场景、搭建人工智能及大数据服务平台、设立战略投资基金等方式孵化企业，并带动周边中小企业发展，推动创业孵化载体向专业化、市场化、国际化、生态化方向发展。打造“天使－风投－并购与 IPO－市值管理”各梯度

企业全品类投融资服务体系，针对中小企业、瞪羚企业、独角兽企业等开展“投联贷”“知识产权质押”“入园贷”“三板贷”“连连贷”等业务。紧抓“京沈对口合作”“沪连合作”“辽宁和江苏对口合作”等机遇，瞄准国内中关村、武汉东湖、南京和苏州等创新创业高地，全面开展科技招商工作。

（三）实施“新兴产业壮大工程”

发挥沈大国家自创区产业优势，重点围绕辽宁省瞪羚企业和独角兽企业集中涌现的产业领域，结合产业变革及发展趋势，优先选取人工智能、新能源汽车、生物医药、智慧医疗、集成电路、海洋科技、能源科技、金属新材料、精细化工、数字文创、军民融合等新兴产业进行重点培育。人工智能产业重点依托沈阳高新区、大连高新区和三好街园区，新能源汽车产业发展重点依托中德园、营口高新区和金普新区，生物医药产业发展重点依托本溪高新区、金普新区和沈阳高新区，智慧医疗产业发展重点依托沈阳高新区和大连高新区，集成电路产业发展重点依托沈阳高新区、大连高新区和金普新区，海洋科技产业发展重点依托大连高新区和金普新区，能源科技产业发展重点依托大连高新区，金属新材料产业发展重点依托辽阳高新区、鞍山高新区和锦州高新区，精细化工产业发展重点依托抚顺高新区、金普新区和辽阳高新区，数字文创产业发展重点依托大连高新区和三好街园区。

（四）实施“高端人才集聚工程”

应重点聚焦基础研究和前沿科技人才、创新创业人才、海外高端人才等三类人才，加快实施国家各类人才计划及辽宁省“兴辽英才行动计划”，支持采取项目对接、顾问指导、短期兼职、技术联姻、服务外包、退休返聘等方式引进人才。筛选一批条件和基础较好的平台型大企业、瞪羚企业、独角兽企业，开展海外研发中心建设试点，柔性引进海外高端人才。复制推广大连高新区、盘锦高新区等发展经验，提升并新建一批人才大厦，集聚人才公共服务机构以及招聘、派遣、外包、培训等人才市场化服务机构。

（五）实施“国际科技合作促进工程”

沈大国家自创区及各高新区应依托中德园对德合作、金普新区对日合作、沈阳高新区对美合作、大连高新区对以合作、三好街园区对俄合作等基础，提升并建设一批中外合作园。加快与国外协会、招商服务机构、高科技园区及孵化器的战略合作，推广复制中德园德国海德堡、瑞典韦斯特罗斯离岸创新中心建设模式，在日韩俄、欧美加以及我国香港等地建设一批离岸创新中心，将之打造成海外触角，帮助沈大国家自创区及各高新区引进海外项目、先进技术和人才，帮助企业“走出去”、主动对接海外高端创新资源，开展跨国技术并购、设立海外研发中心。

参考文献

《沈大自主创新示范区沈阳、大连两片区的情况介绍》，辽宁省科技厅，2018 年 12 月。

刘会武：《国家高新区创新发展理论与实践》，科学出版社，2018。

王胜光等：《国家高新区创新发展报告》，中国经济出版社，2013。

附　录

Appendix

B.27
2018年辽宁基本数据和图例

王敏杰*

（一）数据

项目	单位	绝对值	同比增长
国内生产总值	亿元,%	25315.4	5.7
第一产业	亿元,%	2033.3	3.1
第二产业	亿元,%	10025.1	7.4
第三产业	亿元,%	13257.0	4.8
人均地区生产总值	元,%	58008	5.9
固定资产投资	%	—	3.7
建设项目投资	%	—	-1.7
房地产开发投资	%	—	13.5
社会消费品零售总额	亿元,%	14142.8	6.7
城镇	亿元,%	12376.4	6.4
乡村	亿元,%	1766.4	9.3

* 王敏杰，辽宁社会科学院经济研究所副研究员，主要研究方向为产业经济。

续表

项目	单位	绝对值	同比增长
居民消费价格指数	%	2.5	—
工业生产者出厂价格指数	%	4.8	—
农产品生产者价格指数	%	3.7	—
进出口总额	亿元,%	7545.9	11.8
出口总额	亿元,%	3214.9	5.7
进口总额	亿元,%	4331.0	16.8
一般公共预算收入	亿元,%	2616.0	9.3
各项税收	亿元,%	1976.0	9.0
一般公共预算支出	亿元,%	5323.6	9.1
社会保障和就业支出	亿元,%	1457.7	8.7
城镇居民人均可支配收入	元,%	37342	6.7
农村居民人均现金收入	元,%	14656	6.6
存款余额	亿元,%	59016.0	—
贷款余额	亿元,%	44985.0	—
货物运输周转量	亿吨公里	10655.3	—
旅客运输周转量	亿人公里	1181.6	—
邮电业务总量	亿元,%	1932.6	93.2
电信业务总量	亿元,%	1772.0	100

资料来源:《2018 年辽宁省国民经济和社会发展统计公报》。

(二)图例

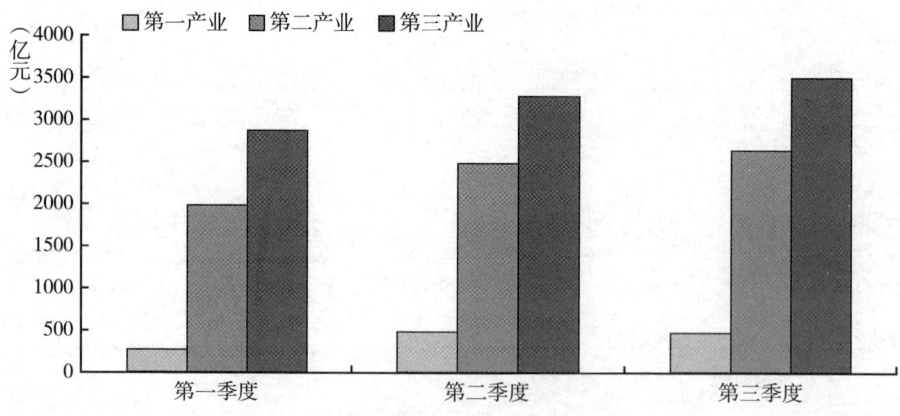

图1 辽宁省前三季度三次产业产值构成

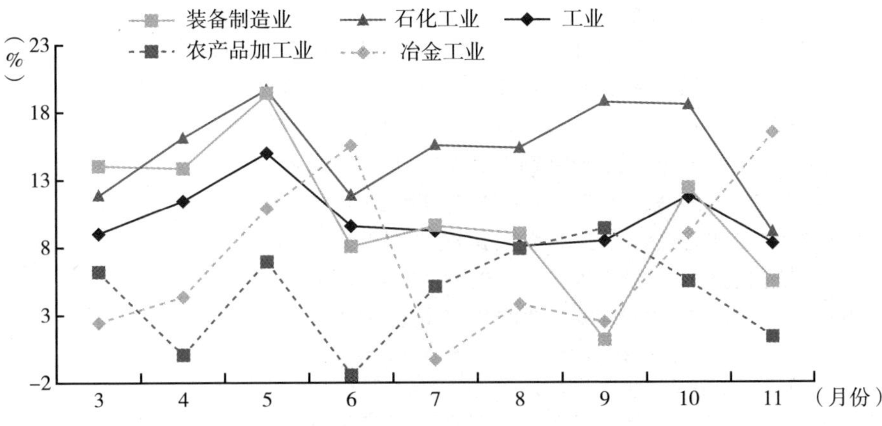

图2　3～11 月辽宁省工业增加值增速比较（当月数）

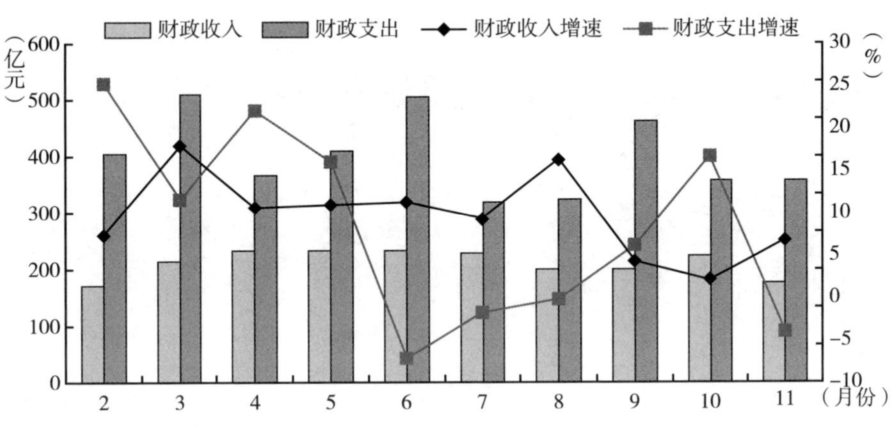

图3　2～11 月辽宁省财政收支情况比较（单月数）

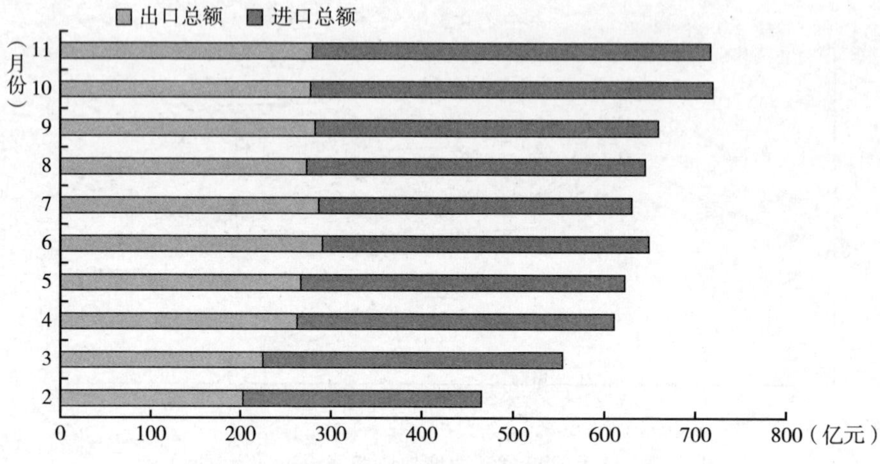

图4　2~11月辽宁省进、出口额比较（单月数）

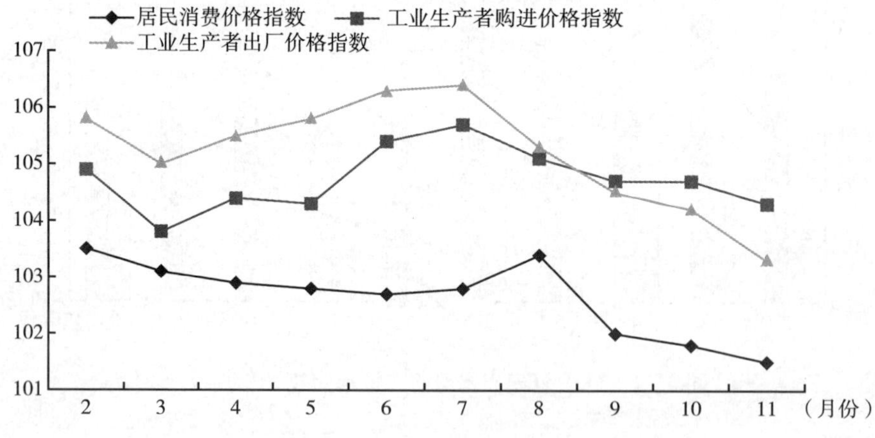

图5　2~11月辽宁省价格指数比较（单月数）

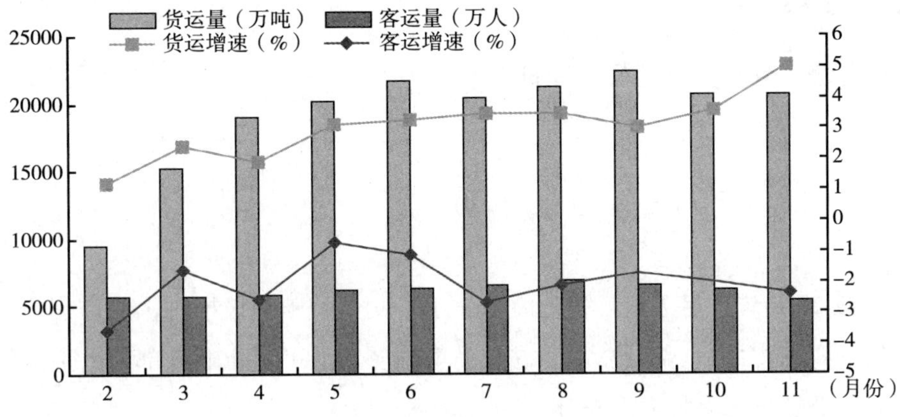

图6　2~11月辽宁省交通运输情况比较（单月数）

B.28
2018年辽宁大事记

王敏杰*

■ **2018年2月7日** 省政府办公厅印发《关于积极推进供应链创新与应用的实施意见》，部分食品、农产品等供应链上下游企业全部纳入追溯体系，消费安全水平将大大提升。

■ **2018年3月5日** 国家规划的“四纵四横”高铁网的收官之作——京沈客专辽宁段已开始进入联调联试阶段，预计今年底京沈客专辽宁段将具备开通条件，通车后沈阳到北京的时间将缩短至2.5小时左右，东北地区进出关铁路货运能力将得到更大提高。

■ **2018年3月6日** 省委、省政府发布《辽宁省人才服务全面振兴三年行动计划（2018~2020年）》，提出三个部分共26个方面的重点任务和政策措施，到2020年全省人才规模实现稳步增长，专业技术人才达到350万，具有高级技术职称人才达到52万，高技能人才达到112万。

■ **2018年3月15日** 辽宁省2018年“消费·诚信·营商环境”高峰论坛在沈阳召开，政府职能部门负责人和企业代表分别介绍了诚信辽宁建设工作和企业诚信建设情况。

■ **2018年3月19日** 辽宁下发《2018年辽宁省妇女“两癌”检查项目实施方案》，将全省农村妇女“两癌”检查项目点扩大，覆盖14个地市所属的45个县（市、区）的农村妇女，以及城市低保、特困、低收入等困难家庭妇女。

■ **2018年4月1日** 省委、省政府在全省开展“办事难”问题专项整

* 王敏杰，辽宁社会科学院经济研究所副研究员，主要研究方向为产业经济。

治，并制定工作方案，紧紧围绕“干部不担当、不作为，群众办事难，企业办事难”3个方面，着力在解决一些具体问题上下功夫，确保取得看得见、摸得着、实实在在的成果。

■ **2018年4月2日** 辽宁省启用含芯片IC卡式新版居住证，为流动人口在辽宁享受市民化待遇奠定了基础，将促进更多人才来辽宁创业就业。

■ **2018年4月23日** 以“书香辽宁新征程不忘初心助振兴”为主题的辽宁省第七届全民读书节暨沈阳市全民读书季揭幕仪式在中国医科大学举行，揭幕仪式现场举办了诵读表演、版权普法宣传、全民读书节春季惠民书市等活动。

■ **2018年5月2日** 省委印发《中共辽宁省委辽宁省人民政府关于加快构建开放新格局以全面开放引领全面振兴的意见》，即“辽宁开放40条”，主要包括明确目标定位、统筹全面开放、优化载体支持、完善政策措施以及打造良好环境等10方面内容。

■ **2018年5月8日** 辽宁省人民政府办公厅发布《2018年辽宁省食品安全重点工作安排》，辽宁将深入推进国家食品安全示范城市创建和农产品质量安全县创建活动，强化种养环节源头监管并加大农产品整治力度，建立健全农产品质量安全黑名单制度。

■ **2018年5月31日** 辽宁省已全面建立省市县乡村五级河长体系，共设立总河长2997人、副总河长2106人、河长17001人。

■ **2018年6月9日** 辽宁省文物局媒体见面会公布，全省已有世界文化遗产地6处。

■ **2018年6月15日** 以“软件定义智能新时代”为主题的第十六届中国国际软件和信息服务交易会圆满落幕，辽宁展团意向成交金额达7776万元。

■ **2018年6月19日** 辽宁投入约4.8亿元综合治理辽河凌河流域，主要用于“两河”退耕（林）还河补助、水利及管护设施运行维护、河道治理补助等方向。

■ **2018年6月29日** 中国海外学子创业周在大连举行，本届海创周国际化特色更加突出，围绕智能科技、清洁能源、生命科学等产业方向，邀请200个高科技项目参加项目路演，并举办海创周海归创业领袖峰会、创业孵化峰会等活动。

■ **2018年7月1日**　沈阳市发布《沈阳市进一步缩短企业开办时间实施方案》，7月1日至12月31日期间，推行商事登记制度改革，办理新办企业登记时间压缩至2天以内。

■ **2018年7月3日**　中共辽宁省委办公厅、辽宁省人民政府办公厅联合印发《关于推进人才集聚的若干政策》的通知，中专以上学历者凭身份证可落户沈阳、大连，“海归”自贸区创业1年以上享受海关免税，博士生来辽从事博士后研究奖20万元，人才公积金贷款额度可提至150%。

■ **2018年7月4日**　《辽宁省公安机关12项户籍管理新举措实施细则》发布，包括放宽居住证办理条件、建立网上户籍窗口等措施，以“程序最简、距离最近、时限最短、体验最优”为标准，为全省招贤纳士、振兴发展服务。

■ **2018年7月13日**　从沈阳站乘坐哈大高铁全线列车的乘客可刷身份证进站乘车。

■ **2018年7月26日**　第19届中国国际啤酒节开幕，本届啤酒节博览会设立了包含啤酒活动、经贸活动、展会活动三大类共8项主题活动，共有三十余家啤酒集团携四百余种啤酒品牌参节展示。

■ **2018年7月30日**　《辽宁省高等学校学生食堂社会化服务地方标准》正式实施，这是全国首部高校学生食堂社会化服务管理领域地方标准。

■ **2018年8月29日**　中国民营企业500强峰会在沈阳举行，辽宁共6家民营企业入选，大商集团有限公司排名第10，大连万达集团股份有限公司排名第17。

■ **2018年9月1日**　第十七届中国国际装备制造业博览会在沈阳国际展览中心开幕，本次活动主题为“智能制造与东北振兴”，共有915家中外企业参展。

■ **2018年9月1日**　沈阳市港澳台居民居住证申领办理工作正式启

动，沈阳市公安局在全市设置了 27 个受理点承接办理港澳台居住证申领发放工作。

■ **2018 年 9 月 10 日** 第十四届“振兴杯”全国青年职业技能大赛在沈阳开幕，大赛进行钳工、焊工、汽车装调工三个工种奖项的角逐。

■ **2018 年 9 月 17 日** 辽宁省网络安全宣传周在抚顺市正式启动，本次主题为“网络安全为人民，网络安全靠人民”。

■ **2018 年 11 月 3 日** 辽宁省政府在北京与招商局集团举行辽宁港口合作项目增资协议签约仪式，标志着辽宁港口整合正式落地，该港口整合后将成为我国资产规模和吞吐量规模最大的港口之一。

■ **2018 年 12 月 7 日** 辽宁省加快民营企业发展大会公布《中共辽宁省委辽宁省人民政府关于加快民营经济发展的若干意见》，从营造公平竞争环境、降低民营企业生产经营成本、解决民营企业融资难融资贵等六个方面推出了 23 条具体举措。

■ **2018 年 12 月 11 日** 辽宁铁岭至本溪段高速公路项目建成通车，标志着辽宁中部环线高速公路全线贯通，为老工业基地振兴提供更加完善的交通保障。

中国社会发展数据库（下设 12 个子库）

全面整合国内外中国社会发展研究成果，汇聚独家统计数据、深度分析报告，涉及社会、人口、政治、教育、法律等 12 个领域，为了解中国社会发展动态、跟踪社会核心热点、分析社会发展趋势提供一站式资源搜索和数据分析与挖掘服务。

中国经济发展数据库（下设 12 个子库）

基于"皮书系列"中涉及中国经济发展的研究资料构建，内容涵盖宏观经济、农业经济、工业经济、产业经济等 12 个重点经济领域，为实时掌控经济运行态势、把握经济发展规律、洞察经济形势、进行经济决策提供参考和依据。

中国行业发展数据库（下设 17 个子库）

以中国国民经济行业分类为依据，覆盖金融业、旅游、医疗卫生、交通运输、能源矿产等 100 多个行业，跟踪分析国民经济相关行业市场运行状况和政策导向，汇集行业发展前沿资讯，为投资、从业及各种经济决策提供理论基础和实践指导。

中国区域发展数据库（下设 6 个子库）

对中国特定区域内的经济、社会、文化等领域现状与发展情况进行深度分析和预测，研究层级至县及县以下行政区，涉及地区、区域经济体、城市、农村等不同维度。为地方经济社会宏观态势研究、发展经验研究、案例分析提供数据服务。

中国文化传媒数据库（下设 18 个子库）

汇聚文化传媒领域专家观点、热点资讯，梳理国内外中国文化发展相关学术研究成果、一手统计数据，涵盖文化产业、新闻传播、电影娱乐、文学艺术、群众文化等 18 个重点研究领域。为文化传媒研究提供相关数据、研究报告和综合分析服务。

世界经济与国际关系数据库（下设 6 个子库）

立足"皮书系列"世界经济、国际关系相关学术资源，整合世界经济、国际政治、世界文化与科技、全球性问题、国际组织与国际法、区域研究 6 大领域研究成果，为世界经济与国际关系研究提供全方位数据分析，为决策和形势研判提供参考。

法律声明